Werner Kästle

35 Wandervorschläge für das Gebiet Kaiserstuhl – Tuniberg – Nimberg und im Rheinwald

Werner Kästle

Wandern · Schauen · Erleben

35 Wandervorschläge

am Kaiserstuhl · Tuniberg · Nimberg und im Rheinwald

auf bezeichneten Wegen mit vielen Hinweisen
auf geschichtliche, geologische,
faunistische und botanische Besonderheiten

Schillinger Verlag · Freiburg im Breisgau

Weitere Wanderführer in dieser Reihe sind in Vorbereitung

Bisher sind erschienen:

Band 1: Kaiserstuhl, Tuniberg, Nimberg, Rheinwälder – Neuauflage 2002
Band 2: Staufen, Münstertal, Wiedener Eck, Gießhübel – Neuauflage 2000
Band 3: Freiburger Bucht, Schönberg-Hexental, Schauinsland – Neuauflage 2000
Band 4: Nördliches Markgräflerland, Sulzburg, Bürgeln, Blauen, Kandern – Neuauflage 2001
Band 5: Elztal, Kandel, Glottertal – Neuauflage 1998
Band 6: St.Peter, St.Märgen, Breitnau

Neuauflage 2002, ISBN 3-89155-139-8
Zeichnungen und Titelbild vom Autor
Gesamtherstellung: Schillinger Verlag, Freiburg

Als dieser Wanderführer im Frühjahr 1976 zum ersten Mal erschien, da fuhr man mit dem Auto an einen Ausgangspunkt, um dort die Wanderung zu beginnen. Seither hat sich vieles geändert. Das Umweltbewusstsein der Menschen hat stark zugenommen. Statt des eigenen Autos benützt man öffentliche Verkehrsmittel, um umweltschonender in ein Wandergebiet zu kommen. Auch das Fahrrad, nach dem Zweiten Weltkrieg schon einmal unser wichtigstes Fortbewegungsmittel, kam wieder zu Ehren. Um das alles zu berücksichtigen, brachten wir 1992 eine Neuauflage heraus. Doch wieder eilte die Zeit im Sauseschritt an uns vorbei. Rebumlegungen, Aufforstungen, ja auch die Erschließung von Neubaugebieten ließen bisherige Wanderwege verschwinden oder machten eine Änderung des Verlaufes notwendig. Deshalb entschloss sich der Verlag im Jahr 2002 dem Wanderer einen völlig neu bearbeiteten Wanderführer anzubieten. Wir sind uns bewusst, dass auch die Zukunft Neuerungen bringen wird. Sollten Sie Veränderungen an den beschriebenen Wegen feststellen, sind wir für Hinweise jederzeit dankbar.
Verlag und Autor wünschen Ihnen erlebnisreiche Wandertage in der einmalig schönen Landschaft am Kaiserstuhl, am Tuniberg, am Limberg und im Rheinwald.

Im Frühjahr 2002

Anmerkung: Immer wieder werde ich als Autor gefragt, ob ich alle Wanderwege, die ich beschreibe, auch schon selbst abgegangen bin. Meine Antwort darauf ist sehr einfach: „Bevor ich anfange zu schreiben, habe ich jede Wanderung zu verschiedenen Jahreszeiten mehrfach erwandert. Stets ist meine Frau als treue Begleiterin und Mitdenkerin dabei. Aus der gemeinsamen Begeisterung für das Gesehene und Erlebte entstehen dann die Beschreibungen, die der Wanderfreund in den bisher erschienenen Büchle finden kann“.

Werner Kästle

Viele Millionen Jahre erdgeschichtlicher Entwicklung gaben dem Kaiserstuhl seine heutige Gestalt. Einerseits war es das Absinken des Oberrheingrabens, andererseits die Gegenbewegung der sich auftürmenden Randgebirge des Schwarzwaldes im Osten und der Vogesen im Westen, was den Kaiserstuhl in der Freiburger Bucht entstehen ließ. Im Jungtertiär, vor etwa 10 Millionen Jahren, brach das Magma in mehreren Etappen aus der Erdoberfläche heraus. Seither erhebt sich inselartig der Kaiserstuhl mitten aus der Oberrheinebene heraus. Von Nordosten nach Südwesten ist dieses Gebirge 16 Kilometer lang, und seine größte Breite beträgt 13 Kilometer. Die höchsten Berge sind der Zwillingsgipfel Totenkopf-Neunlinden mit 557 bzw. 555 Metern. In diesem Bereich soll der Volkssage nach der Richterstuhl der deutschen Kaiser gestanden haben. Die Eichelspitze ist 520 Meter hoch und der Katharinenberg mit der St. Katharinenkapelle 492 Meter.

Der Kaiserstuhl ist die wärmste Gegend Deutschlands. Nicht der Wald ist sein Kennzeichen, sondern die Rebterrassen sind es, die der Mensch zum Zwecke eines wirtschaftlichen Weinbaues in die Landschaft gezogen hat. An manchen Stellen finden wir auch noch die „Kinzgen“ das sind die tief in den Löß eingeschnittenen Hohlwege, welche zu den Rebbergen führen. Rund 85 Prozent der Fläche des Kaiserstuhls ist von Löß bedeckt. Löß ist ein feinkörniges, kalkreiches und dabei sehr fruchtbares gelbliches Sediment. Er wurde in der Eiszeit bei uns angeweht und erreicht stellenweise eine Mächtigkeit von über 30 Metern.

Wichtiger Hinweis:
Alle Wanderungen, die in diesem Büchle beschrieben sind, können mit der „REGIO-Umweltkarte“ erreicht werden. Sie gilt an Sonn- und Feiertagen für die ganze Familie mit bis zu vier Kindern im Alter bis zu 14 Jahren. Zu diesen Bedingungen gibt es auch die „REGIO 24“, die 24 Stunden lang an allen Tagen gilt. Auskunft erteilt der „Regio-Verkehrsverbund“, 79098 Freiburg, Kaiser-Joseph Straße 251; **Tel**.: 0761-207 28-0 oder **RegioFax** 0761-207 28-10; **Internet**: www.rvf.de; **E-mail**: info@rvf.de

Trotz unaufhörlicher technischer Eingriffe durch den Menschen ist der Kaiserstuhl als einzigartiges Zeugnis einer Verbindung von Natur- und Kulturlandschaft erhalten geblieben. Für die Menschen aus dem Breisgau mit der Großstadt Freiburg übernimmt der Kaiserstuhl die Aufgabe einer gut und schnell zu erreichenden Naherholungszone. Doch auch von weit her kommen jährlich Zehntausende, um bei Erholungsaufenthalten, verbunden mit wunderschönen Wanderungen, Körper und Geist aufzufrischen. Eine gepflegte und vielseitige Gastronomie sorgt mit den zahlreichen privaten Zimmeranbietern dafür, dass sich die Gäste wohl fühlen. Dass zur ganzheitlichen Erholung auch das Essen und Trinken gehört, ist eine Selbstverständlichkeit. Schmackhafte einheimische Gerichte und die mit viel Liebe gezogenen edlen Weine überzeugen selbst die verwöhntesten Gaumen.
Einschneidende Veränderungen des geologischen Gefüges musste diese südliche Weinlandschaft in den 60er und 70er Jahren des 20. Jahrhunderts über sich ergehen lassen. Überdimensional große Maschinen legten das Gelände um. Berge wurden abgetragen und Täler aufgefüllt. Die wirtschaftliche Zukunft des Weinbaus stand im Vordergrund. Heute sind die Wunden weitgehend verheilt, denn die Natur hat sich wieder ein eigenes Gesicht geschaffen. Auch der Wanderer hat von der Flurbereinigung profitiert. An vielen Orten wurden Wanderparkplätze und Rastgelegenheiten eingerichtet. Schutzhütten mit Feuerstellen, Brunnen und Spielplätze fördern seither das Wandern mit der ganzen Familie.
Der vorliegende Wanderführer will Ihnen beim Finden dieser Plätze behilflich sein. Er möchte aber auch für jede Wanderung kleine interessante Informationen liefern. Die können sowohl geschichtlich, faunistisch, geologisch, botanisch oder auch heimatkundlich sein. Stets sollen diese Hinweise Ihnen die Schönheiten unserer heimatlichen Landschaft aufzeigen. Sicher finden Sie dabei den Abstand vom Alltagsgeschehen, der notwendig ist, um Körper und Geist wieder auf kommende Aufgaben vorzubereiten. Viel Spass beim Wandern am Kaiserstuhl, am Tuniberg, am Nimberg und im Rheinwald.

Beschriebene und bezeichnete Wanderungen am Kaiserstuhl, Tuniberg, Nimberg und im Rheinwald

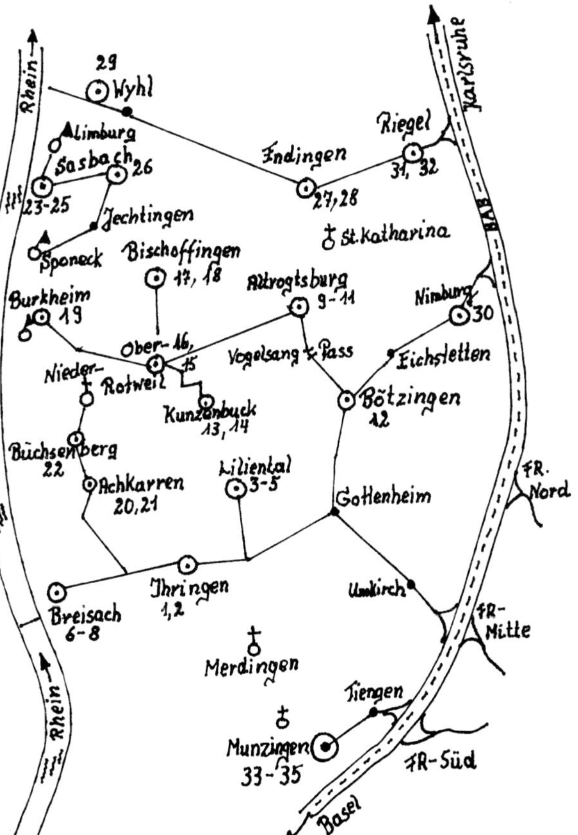

Der Nord-Süd-Weg über den Kaiserstuhl

Ihringen – Lenzenberg – Gierstein – Neunlinden und Totenkopf – Vogelsangpass – Bahlinger Eck – Schönebene – Katharinenberg – Erletal – Endingen

Markierung: Blaue Raute auf gelber Rechtecktafel
Länge: 16 Kilometer; Steigung von leicht bis kurz steil
Hinfahrt: Bis Bahnhof Ihringen, zurück ab Bahnhof Endingen

In seiner längsten Ausdehnung von Südwesten nach Nordosten misst der Kaiserstuhl 16 Kilometer. Obwohl wir von Ihringen nach Endingen nicht die längste Strecke durchwandern, bringen wir es trotzdem auf 16 Kilometer, denn unser Wanderweg baut so manche Kurve mit ein. Doch was sind Kilometer, wenn es um das Kennenlernen und Erwandern einer wunderschönen Landschaft geht. Was vor rund 10 Millionen Jahren begann, nämlich der Aufbau unserer Gebirge, das genießen wir heute bei erholsamen Spaziergängen und Wanderungen. Nirgendwo in Deutschland gibt es so viele Sonnentage wie am Kaiserstuhl, und nirgendwo in unserem Heimatraum liegen die Sommertemperaturen so hoch wie in der Gegend um Ihringen. Da kann es vorkommen, dass das Bodenthermometer in besonders günstigen Lagen um 13 Uhr bis zu 65 Grad Celsius anzeigt. Das brachte es mit sich, dass sich wärmeliebende Tiere und Pflanzen ansiedelten. Dem aufmerksamen Wanderer werden sicher einige davon begegnen. Genannt seien die Smaragdeidechse oder eine der über zwanzig hier vorkommenden Orchideenarten. Nimmt man einen oder höchstens zwei strenge Wintermonate aus, dann ist am Kaiserstuhl das ganze Jahr über Wanderzeit. Und was wäre das Wandern ohne das anschließende Vesper, verbunden mit einem bekömmlichen Viertele Kaiserstühler Wein.

Unsere Wanderung beginnt am Bahnhof in Ihringen. Das Wegzeichen ist die blaue Raute auf einer gelben Tafel. Bei „Bräutigams Weinstuben“ biegen wir in die Eisenbahnstraße ab. Das ist die Hauptstraße, die geradeaus durch das Dorf führt. Die vielen privaten Weingüter zeigen uns an, dass wir uns in einer ausgewählten Weingegend befinden. Oberhalb der evangelischen Kirche, die wir schon von weit her sehen, biegen wir nach rechts in die Kirchstraße ab. Sollten wir genügend Zeit haben, dann lohnt sich auch ein Besuch

Nr. 1
Ihringen
Der Nord-Süd-Weg
Blaue Raute im gelben Feld
16 Kilometer, leicht bis steil

in der Kirche, die aus dem Jahre 1878 stammt. Damals übernahm man in den Neubau den Taufstein aus der Vorgängerkirche aus dem Jahre 1660. Er ist aus rotem Sandstein im Barockstil gehauen und marmoriert. Dem Kruzifix weist man ein geschätztes Alter von ca. 500 Jahren zu. Sehenswert ist der Fensterzyklus. Die Deutung der einzelnen Scheiben können wir auf einem Blatt nachlesen, das in der Kirche ausliegt. Etwa fünfzig Meter nach der Kirche biegt der Wanderweg ganz eng zwischen den Häusern hindurch nach links ab. Eine große Tafel weist zusätzlich zum Gemeinde-Friedhof hin. Gleich sind wir in einem typischen Hohlweg, an dessen Lößwänden schon im Februar die ersten blühenden Pflanzen zu sehen sind. Die kleinen blauen Blüten des „Persischen Ehrenpreises" winden sich um die etwas höher aufragenden Stängel der „Roten Taubnessel". Kaum bricht der März an, bereichern das „Scharbockskraut" und das „Schöllkraut" mit ihren leuchtend gelben Blüten die Farbpalette. Der Lößhohlweg führt uns mitten in die Reben. Die Hanglage ist günstig, sodass in den Mittagsstunden die Sonne voll hinein scheinen kann. Einen Fachmann verleitete das zu der Aussage: „Hier wächst der Wein nicht nur, nein, hier wird er förmlich gekocht". Beim Aufstieg sollten wir es nicht versäumen einen Blick zurück zu werfen. Je höher wir kommen, desto weiter sehen wir ins Land hinaus. Weit hinter dem markanten Ihringer Kirchturm liegt die „Oberrheinische Ebene", die im Westen von den Vogesen begrenzt wird. In zwei großen Wegschleifen nähern wir uns dem „Lenzenberg". Das ist ein Ausflugslokal droben an der Waldgrenze. Leider verläuft der letzte Kilometer vor dem Gasthaus auf der asphaltierten Straße, doch es herrscht kaum Verkehr. An klaren Tagen haben wir von da oben eine phantastische Aussicht. Ganz links liegt der Schwarzwald, dessen Gipfel oft noch bis in den Mai hinein weiße Schneeflecken aufweisen.

Sicher werden wir beim Lenzenberg eine kleine Rast einlegen bevor wir die Rebenzone verlassen. Ab jetzt kommen wir in den bewaldeten Kaiserstuhl. Für den Wanderer wird es abwechslungsreicher, denn unten in der Monokultur des Weinbaues gibt es im Sommer botanisch nicht viel zu entdecken. Der Wanderweg führt oberhalb vom Gasthaus Lenzenberg leicht ansteigend in den Wald hinein. Im Mai singt die Nachtigall selbst am helllichten Tag ihre zahlreichen Strophen. Ihr melodischer Gesang nennt man „schlagen". Geht man dieses Wegstück im Oktober, dann findet man Schirmpilze, die einen Hexenkreis mit bis zu 20 Meter Durchmesser bilden. Am „Gierstein" haben wir in 479 Meter Höhe wieder eine kleine Rast verdient. Bänkchen laden uns dazu ein. Eben bis leicht abfallend zieht sich unser Weg weiter durch den lichten Kaiserstuhlwald. Rechts unter uns liegt das Lilienta1. Das verkünden uns die Wegweiser, die dort hinab führen. Wir bleiben jedoch auf der Höhe. Nachdem wir schließlich unter einer Hochspannungsleitung hindurch gewandert sind, steigt unser Weg wieder an. Unser nächstes Ziel ist der Doppelgipfel des Totenkopfes und von Neunlinden. Sie stellen mit 557 Metern Höhe die größte Erhebung des Kaiserstuhles dar. Auf dem Gipfel von Neunlinden sollten wir unbedingt auf den Aussichtsturm steigen. Es weht zwar ständig ein steifer Wind, doch der Weitblick ist toll. Wir machen uns auf den Abstieg in Richtung Vogelsangpass. Ab und zu lässt der Wald eine Lücke offen dann sehen wir weit im Osten die Großstadt Freiburg. Dahinter erhebt sich mit seiner ganzen Mächtigkeit der Schwarzwald. Wer hier nach einem nachmittäglichen Frühjahrsgewitter die Klarheit der von einem Mairegen abgewaschenen Landschaft erlebt hat, der wird diesen Tag nie vergessen. Fotografen finden herrliche Motive.

Der Vogelsangpass teilt den Kaiserstuhl in die Süd- und in die Nordhälfte. Über ihn fahren an schönen Ausflugstagen tausende von Autos. Die meisten kommen von Bötzingen herauf, um dann von der Passhöhe aus in das Herz des Kaiserstuhles zu gelangen. Wir überqueren die Straße und steigen auf der gegenüber liegenden Seite den Böschungsweg hinauf. Das zeigt uns die blaue Raute an. Für wenige Meter geht es etwas steiler bergauf, doch gleich ist es wieder sehr angenehm zu wandern. Schnell verstummt auch der Straßenlärm. Haben wir vorhin zwischen Totenkopf und Vogelsangpass die Aussicht in die Landschaft vermisst, dann werden wir jetzt voll entschädigt. Linkerhand schauen wir auf die Kuppen des Badberges. Die Eichelspitze, das ist der Berg rechts von uns, umgehen wir, denn der Aufstieg ist sehr steil. Zudem ist die Aussicht dort oben ziemlich zugewachsen.

Kühchenschelle
Pulsatilla vulgaris

Heute sind die Höhen am Badberg ballonartig rund. Doch das war nicht immer so. Als sich die Auffaltung der Alpen, des Schwarzwaldes und der Vogesen ihrem Ende zuneigte, entstand der Oberrheingraben. In dieser Ebene brachen riesige Vulkane aus, die unter anderem den Kaiserstuhl schufen. In den Eiszeiten, und das liegt schon bis zu zwei Millionen Jahre zurück, wehte der Wind ständig Löß an. Er überzog das vulkanische Gebirge mit einer Staubschicht, die in den Leeseiten, also an den windabgewandten Hängen, eine Mächtigkeit von bis zu dreißig Metern erreichte. Das Regenwasser formte die vulkanisch bedingten bizarren Erhebungen zu runden Kuppen. Sie sind von einem dichten Grasbewuchs überzogen, aus dem im zeitigen Frühjahr tausende von Kühchenschellen sprießen. Schreitet dann das Jahr voran, dann speichert die Lößerde soviel Sonnenwärme, dass nichts mehr grünen kann. Alles verdörrt, ja es kann sogar vorkommen, dass sich das dürre Gras selbst entzündet. Dann setzen sich die sommerbraunen Kuppen schwarze Brandkappen auf. Wollen wir im März das Blühen der Kühchenschellen erleben, dann müssen wir gleich nach der Umgehung der Eichelspitze einen Abstecher nach links zum Badberg hin einplanen. Das wird unseren Nord-Südweg um etwa eine Stunde verlängern. *Die Kühchenschelle hat übrigens die Form einer kleinen Kuhglocke. Eine Glocke ist im alemannischen eine Schelle und eine kleine Kuh ist ein Kühchen. Also ist die Kühchenschelle quasi die Glocke an einer kleinen Kuh.*

Lassen wir den Abstecher zum Badberg aus, dann bleiben wir auf der Route mit der blauen Raute. Wir steigen also nach der Umgehung der Eichelspitze leicht an. Schon nach fünf Minuten sind wir wieder im lichten Wald. Schön wandert es sich da. Ab und zu begegnen uns ein paar Spaziergänger. Sie haben ihr Auto am Bahlinger Eck abgestellt. Diesen Ort erreichen wir als nächsten markanten Punkt. Wir überqueren die Straße, die von Bahlingen herauf kommt und hinunter nach Schelingen führt. Das ist nach dem Vogelsang der zweite Kaiserstuhlpass. Drüben begleitet uns auf dem leicht ansteigenden Weg noch einige Meter weit der Wald. Dann kommen wir auf eine sich weit ausdehnende Wiesenfläche, die „Schönebene“. Hier ist ein wahres Eldorado für den Botaniker. Am nahen Waldrand blüht im Juni das „Schwertblättrige Waldvögelein“. Es gehört zur großen Familie der Orchideen. Schon drei Monate früher macht der „Seidelbast“ mit seinem süßen Duft auf sich aufmerksam. Alles sollten wir mit viel Ehrfurcht betrachten und nicht abreißen, denn die Menschen, die nach uns kommen, wollen die Schönheiten der Natur auch noch sehen. Bei der Schönebene beginnt der Anstieg zum Katharinenberg. Bänke und Tische laden uns auf diesem Gipfel zu einer letzten Pause ein. Hier oben bei der Kapelle endeten schon viele Wallfahrten. (Eine genaue Beschreibung der Geschichte dieser Kapelle findet sich bei der Beschreibung der Wanderung Nr. 26)

Auf einem breiten Weg beginnt der letzte Abschnitt unserer Wanderung. Er führt uns in großen Schleifen abwärts. In einer scharfen Rechtskurve steht das Seilnachtkreuz. Der 15-jährige Franz Xaver Seilnacht soll im Oktober 1862 mit einem Brotmesser und einem Beil einen „Corpus Christi“ geschnitzt haben. Unser breiter Waldweg verliert schnell an Höhe und wir stehen bald vor einer Schranke. Sie soll den vom Tal kommenden Fahrzeugen kenntlich machen, dass hier Endstation für die Bergfahrt ist. Wir verlassen den breiten Weg und schwenken auf den ganz schmalen Waldweg ein, der nach rechts serpentinenartig abwärts führt. Auf der Talsohle münden wir ein in das landschaftlich sehr schöne Erletal. Es führt uns, entlang einer ausgedehnten Kastanienallee, hinunter nach Endingen. Vorbei an den Sportanlagen und an einem Weiher, erreichen wir die Stadt beim Gasthaus zum Schützen. Von da aus führt uns ein historisch interessanter Spaziergang in zehn Minuten zum Bahnhof. Es sei noch empfohlen, sich vor Beginn der Wanderung über die Fahrzeiten des Zuges oder des Busses bereits am Heimatbahnhof zu erkundigen. Dann können wir uns die Wanderung so einteilen, dass wir lange Wartezeiten umgehen. Schauen wir jetzt auf die Uhr, dann stellen wir fest, dass wir einschließlich der notwendigen Pausen gut sechs Stunden unterwegs waren. Dass diese sechs Stunden auch in den Beinen stecken, das verspüren wir spätestens dann, wenn wir gemütlich im Zug sitzen und sich eine wohltuende Müdigkeit einstellt.

Über den wärmsten Berg Deutschlands

Ihringen – Lenzenberg – Funkturm – Gierstein – später Abzweigung blauer Punkt – Lenzenberg – Ihringen

Markierung:	Blaue Raute auf gelbem Feld, blauer Punkt, roter Punkt
Länge:	Ab Ihringen 11 km, ab Lenzenberg 6 km; Steigung mäßig, kurz steil
Hinfahrt:	Mit Bus, Breisgau S-Bahn, Pkw oder Fahrrad bis Bahnhof Ihringen Oder mit dem Pkw hinauf zum Gasthaus Lenzenberg

Wohlklingende Weinlagen sind es, die den Namen Ihringen am Kaiserstuhl weithin bekannt gemacht haben. Winklerberg und Fohrenberg sind Begriffe für jeden Genießer. Fern von jedem Verkehrslärm schmiegt sich das Dorf an den Südhang des Kaiserstuhls. Zusammen mit dem Ortsteil Wasenweiler ist Ihringen eine der größten Weinanbaugemeinden in Baden-Württemberg. Wie mächtige Festungswälle türmen sich die Rebterrassen auf, und nur die höchsten Kuppen stehen dem Wald zur Verfügung. Sonst wächst überall Wein mit dem es die Sonne besonders gut meint. Kein anderer Ort in Deutschland kann einen höheren Jahresdurchschnitt an Wärmegraden und Sonnenstunden aufweisen als Ihringen.

Ausgangspunkt für die heutige Wanderung ist am Bahnhof in Ihringen. Ganz bequem kommen wir nach Ihringen mit der „Breisgau S-Bahn“. Sie verkehrt selbst am Sonntag im Stundentakt, und da gilt dann die Regio-Karte für die ganze Familie. An Wochentagen fahren die schnellen Züge halbstündlich. Auch mit dem Linienbus kommt man nach Ihringen. Wer mit dem Pkw anreist, der findet in Bahnhofsnähe sicher einen Parkplatz. Völlig problemlos und preiswert ist die Anfahrt mit dem Fahrrad. Die Markierung für den vor uns liegenden Wanderweg finden wir gleich am Bahnhof. Das ist die blaue Raute im gelben Feld, die den Nord-Süd-Weg über den Kaiserstuhl anzeigt. Bei einem kurzen Spaziergang, der uns durch die Bahnhofstraße hinauf zur Kirche führt, erfreuen wir uns an den schmucken Häusern mit den gepflegten Vorgärten. Bei der evange-

Nr. 2
Ihringen
Der wärmste Berg Deutschlands
Blaue Raute, blauer Punkt
11 Kilometer, mäßig steil

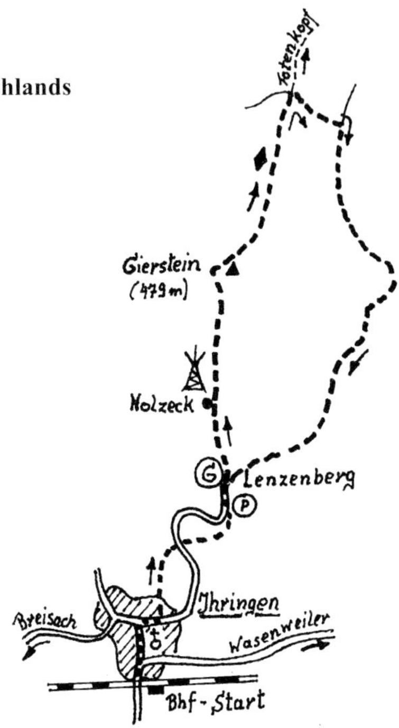

lischen Kirche biegen wir nach rechts ab. Doch schon fünfzig Meter weiter müssen wir aufpassen. Da zweigt unser Wanderweg zwischen den Häusern hindurch nach links ab in Richtung Lenzenberg. Schon sind wir in einem Hohlweg, zwischen dessen hohen Lößwänden wir schnell an Höhe gewinnen. Zweierlei Veilchen wachsen hier. Einmal ist es das rötlich violette „Waldveilchen“, dessen Blätter lange Stiele haben. Zum anderen finden wir an den etwas grasigeren Stellen das „Wohlriechende Veilchen“, das mit seinem satten Blau und dem süßen Duft auf sich aufmerksam macht. Im Sommer, wenn die Sonne gnadenlos den Löß erhitzt, gibt es kaum noch eine Boden-

vegetation. Dann blüht in hellem Gelb die meterhohe Goldrute. Wenn wir den Hohlweg hinter uns haben und in das obere Rebgebiet kommen, lohnt sich ein Blick zurück. Sollte klare Sicht sein, dann wird man sich an den Weitblick noch lange erinnern. Vor uns breitet sich die „Oberrheinische Ebene“ bis hin zu den Vogesen aus. Stellenweise blitzt wie ein silberner Faden der Rhein und der „Grand Canal d’Alsace“ aus der weiten Ebene heraus. Kurz bevor wir die Höhe beim Lenzenberg erreicht haben, machen wir noch einmal unter einem großen Kirschbaum rechts am Wegrand eine Rast. Schauen wir von da aus über die Reben nach links, dann erstreckt sich am Horizont die ganze Kette des Schwarzwaldes vom Kandel über den Schauinsland bis zum Belchen im Süden. Dann biegen wir nach links ab und sind in zwei Minuten am Gasthaus Lenzenberg. Natürlich kann man bis dahin auch mit dem Auto fahren. Doch wer das vorzieht, dem entgeht der herrliche und mühelose Aufstieg durch die Reben mit den wunderschönen Ausblicken.

Da oben am Lenzenberg beginnt die eigentliche Rundwanderung, denn hierher werden wir nachher wieder zurück kehren. Immer noch ist es die blaue Raute auf gelbem Feld, die uns führen wird. Gleich hinter der Raststätte steigen wir zunächst leicht, dann etwas steiler in 25 Minuten zum 479 Meter hohen „Gierstein“ an. Wir wandern jetzt in der Waldzone. Die Reben haben wir hinter uns gelassen. Unterwegs kommen wir an dem Funkturm vorbei, der uns vorhin beim Anstieg von Ihringen herauf schon aufgefallen war. Dieser Weg ist zu jeder Jahreszeit interessant. Im Frühjahr blüht es auf dem Waldboden und zartes Grün keimt aus den Zweigen. Im Sommer bieten die Bäume uns wohltuenden Schatten, und im Herbst leuchtet das Laub in vielen Farben. Besonders zu empfehlen ist der September. Dann hängen am Wegrand die stacheligen Brombeerhecken voller schwarz glänzender Früchte.

Drei Arten von Eichen finden wir in diesem Wald. Eine davon ist die anderenorts sehr selten gewordene „Flaumeiche“. Ihr Name weist darauf hin, dass ihre jungen Blätter besonders an den Blattrippen auf der Unterseite flaumig behaart sind. Auch die Fruchtnäpfchen, in denen die etwas kleineren Eicheln sitzen, sind am Rande mit einem weißen Flaum besetzt. Die Blätter sind tief gebuchtet und am oberen Ende abgerundet. Direkt daneben steht die „Stiel- oder Sommereiche". Ihre walzenförmigen Früchte hängen meist in Gruppen mit bis zu drei Eicheln an langen Stielen. Daher der Name Stieleiche. Es kann vorkommen, dass die Blätter im Frühjahr an den Blattenden braun gefärbt sind. Das ist dann ein Zeichen dafür, dass ihnen ein später Nachtfrost bös zugesetzt hat. So etwas kann der dritten Art, der „Trauben- oder Wintereiche" nicht passieren. Sie ist robuster und öffnet ihre Knospen erst etwa zwei Wochen später als ihre beiden Artgenossen. Ihre Früchte sitzen in dichten Trauben mit bis zu sieben Stück fast ungestielt am Zweig. Gründliche wissenschaftliche Untersuchungen haben ergeben, dass die Eichen untereinander stark zur Bastardierung neigen. So ist es nicht verwunderlich, dass man bei genauer Bestimmung kaum noch absolut reinrassige Formen vorfindet. Diese Feststellung trifft ganz besonders auf die Flaumeiche zu. Sowohl die Winter- als auch die Sommereiche können 40 Meter hoch werden und ein Alter von 700 Jahren erreichen.

Vom Gierstein aus führt der Weg leicht bergab. Es ist jetzt ein richtiggehender Kammweg. Grenzsteine belehren uns, dass das Gelände linkerhand zu Bickensohl gehört, während sich rechts Ihringer Besitz erstreckt. Ab und zu wird der Wald lichter. Das hat einen ganz bestimmten Grund. Als an Weihnachten 1999 der Sturm Lothar über unser Land fegte, da warf er viele hohen Bäume um und schuf so große Schneisen. Jetzt wird wieder kräftig aufgeforstet. Das heißt, die Lücken wachsen bald wieder zu. Knapp fünfzehn Minuten nach dem Gierstein kommen wir an eine entscheidende Wegkreuzung. Links geht es steil nach Bickensohl hinab, und geradeaus führt unser bisheriger Wanderweg zum Totenkopf hinauf. Hier haben wir den entferntesten Punkt unserer Wanderung erreicht. Wir verlassen an dieser Stelle die blaue Raute mit dem gelben Untergrund und biegen scharf nach rechts auf den breiten Weg ab. Der

Flaumeiche
Quercus pubescens

Stieleiche
Quercus robur

blaue Punkt zeigt uns diese Richtungsänderung an. Für die nächsten 300 Meter geht es durch den Wald leicht bergab. Dann treffen wir auf eine breite Waldstraße. Von jetzt an geht es ganz bequem in vielen Schleifen zu unserem Ausgangspunkt am Lenzenberg zurück. Der Boden ist mit Gras und Wildpflanzen bedeckt. Für uns ein Hinweis, dass auf diesem Weg wenig Wanderer gehen. An der Böschung wächst der Wirbeldost und die Bergminze. Beide locken mit ihren Lippenblüten die Bienen an. Der Weg ist so bequem, dass wir reichlich Gelegenheit haben die Schönheiten der Natur zu beobachten. Jetzt lohnt es sich, wenn wir ein Bestimmungsbuch für Pflanzen oder für Schmetterlinge mitgenommen haben.

Am Lenzenberg – Mittwoch und Donnerstag Ruhetag – hört der Waldgürtel auf und wir betreten wieder das Rebland. Am Übergang zur offenen Natur blühen im Mai ganze Büschel der „Gefleckten Taubnessel“. Am Grunde ihrer großen Kronröhre sitzt ein glänzender Tropfen zuckerreicher Nektar. Um an diese Mahlzeit zu kommen, beißen Hummeln die Blüte seitlich an. Jetzt können auch Bienen als sogenannte Nektardiebe rankommen und sich mühelos bedienen. Wenn wir Glück haben, dann werden wir am Gasthaus Lenzenberg von einem Pfau mit aufgeschlagenem Rad empfangen.

Die Kinder freuen sich an dem kleinen Tiergehege mit den Hängebauchschweinen und den Nandus. Während sich die Kleinen auf dem Spielplatz tummeln, haben die Erwachsenen Gelegenheit ein Viertele Kaiserstühler zu trinken. Für den Rückweg nach Ihringen bietet sich eine Variante an. Wir wandern vom Gasthaus Lenzenberg nur 150 Meter bergab bis zu der Kreuzung. Statt jetzt nach rechts abzubiegen, wo wir vorhin hergekommen waren, gehen wir geradeaus weiter. Der rote Punkt zeigt uns den Weg durch die „alte Lenzenberggasse". Das ist nicht nur der kürzeste, sondern auch der direkteste Weg nach Ihringen. Natürlich ist er etwas steiler und schmaler, aber dafür auch interessanter, ja fast abenteuerlich. Ein Stückchen oberhalb der Kirche erreichen wir die ersten Häuser von Ihringen. Jetzt ist es noch ein kurzweiliger Spaziergang bis zum Ausgangspunkt am Bahnhof. Waren wir mit der Breisgau S-Bahn angereist, dann dürfen wir uns noch eine Pause bei einem guten Tröpfle genehmigen. Darauf müssen die Pkw-Fahrer verzichten, es sei denn, sie haben einen abstinenten Chauffeur dabei. Für den gesamten Rundweg ab Bahnhof Ihringen waren wir gut drei Stunden unterwegs. Da wir sicher eine Rast eingelegt haben, könnte auch eine Halbtagswanderung daraus geworden sein.

Zur Taubnessel hat uns der Dichter „Karl Heinrich Waggerl" folgendes Gedicht geschrieben:

Die Taubnessel

Am Straßenrand bedeckt mit Staub,
blüht eine Nessel, die ist taub.
Sie blüht bei Sonnenschein und Frost,
mühselig aber doch getrost.
Dereinst am Tage des Gerichts,
(sie hört von den Posaunen nichts)
wird Gott ihr einen Boten schicken.
Der wird die taube Nessel pflücken
und in den siebten Himmel bringen.
Dort hört auch sie die Engel singen.

Auf dem großen Rundweg um das Liliental

Gasthaus Lilie – Steinerweg – Hüttenweg – Orchideenwiese – Fasanenweg – Saubuckweg – Wildapfelanlage – Talende – Mühletal – Weiher – Lilienhof

Markierung:	Großer Rundweg, Nummer 3 auf runder Scheibe
Länge:	5,5 Kilometer, Steigung mäßig
Hinfahrt:	Mit Fahrrad oder Pkw über L-114 bis zum Wanderparkplatz Liliental

Der südliche Rand des Kaiserstuhls wird zwischen Gottenheim und Breisach von der Landstraße L-114 erschlossen. Etwa auf halbem Weg zwischen Wasenweiler und Ihringen biegt zum Gebirge hin ein schmales Sträßchen ins Liliental ab. Man muss gut aufpassen, dass man die Abzweigung nicht verfehlt, denn je nach Jahreszeit verdekken auf der einen Seite die Nussbäume und auf der anderen Seite die Apfelplantagen die Hinweistafel. Haben wir die Einfahrt entdeckt, dann geht es die nächsten drei Kilometer leicht ansteigend in das vom Klima verwöhnte Liliental. Oft liegt im Hochwinter draußen in der Ebene eine geschlossene Schneedecke, aber im Liliental ist es wärmer und schneefrei. Im Sommer beobachten wir das gegenteilige Phänomen. Da wird die Ebene zum Rhein hin von einer glühend heißen Hitzeglocke überdeckt, im Liliental hingegen ist es angenehm mild. Das macht diese liebliche Landschaft das ganze Jahr über für Wanderer so interessant. Die Straße endet beim Gasthaus „Lilie". (Dienstag Ruhetag) Auf einer leicht erhöhten Fläche hat man eine Menge Abstellplätze für Autos geschaffen. Das ist auch notwendig, denn die öffentlichen Verkehrsmittel erschließen dieses Tal noch nicht. Wer sich sportlich fit genug fühlt, der kommt mit dem Fahrrad. Von Freiburg aus sind es 25 Kilometer. Bei gutem Wetter herrscht rund um das Gasthaus herum reger Betrieb. Das soll uns jedoch nicht erschrecken. Wir wollen ja wandern, und da sei gleich versprochen, dass es nur wenige Meter vom Gasthaus entfernt heimelig und ruhig werden wird. Dort erwartet uns eine überwältigend schöne Landschaft, in der wir uns sofort zu Hause fühlen werden.

Nr. 3
Lilie im Liliental
Der große Rundweg
Nummer 3 auf runder Scheibe
5,5 Kilometer, mäßig steil

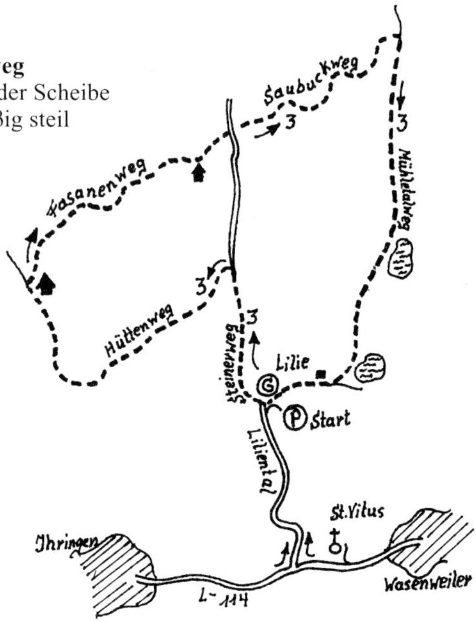

Wir wollen heute auf dem großen Rundweg, der von der Nummer drei auf einer runden Scheibe markiert ist, wandern. Wenn wir am Ende der Straße stehen und zum Gasthaus schauen, dann beginnt dieser Weg linkerhand. Dort befindet sich auch eine Informationstafel, die wir ganz genau anschauen sollten, denn sie zeigt uns den Verlauf des Weges. Diese Tafel macht uns aber auch auf die botanischen Sehenswürdigkeiten aufmerksam, die wir am Rande unseres Wanderweges kennen lernen werden. Auf dem breiten Weg wandern wir leicht ansteigend ins Tal hinein. Sollten wir mit Kindern unterwegs sein, dann merken wir uns für die Rückkehr den Spielplatz links oberhalb des Weges vor. Schon nach wenigen Metern fällt uns auf, dass gut gestaltete Tafeln über die botanischen Kostbarkeiten aufklären. Deshalb wird die Wanderung auch etwas länger als normal dauern, denn unsere Neugierde lässt uns doch öfters verweilen und lesen. So entdecken wir schon nach etwa 60 Metern rechts unterhalb des Weges die Schlangenfichte, deren Äste bis zu zwei Meter lang schlangenförmig nach unten hängen. Nachdem wir etwa 300 Meter ins Tal gewandert sind, kommen wir an eine Wegkreuzung. Da biegen wir spitzwinklig nach links ab. Jetzt steigt unser Weg etwas stärker an, ohne jedoch anstrengend zu werden. Schon im zeitigen Frühjahr blüht an den ausgesetzten Lößhalden die Schlehe (Schwarzdorn) und sorgt für eine Belebung der Natur, noch bevor aus den Knospen der Bäume und Büsche das erste Grün zu sehen ist. Anfang Mai blüht der Weißdorn auf. Gleich einem Wasserfall überflutet er mit seinen strahlend weißen Blüten die Böschungen. Im frühen Herbst wird dann aus jeder Blüte eine rote Beere. Der Weg schlängelt sich schnell höher. Links unten ist unser Ausgangspunkt beim Spielplatz im Liliental. Nach einer langen Rechtskurve kommen wir wieder an eine Wegkreuzung. Hier steht neben einer hohen Pappel eine Hütte. Der breite Weg mit dem gelben Punkt zweigt nach links ab zum Lenzenberg. Das interessiert uns nicht, denn wir folgen dem jetzt nahezu ebenen Weg weiter ins Tal hinein. Die Nummer drei zeigt uns das an. Schon nach zwanzig Metern steht rechts am Weg der seltene Speierlingbaum (Sorbus domestica). Er wächst sehr langsam, kann jedoch ein Alter von 500 bis 600 Jahren erreichen. Seine unpaarig gefiederten Blätter sind im Frühjahr an der Unterseite graufilzig belegt. Da er stark frostempfindlich ist, kommt ihm das milde Klima im Liliental gerade gelegen. Obwohl er der Eberesche (Vogelbeere) ähnelt, fällt er im Spätsommer durch seine birnenförmigen und rotgelben Früchte auf.

Nach der Hütte mit der hohen Pappel verläuft unser Weg eben bis leicht abfallend am Hang entlang. Von einem Bänkchen links an der Böschung haben wir einen herrlichen Blick hinüber zum Schwarzwald. Wandern wir hier im Monat Mai, dann werden wir einige Orchideenarten finden. Im noch nicht besonders hohen Gras leuchten die roten Dolden der Mannsorchis und der Purpurorchis. An den Heckensäumen blüht das weiße und das rote Waldvögelein. Wer genau schaut, der findet das Brand-Knabenkraut, dessen kleine Blüten rot getupft sind. Überhaupt gibt es an diesem Weg für den Naturfreund viel zu schauen. Kurz bevor wir den oberen Talgrund erreichen, kommen wir rechts vom Weg wieder an einer Schutzhütte vorbei. Gleich darauf überqueren wir den Talweg und wandern auf dem Saubuckweg weiter. Für knapp 200 Meter begleitet uns nun die Nummer eins. Doch diese Route zweigt oben beim Mammutbaumwald dann rechts ab. Wir bleiben unserem breiten Weg treu, der sich in großen Windungen weiter am Hang entlang zieht.

Auf dem gesamten Weg wird uns deutlich vorgeführt, dass wir uns in einem Versuchsgelände befinden. Die „Forstliche Versuchs- und Forschungsanstalt" prüft an ausgesuchten Standorten die Wachstumsbedingungen verschiedenster Baumarten. Die Versuchsanlagen dienen der Forstpflanzenzüchtung und der Erzeugung von forstlichem Saatgut. Dabei verwendet man nicht nur einheimische Holzarten, nein, man macht auch Versuche mit Exoten. So findet man heraus, welche Pflanzen bei uns gute Wachstumschancen haben. Das ist auch für den Laien hochinteressant, zumal man Bäume kennen lernt, die man bisher nur vom Hörensagen wahrgenommen hat. Eine wahre Pracht sind zum Beispiel die Wildapfelbäume, die im Mai wunderschöne rosa Blüten haben. Im September und Oktober werden daraus je nach Sorte kleine gelbe oder rotbackige Äpfelchen.

Bald wird aus dem Wiesen- und Heckengelände dichter Wald. Ganz hinten in einem Dobel biegt unser Weg scharf nach rechts ab. Hier haben wir den entferntesten Punkt unserer Wanderung erreicht. Von nun an geht es auf dem Mühletalweg konstant bergab. Da kommen wir an einem mächtigen Bergahorn vorbei. So ein Baum kann bis zu 30 Meter hoch und bis zu 400 Jahre alt werden. Etwas weiter unten versteckt sich im hohen Schilf ein kleiner Weiher mit einem Pavillon, in dem sich die Enten ein Stelldichein geben. In dieser feuchten Talaue hat man eine Versuchsanlage für Weiden eingerichtet. Da lohnt es sich die Tafeln genau zu studieren. Tatsächlich hat die Ohrenweide in den Blattachseln kleine Öhrchen. Auch die Rosmarinweide hat so schmale Blätter wie der Rosmarinstrauch. Vielleicht ist es

sogar ein herrliches Wanderspiel die Anzahl der hier angepflanzten Weiden einmal zu zählen. Ich kam auf über 20 Arten.

Am Ende des Talgrundes biegt unser Weg nach rechts auf den Mühletalweg ab. Der steigt leicht an und bringt uns in wenigen Minuten zum Ausgangspunkt am Lilienhof zurück. Wenn es das Wetter zulässt, dann werden wir sicher noch in der Gartenwirtschaft etwas verweilen und dabei die schöne Wanderung „Rund um das Liliental" geistig nachvollziehen. Bevor wir das Liliental ganz verlassen, sei noch auf eine kulturelle Sehenswürdigkeit hingewiesen, der wir unbedingt einen kurzen Besuch abstatten sollten. Ich meine damit die „Kapelle St. Vitus", die vorne an der L-114 liegt. Wir finden sie ganz leicht. Wenn wir nach dem Liliental wieder die Landstraße 114 erreichen, wenden wir uns nur 200 Meter nach links in Richtung Wasenweiler. Dort steht das Kleinod, etwas eingerückt von der Straße.

Die Kapelle Neunkirch ist dem St. Vitus geweiht

Außerhalb von Wasenweiler, kurz vor der Einmündung der Straße ins Liliental, liegt etwas eingerückt zum Berg hin die „St. Vituskapelle". Schon im Jahre 1314 spricht man von der Kapelle bei der Mühle zu Neunkirch. In ihrem Umkreis befand sich einst die kleine Siedlung Neunkirch, deren Häuser zum Teil zur Gemarkung Ihringen gehörten. Vielleicht war die Kapelle sogar identisch mit der schon 1282 erwähnten Wasenweiler Pfarrkirche. In der Kirche „zu Neunkirch" sollen noch bis zum Jahre 1660 Pfarrgottesdienste stattgefunden haben. Weitere gottesdienstliche Handlungen sind bis zum Jahre 1716 belegt. Seitdem dürfte sie nur noch als Friedhofskapelle verwendet worden sein. Die St.-Vituskapelle, bei der sich noch heute der Friedhof von Wasenweiler befindet, zeigt im Innern Fresken aus dem 15. Jahrhundert mit der Darstellung der Stiftung des apostolischen Glaubensbekenntnisses durch die Zwölfboten, was dem Charakter einer alten Pfarrkirche, wenn nicht gar einer Taufkirche entspricht. In 23 Szenen bringt eine Wandmalereifolge die Legende des hl. Veit zum Ausdruck. In der Tür der Sakristei ist die Jahreszahl

1492 zu finden. Der holzgeschnitzte Hochaltar (jetzt im Augustinermuseum in Freiburg) mit den Figuren der Gottesmutter, eines heiligen Bischofs – vielleicht ist es Nikolaus, und eines Diakons – evtl. des Stephan, wird mit dem Holzschnitzer „Sixt von Staufen“ in Verbindung gebracht. Vom hl. St. Veit wissen wir, dass er als Nothelfer der Sterbenden und derer von Epilepsie – Veitstanz – Befallenen gilt. Kaiser Diokletian ließ Vitus in einen heißen kupfernen Ölkessel stecken, doch er kam unversehrt wieder heraus. Seither ist er auch der Patron der Kupferschmiede. Sein Patrozinium ist am 15. Juni. Oft wird er auch als Patron bettnässender Kinder angerufen, was ihm im Volksmund folgenden Spruch eingebracht hat:

Oh heiliger Sankt Vitt,
weck mich in de Zitt.
Weck mich nit z'früh und au nit z'spot,
Damit jo alles ins Häfili ni goht.

Der kleine Ameisenlöwe und der große Mammutbaum

Gasthaus Lilie – Ahornanlage – Eichenpflanzungen – Arboretum – Birkensammlung – Mammutbäume – Tulpenbäume – Erlen – Mühletalweg – Weidengarten – Gasthaus Lilie

Markierung:	Mittlerer Rundweg, Nummer 2 auf runder Scheibe
Länge:	3 Kilometer; Steigung mäßig
Hinfahrt:	Mit Fahrrad oder Pkw über L-114 bis zum Wanderparkplatz Liliental

Wenn wir am südlichen Kaiserstuhl auf der Landstraße Nummer 114 von Wasenweiler nach Ihringen fahren, dann biegt etwa auf halbem Weg zwischen den beiden Ortschaften rechtwinklig ein schmales Sträßchen in Richtung Liliental ab. Man muss gut aufpassen, damit man die Abzweigung nicht verpasst, denn oft verdecken Apfel- und Nussbäume etwas die Sicht. Die nächsten drei Kilometer geht es nun durch mehrere Kurven leicht bergauf. Dann endet die Straße vor dem Gasthaus zur Lilie. Wir haben es also mit einer Sackgasse zu tun. Auf einer großen Tafel erfahren wir, dass die „Forstliche Versuchs- und Forschungsanstalt auf einer Fläche von rund 25 Hektar ein Arboretum – das ist eine Baumsammlung – angelegt hat, um die vom Aussterben bedrohten Bäume und Sträucher zu pflegen und zu erhalten. Im unteren Talgang prägen mächtige Lößschichten das Landschaftsbild.

Das seltsame Leben des Ameisenlöwen

Da lohnt es sich, einmal genau die nach unten auslaufenden steilen Lößwände zu untersuchen. Auf kleinen Absätzen finden wir etwa fünf bis sieben Zentimeter große Trichter im pulverfeinen Löß. Meistens liegen sie in der Nähe einer Ameisenstraße. Immer wieder geschieht es, dass eine Ameise in einen solchen Trichter stürzt. Vergeblich versucht sie dann die lockeren Wände zu erklimmen. Plötzlich spritzen kleine Sandfontänen aus der Tiefe des Trichters, treffen die sich nach oben bemühende

Nr. 4
Lilie im Liliental
Ameisenlöwe
und Mammutbaum
Nummer 2 auf runder Scheibe
3 Kilometer, mäßig steil

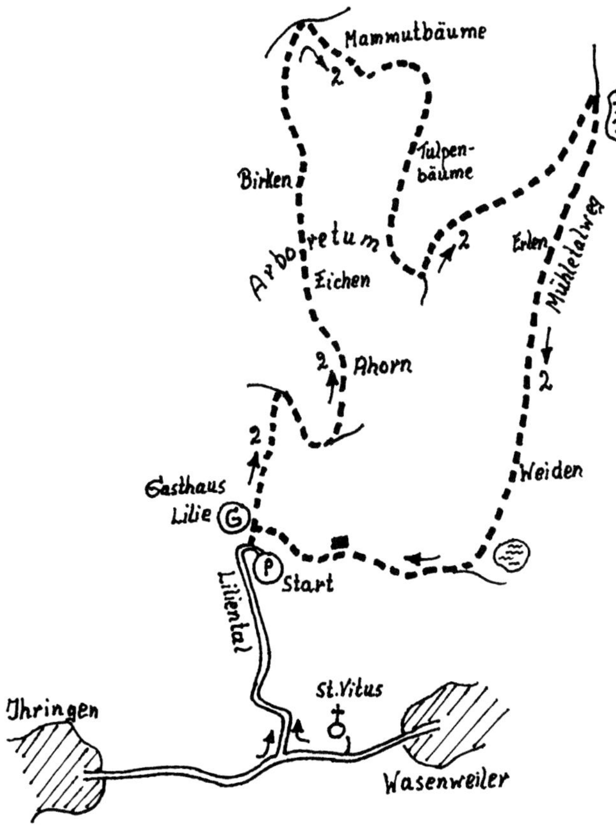

Ameise, und bringen sie zum Absturz. Dann schieben sich zwei große Kieferzangen aus dem Trichtergrund und packen die Ameise. Sie wird sofort mit einem zersetzenden Saft in ihren Leib gestochen und gelähmt. Dann saugt der Räuber sie aus. Die leere Chitinhülle der Ameise wird als Abfall über den Trichterrand geschleudert. Der verborgene Hersteller dieser Trichter ist der „Ameisenlöwe". Hat er genügend gefressen, dann verpuppt er sich im Boden. Nach einer gewissen Zeit schlüpft aus dem Kokon die „Ameisenjungfer" aus, die einer kleinen Libelle ähnelt. Vom Juni bis zum September sehen wir die Ameisenjungfer besonders abends am Rande von Kiefernwäldern fliegen.

Beherrschender Mittelpunkt vor dem Gasthaus zur Lilie ist der aus dem Jahre 1894 stammende achteckige Brunnen. Er wird eingerahmt von mächtigen Bäumen, die der gesamten Anlage ein ehrwürdiges Bild verleihen. Rechts vom Gasthaus, dort wo die bunte Informationstafel steht, beginnt unser Wanderweg, der von der Nummer zwei deutlich markiert wird. Wir sollten ihn uns auf der Tafel trotzdem genau einprägen, denn wir bekommen auch die verschiedenen Baumanlagen erklärt. Unmittelbar hinter der Gaststätte befindet sich eine parkartig angelegte Fläche mit verschiedenen Baumarten und Ziergehölzen. Dieser Park ist vorwiegend nach ästhetischen Gesichtspunkten angelegt als eine Art „Empfangsraum" für die Besucher des Versuchsgeländes. Die Grünflächen zwischen den Baumgruppen dienen gleichzeitig als Liegewiese. Das Versuchsgelände im Liliental bietet dem Besucher zu jeder Jahreszeit etwas. Selbst im Winter hängen an manchen Bäumen bizarre Früchte. Schon im März blüht in strahlendem Gelbgrün die Kornelkirsche, ein bis zu sechs Meter hoch werdender Strauch. Faszinierend ist dann im Juni der Tulpenbaum (Liriodendron tulipifera), der seinen Namen nach der Form seiner langstieligen und tulpenähnlichen Blüten hat. Seine Heimat ist in Nordamerika. Im Herbst verfärben sich seine Blätter in ein leuchtendes Gelb. Wenige Meter hinter dem Gasthaus – auf der rechten Wegseite – macht im

September der Gurkenbaum mit seinen lilablauen länglichen Früchten auf sich aufmerksam. Fleißig die informativen Tafeln lesend, wandern wir mühelos aufwärts. Noch bevor wir auf einen breiten Weg nach rechts abbiegen, lernen wir einige exotische Bäume kennen. Zu ihnen gehören die Lotuspflaume, die dreidornige „Gleditschie“, die man auch Christusdorn nennt, und die japanische Drachenweide.

Dann biegen wir auf den breiten Weg nach rechts ab. Er führt uns über zwei Schleifen schnell bergauf. Nach einer scharfen Linkskurve betreten wir das Arboretum. Die Ahornanlage zeigt Bäume ihrer Art aus aller Welt. Im Wiesengelände blühen vom April bis in den August viele einheimische Orchideenarten. Sie sind auf den Tafeln genau beschrieben. Ganz zu recht hat das „Brandknabenkraut“ oder Brandköpfchen (Orchis ustulata) seinen Namen bekommen. Während die unteren Blüten schon ganz entfaltet sind, drängen sich die oberen noch eng und ganz braunrot aneinander. Das sieht so aus, als wäre der Blütenkopf angebrannt. Auch interessant ist das große Zweiblatt. Sein botanischer Name lautet (Listera ovata). Es war der englische Arzt Dr. Lister, der im Jahre 1678 diese Pflanze zum ersten Mal in der Literatur beschrieb. Zur Belohnung durfte er ihr seinen Namen geben. Der Zweitname „ovata“ steht für die eiförmige Form der beiden Blätter. Als verantwortungsbewusster Wanderer wissen wir, dass alle Orchideen geschützt sind. Wir reißen sie deshalb nicht ab. Wer hätte schon gedacht, dass es so viele Eichenarten gibt. Hier wird uns eine Auswahl gezeigt. Weiter oben kommen wir in die Birkenanlage. In zwei Jahreszeiten ist die Birke sehr schön. Das ist im Frühjahr, wenn das zarte Grün ihrer jungen Blätter das Bild der Landschaft beherrscht, und dann im Herbst, wenn sich das gelbe Laub dem linden Licht eines sonnenüberfluteten Oktobertages anpasst. Hier im Liliental hat man eine richtiggehende Birkenallee mit Arten aus aller Welt angelegt. Den höchsten Punkt unserer Wanderung erreichen wir dort, wo sich die Wege Nummer eins, Nummer zwei und Nummer drei treffen. Unser Weg Nummer zwei biegt nach rechts ab in den Mammutbaumwald. Jetzt wird es richtiggehend düster. Die mächtigen Bäume lassen nur noch wenig Licht bis zum Boden durch.

Der Mammutbaum wird 4 000 Jahre alt
Die Heimat der Mammutbäume sind die Talschluchten der Sierra Nevada in Kalifornien /USA und die Region Szechuan in China. Dort wachsen sie zum Teil in einer Höhe von 1 500 bis 2 400 Metern über dem Meer. Die Bäume erreichen oft eine Höhe von 80 bis 100 Meter, können also fast mit dem Münsterturm in Freiburg – 116 Meter – konkurrieren. Man schätzt, dass sie bis zu 4 000 Jahre alt werden können. Im amerikanischen *Sequoia-Nationalpark* steht ein Baum, der ist etwa 3 500 Jahre alt und hat einen Stammdurchmesser von 14,45 Metern. Das ist drei Meter mehr, als ein großer Reisebus lang ist. Den Mammutwald im Liliental hat man im Jahre 1960 mit vierjährigen Pflanzen angelegt. Wir finden drei Arten, die sehr unterschiedlich sind:

a. **Der Mammutbaum** (Sequoiadendron giganteum), auch Wellingtonie genannt, ist ein Sumpfzypressengewächs und kommt aus der Sierra Nevada in Kalifornien. Seine Rinde ist schwammig weich, und man kann sie mit dem Finger eindellen.

b. **Der Urweltmammutbaum** (Metasequoia glyptostroboides), auch als chinesisches Rotholz bekannt, kommt aus der Provinz Szechuan in China. Er galt als ausgestorben, bis man ihn im Jahre 1944 zufällig wieder entdeckte. Er wirft im Herbst seine Nadeln samt den Kurztrieben, auf denen sie sitzen, ab.

c. **Die Küstensequoie** (Redwood) kommt aus Kalifornien und ist mit dem Mammutbaum verwandt. Sie hat eine rote, weiche und faserige Rinde. Im Liliental stehen nur drei Exemplare. Dieser Baum ist nicht ganz winterhart, also für einen Anbau im Schwarzwald weniger geeignet.

Nachdem wir die etwas düstere Umgebung des Mammutbaumwaldes verlassen haben, kommen wir in das helle Wiesengelände des Mühlebachtales. Sicher interessieren uns weiterhin die Tafeln, auf denen die uns meist unbekannten Bäume beschrieben werden. Eine Baumart sollten wir uns unbedingt im Mai anschauen. In diesem Monat hängen lange tulpenähnliche Blüten von den Zweigen des Tulpenbaumes. Nach den so traurig aussehenden Hängefichten wenige Meter unterhalb, macht unser Weg eine scharfe Wende nach links und führt hinab in das Mühlebachtal, das wir bei einem Weiher erreichen. Am oberen Rand der Wasserfläche steht ein roter Pavillon, der meist von Enten besetzt ist. In diesem Mühletal wenden wir uns nach rechts und wandern auf dem breiten Weg abwärts. Diese feuchte Aue bot sich natürlich geradezu an, um Erlen und Weiden aus aller Welt anzupflanzen. Bei mir hinterließ besonders die Rosmarinweide (Salix rosmarinifolia) mit ihren ästhetisch schlanken Blättern einen bleibenden Eindruck. Beim unteren Weiher biegen wir, dem breiten Weg folgend, nach rechts ab. Nun sind es nur noch fünf Minuten bis zum Ausgangspunkt beim Gasthaus zur Lilie. Dort wundern wir uns über den regen Betrieb. Wir haben dagegen auf unserer wunderschönen Rundwanderung kaum jemanden getroffen. Das sollte uns veranlassen recht bald wieder in die Oase der Ruhe ins Liliental zu kommen. Dafür bietet sich dann der „Große Rundweg" mit der Markierung Nummer 3 geradezu an. Ihn wollen wir für unsere nächste Wanderung vorsehen.

Seltene Bäume am kleinen Rundweg im Liliental

Gasthaus Lilie – Steinerweg – Saubuckweg – Lehrpfad – Birkensammlung

Markierung:	Kleiner Rundweg, Nummer 1 auf runder Scheibe
Länge:	2 Kilometer; bequem
Hinfahrt:	Mit Fahrrad oder Pkw über L-114 bis zum Wanderparkplatz Liliental

Etwa auf halbem Weg zwischen Wasenweiler und Ihringen, etwas verdeckt durch hohe Nussbäume und Apfelplantagen, biegt rechtwinklig ein schmales Sträßle ins Liliental ab. Es sind nur drei Kilometer, dann sind wir in einem wahren Wanderparadies. Beim Gasthaus „Lilie" hört die Straße auf. Auf einer kleinen Bergterrasse hat man einen großen Parkplatz geschaffen. Da die Zufahrt unbeschwerlich ist, kommen viele Wanderer mit dem Fahrrad. Eine Verbindung mit dem Linienbus hat man noch nicht eingerichtet. Drei hervorragend ausgezeichnete Rundwege erschließen das langgezogene Tal, in dem sich ein riesiges „Arboretum" – eine Baumsammlung – befindet. Gut gestaltete Tafeln informieren uns über den Lilienhof und über das Liliental. So erfahren wir:

Die Geschichte des Lilienhofes und des Lilientales

„Der Kaiserstuhl ist ein uraltes Siedlungsgebiet. Funde aus vielen Kulturzeiten geben davon Kunde. Als erste Herrschaft über den Lilienhof sind aus dem 11. Jahrhundert die Üsenberger bekannt. Sie stammten ursprünglich aus Eichstetten. Graf Hesso war Besitzer der Burg Üsenberg auf einem Felsen im Rhein bei Breisach .Ihm gehörte das Jagdrecht im ganzen Kaiserstuhl. Im Jahre 1392 wurden die stark verschuldeten Besitzungen an den Markgrafen von Hachberg verkauft. Dieser verpfändete 1405 die Ortschaft Ihringen – erstmals erwähnt 962 – seinem Schwiegersohn, dem Grafen zu Leiningen. Schließlich kaufte im Jahre 1414 Markgraf Bernhard von Baden die Herrschaft Hachberg. Ihringen wurde damit markgräflich-badisch. Bei der Teilung der Mark-

grafschaft, im Jahre 1515, gelangte es an die baden-durlachsche Linie.
Schon sehr früh wurde der Wald im Liliental ausgestockt, das Gelände terrassiert und mit Reben bepflanzt. Zahlreiche Funde von Rebmessern alter Art und Hufeisen von Eseln geben Zeugnis davon. Da unsere Heimat nach dem 30-jährigen Krieg stark entvölkert war, bewaldete sich die Landschaft wieder von selbst. Im Jahre 1805 kam der Lilienhof in Staatsbesitz. Von 1870 bis zum 1. Weltkrieg war das Hofgut Eigentum des Grafen von Bismarck, einem Vetter des großen Reichskanzlers. Der nächste Eigentümer war Herr von Wogau, der das Anwesen schließlich an den Architekten Dr. Petersen verkaufte. Dieser war mit einer Erbin aus dem Hause Henkel-Persil verheiratet. Im Jahre 1957 und in den folgenden Jahren erwarb das Land Baden-Württemberg Stück für Stück das ganze Tal. Das Zentrum des Geländes dient heute der Forstlichen Versuchs- und Forschungsanstalt als Samenplantagen und Arboretum. Eine große Fläche bewirtschaftet das Forstamt, das vor allen Dingen standortgerechte Laubhölzer anpflanzte. Das Liliental ist heute von einem dichten Wegenetz erschlossen, welches neben der Holzabfuhr vor allem den Wanderern zugute kommt.

Wir suchen uns für die heutige Wanderung den kleinen Rundweg aus, der nur zwei Kilometern lang ist. Vor dem Gasthaus zur Lilie steht ein mächtiger achteckiger Brunnen aus dem Jahre 1894. Noch vor dem Brunnen wenden wir uns nach links, denn zehn Meter weiter beginnt unser Rundweg. Wir orientieren uns noch kurz über den genauen Wegverlauf, der von der Nummer 1 markiert wird, und sanft ansteigend ins Tal führt. Links am Hang ist ein toller Spielplatz, auf dem sich die Kinder austoben können, während die Erwachsenen unten in der Gartenwirtschaft sitzen. Der gesamte Rundweg wird von informativen Tafeln begleitet. Kaum sind wir fünfzig Meter weit gegangen, fällt uns rechts unten am Hang ein sonderbarer Nadelbaum auf. Seine Zweige sind ganz schmal und hängen bis zu zwei Meter lang schlaff herunter. Das ist die Schlangenfichte, die ihrem

Nr. 5
Lilie im Liliental
Der kleine Rundweg
Nummer 1 auf runder Scheibe
2 Kilometer, bequem

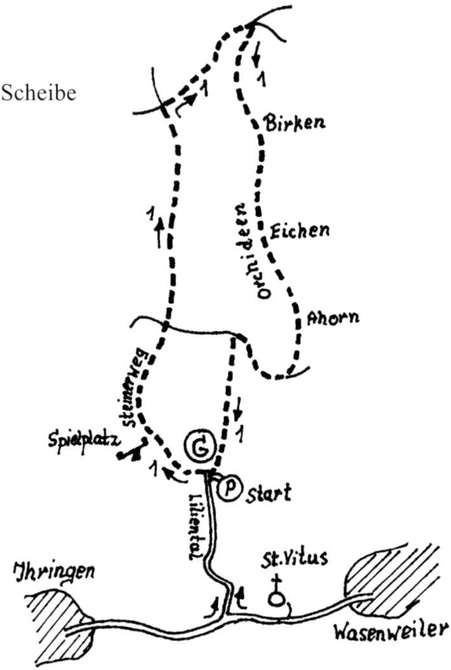

Namen alle Ehre macht. Natürlich lesen wir den Text, der uns mit den Einzelheiten dieses Baumes vertraut macht. Schon jetzt vermuten wir, dass wir für die zwei Kilometer lange Strecke bestimmt gut eine Stunde brauchen werden, denn die Hinweise auf den Tafeln machen uns richtiggehend wunderfitzig. Bei der ersten Wegkreuzung verlässt uns nach links der Weg Nummer 3. Unsere Route mit der Nummer 1 führt weiter direkt geradeaus ins Tal hinein. Gleich nach dieser Kreuzung fasziniert uns rechterhand eine hohe Lößwand, an der sich meterlange Kiefernwurzeln nach unten winden. Haben wir eine Lupe dabei, dann können wir den Löß untersuchen. Dabei werden wir feststellen, dass jedes winzige Lößkorn von einer Kalkhülle umgeben ist, die den Zusammenhalt des sehr porenreichen und lokkeren Sediments bewirkt. Im Verlaufe ihres Wachstums sprengen die Wurzeln den Löß immer wieder in dünnen senkrechten Platten ab. Wann wird der Baum wohl seinen Halt verlieren und den Hang herunter stürzen? Diese Frage stelle ich mir schon seit dem Jahre 1965.

Wir wandern leicht ansteigend weiter talaufwärts. Bei der nächsten Kreuzung kommt von links der Fasanenweg herunter. Hier biegt unser Rundweg Nummer 1 nach rechts in den Saubuckweg ab. Die beiden Wegbezeichnungen stehen auf einem sehr alten und niedrigen Stein am oberen Rande der Kreuzung. Für ein Stück weit begleitet uns auch der Weg mit der Nummer 3. Gleich nach dieser Kreuzung hat man in einer Nische rechts vom Weg ein Rastplätzchen angelegt. Nur wenige Meter weiter kommen wir an den oberen Rand des Mammutbaumwaldes. Hier treffen die Wege 1 und 2 und 3 aufeinander. Die Nummer 3 geht auf dem breiten Weg geradeaus weiter. Die Nummer 2 verschwindet talwärts zwischen den Mammutbäumen. Wir schwenken scharf nach rechts und folgen der Nummer 1. Ab jetzt wird der Weg sehr bequem. Durch eine riesige Anlage mit Birken aus aller Welt, wandern wir leichtfüßig abwärts. Diese Bäume präsentieren sich in zwei Jahreszeiten besonders auffällig. Im Frühjahr ist es das strahlend helle Grün der jungen Blätter, und im Herbst sind es die bunten Farben des abwelkenden Laubes. Im unteren Teil dieser Anlage blühen vom Mai bis August die wildwachsenden Orchideen. Von den 60 Orchideenarten, die es in Europa gibt, kommen alleine im Liliental 20 Arten vor. Auf den Tafeln finden wir Beschreibungen des Gefleckten Knabenkrautes, der Helmorchidee, des Zweiblattes, des Weißen Waldvögeleins, der Waldhyazinthe usw. Selbstverständlich blüht da auch im März und April die Kühchenschelle. Gut geführt durch die auffällige Wegmarkierung, begleitet von vielen informativen Tafeln, erreichen wir nach zwei großen Schleifen wieder den Talgrund, von wo aus es nicht mehr weit bis zum Ausgangspunkt ist. Da im Liliental stets ein sehr mildes Klima vorherrscht, können wir – ausgenommen im Winter – fast das ganze Jahr über in der Gartenwirtschaft beim Gasthaus zur

Lilie einkehren. Schauen wir jetzt auf die Uhr, dann findet sich die eingangs gemachte Vermutung bestätigt. Wir haben tatsächlich für die nur zwei Kilometer lange Strecke über eine Stunde gebraucht. Na ja, von den Texten auf den vielen schön beschriebenen Tafeln haben wir auch das eine oder andere dazu gelernt.

Breisach, die Europastadt auf dem Berg

Bahnhof – Neutorplatz – Eckartsberg – Marienau – Marktplatz – Josef Bueb Straße – Rheintor – Kapftor – Tullaturm – Radbrunnen – Münsterberg

Markierung: Siehe beigefügte Zeichnung
Länge: 4 Kilometer; bequem
Hinfahrt: Mit Breisgau S-Bahn, mit Linienbus, Pkw oder Fahrrad bis Bahnhof

Breisach liegt am Rhein und nicht am Kaiserstuhl, wie so oft behauptet wird. Breisach liegt aber im Breisgau, dem „Breisachgau“. Ja, diese alte und doch immer so jung gebliebene Stadt gab diesem Gau sogar den Namen. „Mons brisiacus“ haben die Römer den von den Fluten des Rheins umspülten Berg genannt, dessen Grundgestein Basalt ist. Als Grenzstadt war Breisach stets allen Kriegswirren ausgeliefert. Trotzdem, oder gerade deshalb, bekannten sich die Bürger dieser im „Zweiten Weltkrieg“ von 1939 bis 1945 so leidgeprüften Stadt als erste in Europa schon am 9. Juli 1950 zu einem Bundesstaat Europa. Somit war Breisach mit seinem Europagedanken der großen Politik um genau 50 Jahre voraus. Zur Erinnerung an diese denkwürdige Abstimmung wurde im Juli 1962 der Europabrunnen auf dem Marktplatz eingeweiht. Im Zuge der Überwindung der alten Grenzen ist Breisach heute wirtschaftlicher und kultureller Mittelpunkt einer Region diesseits und jenseits des Rheins mit einem hohen Freizeitwert. Breisach liegt an der „Grünen Straße“. Als Meilenstein auf dem Weg zum vereinten Europa wurde sie im Jahre 1960 von Oberbürgermeister Joseph Rey aus Colmar initiiert. Die 15 Städte und Gemeinden, die beiderseits des Rheins diese Straße säumen, bilden ein lebendiges Band der Freundschaft, das sich von den Vogesen quer durch das Elsass bis hinauf auf die Schwarzwaldhöhen zieht. Diese Straße ist weit mehr als nur eine von vielen touristischen Straßen. Breisach ist auch die Stadt des **„H.L“.** In den Jahren von 1523 bis 1526 schnitzte der unbekannte Meister aus Lindenholz den berühmten Hochaltar im St. Stephansmünster, eines der bedeutendsten Kunstwerke der deutschen Holzschnitzerei. Niemand kennt seinen richtigen Namen. War es „**H**ans **L**oy“? Auch heute, im 21. Jahrhundert, hat Breisach wieder einen **H.L.** Doch ihn kennt man in der Kunstwelt sehr gut. Gemeint ist „**H**elmut **L**utz“, der neben vielen sakralen und weltlichen Kunstwerken den in aller Welt berühmten „Sternenweg“ geschaffen hat.

Ausgangspunkt für unsere Stadterkundung ist der Bahnhof. Am einfachsten kommen wir mit der Breisgau S-Bahn hierher, bei der die „Regio-Karte“ am Sonntag sogar für die ganze Familie gilt. Auch

Nr. 6
Bahnhof Breisach
Die Eurpastadt auf dem Berg
Markierung siehe Zeichnung
4 Kilometer, bequem

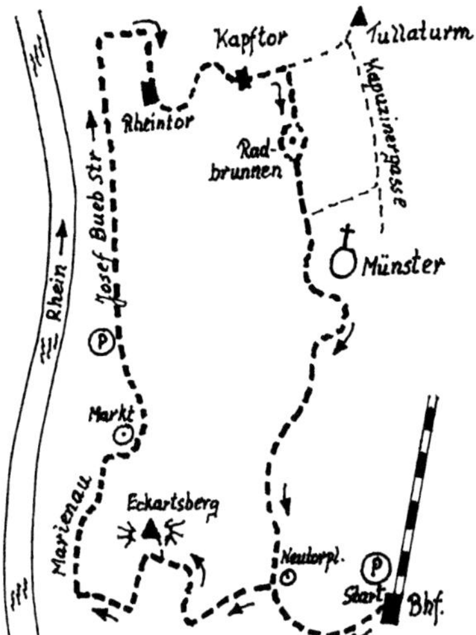

für das Auto finden wir in Bahnhofsnähe immer einen Parkplatz. Unser erstes Ziel soll der Eckartsberg sein. Das hat seinen Grund. Von der Höhe dieser Erhebung aus, am südlichen Stadtrand von Breisach, hat man den wohl schönsten Blick auf das historische Breisach und auf den Münsterberg. Wir gehen vom Bahnhof aus nur vier Minuten bis zum Neutorplatz. Dort zweigt nach links – zwischen dem Forsthaus und der Sparkasse – der Eckartsbergweg ab. Ihm folgen wir leicht aufwärts etwa 150 Meter weit. Beim ersten Mauerturm biegen wir scharf rechts ab. Der folgende Aufstieg ist bequem und aussichtsreich. Schon nach 15 Minuten sind wir oben auf der zinnengekrönten Plattform, direkt über den Dächern des „unteren Breisach". In der Mitte des Platzes steht ein Denkmal, das an die im Jahre 1806 vollzogene Vereinigung des Breisgaus mit Baden erinnert. Das ganze Jahr über weht hier die Europafahne und es brennt das grüne Europalicht. Wohin wir uns auch drehen, in jede Himmelsrichtung lohnt es sich verweilend zu schauen. Streifen wir vom Gebirgsmassiv des Kaiserstuhls, das dem Schwarzwald vorgelagert zu sein scheint, nach links, dann liegt zum Anfassen nahe der Breisacher Münsterberg vor uns, dem wir nachher noch einen Besuch abstatten wollen. Drehen wir uns weiter, dann blicken wir über den Rhein hinweg ins Elsaß, in jenes französische Departement, in dem man noch die uns alle verbindende alemannische Sprache spricht. Und schauen wir schließlich nach Süden, dorthin von wo aus uns am Mittag die Sonne verwöhnt, dann dehnen sich die weiten Rheinauewälder aus, in denen sich nicht nur idyllische Altrheinarme, sondern auch erholsame Wanderwege verbergen. Lange werden wir auf dem Eckartsberg verweilen und begierig die Schönheiten dieser einmaligen Landschaft in uns aufnehmen.

Seinen Namen hat der Eckartsberg vom „Getreuen Eckart", einer Gestalt aus der deutschen Heldensage. Eckart war der Warner vor Gefahr und der Beschützer der „Harelunge". Das waren die beiden Königssöhne „Fritele" und „Imbreke", die einen unermesslichen Reichtum besaßen. Ihr Onkel „Ermanerich", Kaiser von Rom, trachtete nach dem Amelungenhort, den er nur bekommen konnte, wenn die beiden Brüder tot waren. Also zog er mit seinem Heer von Rom nach Breisach und ließ Fritele und Imbreke töten. Dann raubte er den Goldschatz. Eckart stellte sich dem Kaiser entgegen und erschlug in einer blutigen Schlacht mit eigener Hand 500 Recken. Schließlich erlahmte seine Kraft, und er fand selbst den Tod. Den Brüdern Harelunge hat man am Fuße des Eckartsberges den Harelungenweg gewidmet. Die ganze Geschichte kann man im „Nibelungenlied" und in der „Tannhäusersage" nachlesen.

Für den Abstieg vom Eckartsberg wählen wir eine andere Route. Wir gehen auf dem breiten Kammweg etwa hundert Meter in Richtung Süden. Dann biegt scharf nach rechts, mitten durch die Reben, eine Treppe ab, die uns hinunter in die „Marienau" führt. Jetzt ist es nicht mehr weit bis zum Marktplatz mit dem Europabrunnen. Dort befindet sich auch das Verkehrsamt, wo wir von freundlichen Mitarbeitern kostenlos einen Stadtplan bekommen. Um richtig gerüstet zu sein, sollten wir auch das Heft „Wegweiser durch Breisachs Vergangenheit und Gegenwart" kaufen. So ausgerüstet, wird es keine Probleme mehr geben, den weiteren Weg zu finden. Auf eines sollten wir immer achten, besonders wenn wir den Fotoapparat dabei haben: Motive gibt es unzählige, so zum Beispiel vom Münster und dem Münsterberg. Vom Marktplatz aus sind wir schnell am Beginn der „Josef-Bueb-Straße". Wegweiser wird das lila Haus des Cafe Rheinblick sein. Beim Kiosk am Parkplatz halten wir uns halbrechts und wandern immer am Fuße des Münsterberges entlang. Josef Bueb war von 1948 bis 1962 Bürgermeister von Breisach. Ihm verdankt die Stadt sehr viel. Der nach ihm benannten Straße folgen wir bis zum Schwanenweiher. Dieser Weiher ist ein Stück ehemaliger Altrhein. Dort entdecken wir – hinter hohen Bäumen versteckt – das Rheintor. Das heutige, im barocken Stil erbaute Rheintor war einst eine der Eingangspforten zur Stadt. Man fuhr es mit dem Schiff direkt an und ging an Land. So auch König Ludwig XIV, der am 30. August 1673 Breisach mit großem Gefolge besuchte. Jetzt beherbergt dieses historische Bauwerk das Museum für Stadtgeschichte, das unbedingt einen Besuch wert ist. Da wird sehr anschaulich die Geschichte Breisachs von der Steinzeit bis in die Gegenwart dargestellt. Fleißige Hände haben eine der besten Ausstellungen auf diesem Gebiet aufgebaut, die ich je gesehen habe. Alles ist übersichtlich, gut gegliedert und sauber lesbar dargeboten.

Über die breite Straße, die den Namen „Langer Weg" trägt, steigen wir in zwei großen Schleifen hinauf zur Oberstadt. Diese erreichen wir beim Kapftor. Auf seiner Außenfront ist das alte Wappen der Stadt Breisach abgebildet. Das sind sechs pyramidenförmig übereinander angeordnete Berge, welche der Überlieferung nach die sechs Hügel darstellen sollen, auf denen Breisach einst erbaut wurde. Es handelt sich um den Münster-, Augustiner- und Kapuzinerhügel; dazu kommen der Schlossberg, der Eckartsberg und der Isenberg. Letzterer lag nördlich der Stadt mitten im Rhein und wurde im 17. Jahrhundert von den Franzosen bis zum Grunde abgetragen. Nach dem Kapftor sind es nur noch wenige Meter durch die „Goldengasse" bis zur eigentlichen Oberstadt, wo nach rechts die Radbrunnenallee abbiegt. Jetzt empfehle ich allerdings einen kleinen Abstecher zum Tullaturm, der links vorne auf dem Hügel steht. Er wurde zu Ehren des badischen Ingenieurs „Johann Gottfried Tulla" auf dem Schlossberg im Jahre 1874 errichtet. Er soll an die Begradigung des Oberrheins erinnern, die von 1840 bis 1876 nach den Plänen von Tulla geschaffen wurde. Im Sommer finden auf dieser Anhöhe die bekannten „Breisacher Festspiele" statt. Bei einem Rundgang um den Schlossberg hat man eine herrliche Aussicht in alle Richtungen.

Über die Kapuzinergasse, oder besser über die Radbrunnenallee kommen wir zum „Radbrunnen". Er wurde auf Weisung des Zähringer Herzogs Herzog Bertold V erbaut, der von 1198 bis 1218 der Stadtherr von Breisach war. Der Brunnenschacht führt 41,20 Meter tief bis zum Grundwasserspiegel des Rheins in den Boden. Es ist anzunehmen, dass Bergleute aus den Schwarzwälder Silberminen sich in fünfjähriger Arbeit hinunter gegraben

haben. Nachdem sie eine 17 Meter dicke Lößschicht geschafft hatten, ging es noch einmal 29 Meter tief durch harten Tephrit hinab. Mit Hilfe eines großen Rades beförderte man an langen Seilen in Eimern das Wasser nach oben. Eine Nachbildung des Tretrades kann man im Radbrunnenturm noch bewundern. Fachleute stellten fest, dass die Mauertechnik der alten Turmteile derjenigen des Schwabentores und des Martinstores in Freiburg gleicht. An der Nordseite des Radbrunnens steht das Hagenbachtürmchen, benannt nach dem Landvogt „Peter von Hagenbach". In Wirklichkeit ist diese Sandsteinsäule jedoch eine Toten- und Lichtsäule, die von der Bäckerzunft im Jahre 1476 gestiftet worden war.

Jetzt ist es nicht mehr weit bis zum Münsterplatz, dem absoluten geistlichen und kulturellen Höhepunkt der Stadt Breisach. Er wird eingerahmt vom Rathaus und vom St. Stephansmünster. Nach Westen hin hat man von der ummauerten Plattform aus einen wunderschönen Ausblick. Doch bevor wir uns dem Münster widmen, fällt uns die im Jahre 2000 geschaffene Skulptur von **H**elmut **L**utz auf. Er verewigte aus griechischem Marmor und aus Bronce die geschichtliche Bedeutung der Europastadt Breisach. Das eindrucksvolle Kunstwerk trägt den Titel:

„Europa greift nach den Sternen"

„Die griechische Mythologie erzählt von Zeus und dessen Stierverwandlung. Auf seinem Rücken trägt er die Königstochter mit Namen Europa, nach dem nach ihr benannten Europa, vom Orient zum Okzident. Gleich nach den Fluten des Meeres durchbricht der Zeus'sche Stier den Pflasterboden. Die Gestalt ist dem Stier von Knossos angelehnt. Dem Aufbrechen in ein neues Europa entspricht Hand und Fuß, gehen und handeln. Das Dreieck ist das Zeichen unserer Regio". Nachzulesen auf der Broncetafel neben der Skulptur. Dort erfahren wir auch, dass Breisach seit 1960 mit Saint Louis und seit 2000 mit Neu-Breisach im Elsaß eine Städtepartnerschaft pflegt.

Der Altar ist höher als der Chor der Kirche

Das St. Stephansmünster ist das Wahrzeichen der Stadt. Ganz egal, aus welcher Richtung wir auch kommen, immer erblicken wir zuerst diese Kirche. Von dem um 1200 begonnenen romanischen Bau stammen noch das Querschiff und der nördliche Chorturm. Rund 300 Jahre baute man, bis 1494 alles vollendet war. Martin Schongauer aus Colmar schuf Ende des 15.Jahrhunderts die vom Boden bis zur Decke reichenden Fresken im Westbau der Kirche. Bevor wir den Altar zu Gesicht bekommen, treten wir durch den aus Sandstein geformten spätgotischen Lettner. Dann stehen wir vor der großartigen Schöpfung des unbekannten Künstlers **H.L.**, dem Altar. Dieses ganz aus Lindenholz geschnitzte Kunstwerk wurde 1523 bis 1526 geschaffen. Es stellt die Krönung Mariens durch Gottvater und Christus dar. Wohl einmalig ist die nach vorne gerollte Spitze am obersten Ende des Gesprenges. Würde man diese schlanke Fiale aufrichten, dann wäre der Altar höher als der Chor der Kirche.

Am umfangreichen Literaturtisch können wir uns das notwendige Rüstzeug für eine nähere Erkundung kaufen. Da sei ganz besonders auf das wunderschöne Büchlein „*Die Stadt auf dem Berg*“ hingewiesen. Darin beschreibt „*Frau Marianne Reining*“, den vor dem Lettner aufgebauten modernen Zelebrationsaltar. Er wurde von dem alemannischen Künstler und Bildhauer „Franz Gutmann“ für dieses Münster geschaffen. Lassen wir uns mit den Worten der Autorin führen: „Da liegen starke, zu langen Quadern beschnittene Eichenstämme, die, aneinandergerückt eine weite Bodenfläche bilden. Aus ihrer Mitte steigt, in grauem Eisen gegossen, die einfache Form eines viereckigen Tisches auf. Dieser Tisch steht nicht auf Beinen, sondern er schmiegt sich in einem einzigen Stück als gebogene Platte dem Holz an und verwächst mit ihm. In die Höhlung unter der Tischfläche ist der kostbare spätgotische Schrein der Stadtpatrone „Gervasius“ und „Protasius“ eingelassen. Dem Betrachter wird klar, hier treffen Gegensätze aufeinander. Der von seiner Form her gesehen schlichte neuzeitliche Tisch, der uns Menschen aber in seiner

geistigen Bedeutung unauslotbar bleibt und darin alle irdischen Wertungen übersteigt, nimmt einen äußerst kunstvollen, alten Schrein auf, in dem seinerseits wiederum armselige, menschliche und somit vergängliche Reste ruhen. Damit geht der Altar von der Mitte des Kirchenraumes aus nicht nur eine sinnvolle architektonische Verbindung ein mit der spätgotischen Ausgestaltung des Münsters, sondern er betont vor allem die Einheit auf geistlicher Ebene. Denn beide Werke, der Tisch und der Schrein, dienen ein und demselben Ziel, der Sache Jesu. Auf einem Floß sozusagen steht der Altar, und beide zusammen rufen in uns das Urbild der Arche Noah wach, deren Namen sich in das Holz der Balken grob eingeschnitten findet". Soweit in Auszügen die Beschreibung des „Gutmann-Altares".
Auf keinen Fall sollte man es lediglich einem Besuch im Innern des Münsters belassen. Ein Rundgang um die Kirche herum ist genau so lohnend, zumal uns immer wieder herrliche Ausblicke fesseln werden. So sehen wir zum Beispiel hinüber zum Eckartsberg, dorthin, wo unser Stadtrundgang begonnen hat.

Für den Rückweg zum Bahnhof wählen wir einen der zahlreichen Abstiege vom Münsterplatz aus. Dabei sollten wir oft stehen bleiben und zurück schauen. Jedes Mal fesselt uns ein neuer Blick auf das Münster, dem wir eben noch einen Besuch abgestattet haben. Dem aufmerksamen Leser wird auffallen, dass der gesamte historische Spaziergang zwar mit einer Länge von vier Kilometern angegeben wird, jedoch von einer zeitlichen Dauer nicht die Rede ist. Das hat seinen Grund. Je nach Interesse oder Begeisterungsfähigkeit kann aus diesem Vorhaben ein Tagesauflug werden, wobei man sich wegen einer guten Mahlzeit keine Gedanken zu machen braucht. Breisach bietet eine Vielzahl hervorragender gastronomischer Betriebe. Sicher wird der Wunsch entstehen bald wieder zu kommen, denn es ist unmöglich so eine Stadt an einem Tag gründlich zu erkunden.

Zu Fuß oder mit dem Fahrrad durch die „Faule Waag"

Bahnhof Breisach – Hafenstraße – Tapetenfabrik – Batzenhäusle – Jägerhof – Burkheim – Sponeck – Rheindamm – Burkheimer Wehr – Breisach

Markierung:	Kaiserstuhl Radwanderweg, Leinpfad am Rheinufer
Länge:	27 Kilometer; bequem
Hinfahrt:	Mit Fahrrad in Breisgau S-Bahn oder auf dem Pkw bis Bahnhof Breisach

In den letzten Jahren hat es sich als klarer Irrtum herausgestellt, dass Radwandern nur für junge Menschen interessant sei. Im Gegenteil, gerade die schon an Jahren etwas älteren Menschen haben das Fahrrad als angenehmes Fortbewegungsmittel entdeckt. Bekommt man dann noch wie heute eine so schöne und bequeme Strecke angeboten, dann muss man sich einfach in den Sattel schwingen. Beim *Radwandern* braucht man ja keinen Rekord aufstellen. Im Gegensatz zum Fußwandern sollten wir dringend einige Voraussetzungen erfüllen:

Das Fahrrad muss technisch in Ordnung sein
Kleines Werkzeug und Flickzeug sollte vorhanden sein
Die Pumpe darf nicht fehlen
Kenntnisse für kleinere Reparaturen können nicht schaden
Man muss die Verkehrsregeln kennen

Ausgangs- und Endpunkt für unsere Radwanderung, die einer Rundfahrt gleicht, ist der Bahnhof in Breisach am Rhein. In der Breisgau S-Bahn gibt es die Möglichkeit für den Fahrradtransport. Wer sein Fahrrad auf dem Pkw transportiert, der findet in der Nähe des Bahnhofs einen Parkplatz. Vorbei am Neutorplatz, wo wir gegenüber der Sparkasse den interessanten Brunnen mit der zentnerschweren Kugel anschauen sollten, die mit graziler Leichtigkeit auf einem dünnen Wasserbett tanzt, fahren wir durch die Rheinstraße bis zum Marktplatz in der Unterstadt. Dort erinnert uns der Europabrunnen

Nr. 6
Bahnhof Breisach
Zu Fuß oder mit dem Fahrrad durch die „Faule Waag“
Kaiserstuhl-Radwanderweg
27 Kilometer, bequem

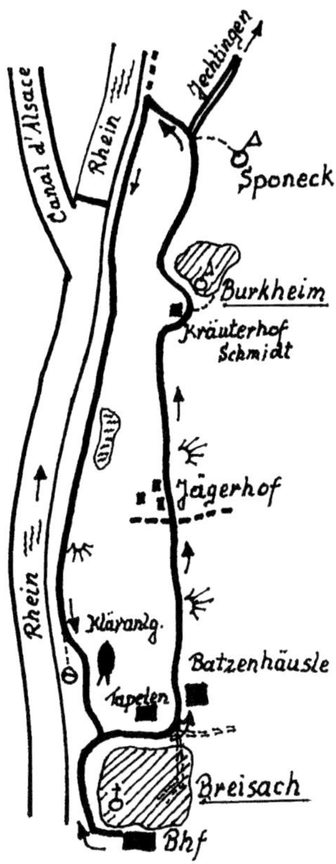

daran, dass die Stadt Breisach im Jahre 1963 vom Europarat den Titel „Europastadt“ verliehen bekommen hat. Jetzt haben wir auch schon gleich den Stadtkern hinter uns. Entlang der Josef-Bueb-Straße umfahren wir zügig den sich rechts über uns erhebenden Münsterberg. Gepflegte Anlagen mit herrlichen Bäumen säumen unseren Weg. Nach einem Kilometer sind wir auf der Hafenstraße. Direkt an das Rheinufer können wir nicht gelangen. Dort haben sich Industrieanlagen angesiedelt. Das ist weiter nicht schlimm, denn entlang der Hafenstraße hat man einen sicheren Radweg angelegt. Er ist bereits Teil des „Kaiserstuhl-Radwanderweges". Nach einer weit geschwungenen Rechtskurve taucht links drüben die Tapetenfabrik Erismann auf. Wir fahren an dem Betriebsgelände vorbei und biegen nach der nächsten Kreuzung links ab. Die grüne Tafel mit dem Radfahrer weist uns den Weg in Richtung Burkheim. Er wird uns nun bis zur Burg Sponeck begleiten. Wie ein riesiges Ei steht linkerhand der Kessel der Kläranlage in der Landschaft. Unser Radwanderweg ist autofrei, wobei die Einschränkung gilt, dass landwirtschaftliche Fahrzeuge hier verkehren dürfen. Schon nach wenigen Metern erreichen wir rechts vom Weg ein historisches Gebäude. Das ist das Hofgut „Batzenhäusle". Auf einer Tafel lesen wir:

An dieser Stelle befand sich im 16./17. Jahrhundert
eine Zollstation.
Der Reisende, der in die Stadt und Festung Breisach
hinein wollte,
musste einen „Batzen" (Wegeszoll) entrichten.
Im 18./19. Jahrhundert besaß das Hofgut
die Wirtschaftsgerechtigkeit
für die Schänke „Zum Hirschen".
Seit anno Domini 1843 ist das Anwesen im Besitz
der Familie Gräbling

Auf einem großen Wandbild wird uns vor Augen geführt, wie die Zöllner einen Planwagen visitieren. Im Hintergrund erhebt sich die von einer Mauer umgebene Stadt Breisach.

Nach diesem Gebäude geht es wie am Lineal gezogen schnurgerade durch das Land. Die Fahrt ist mühelos, denn das Gelände fällt leicht ab. Kartoffeläcker wechseln mit riesigen Maisfeldern. Ab und zu kommen wir an einem Korn- oder Spargelfeld vorbei. Da uns kein Auto den Weg streitig macht, können wir uns in der Landschaft umsehen. Rechts drüben liegt der Kaiserstuhl. Wie ein Signal erhebt sich über allen Anhöhen der Fernsehturm auf dem Gipfel des Totenkopf. In den unteren Lagen leuchten in hellem Grün die Weinberge, darüber erhebt sich, dunkel abgesetzt, die Waldzone.

Zwischen unserem Radweg und dem Kaiserstuhl liegt eine weite Ebene. Man nennt sie die „Faule Waag". Noch bis etwa zum Jahre 1900 war dieses Gebiet völlig versumpft. Man konnte es nur über Knüppeldämme begehen. Grundwasserabsenkungen, auch viele Korrekturen am Lauf des Rheins, legten das Land mit der Zeit trocken. Es riecht nicht mehr faul, und auch der Boden schwankt nicht mehr unter den Tritten wie der Balken einer Waage. Lediglich einige kleinere Schilfgürtel künden noch heute von der feuchten Vergangenheit.

Nach acht Kilometern überqueren wir beim Jägerhof eine schmale Straße. Zwischen den wenigen Gebäuden ragen die technischen Aufbauten der „Trabertruppe" hervor. Diese bekannte Artistentruppe ist eine eingesessene Breisacher Familie. Weit vor uns erkennen wir Burkheim mit den markanten Mauerresten des Schlosses, das einst „Lazarus von Schwendi" erbaut hatte. Je näher wir an Burkheim heran kommen, desto mehr verändert sich die Vegetation. Zwischen großen Obstplantagen erstrecken sich Gurken- und Kürbisfelder. Auch Erdbeeren und Kraut wird angebaut. Bei der Lazarus von Schwendi-Straße erreichen wir Burkheim. Schon von weitem empfängt uns süßer Duft. Der kommt vom Kräuterhof Schmidt, einem sehenswerten Geschäft, in dem es alle nur denkbaren Kräuter, Gewürze und Teesorten dieser Erde gibt. Wir werden sicher einen Halt einlegen und uns umschauen. Eventuell reizt uns auch ein Abstecher ins historische Mittelstädtle von Burkheim. Im Herbst gibt es dort Flammkuchen und „Neuer Süßer". Natürlich lohnt sich das ganze Jahr über ein Spaziergang entlang der blumenreich geschmückten Häuser. Unser Radwanderweg stößt direkt auf das Eck am Fuße der hohen Schlossmauer. Dort beim Haus Nummer 3 können wir auf einer Bank unter zwei schattenspendenden Linden eine kurze Rast einlegen. Dabei sollten wir unbedingt an der Schlossmauer hoch schauen. Wie ein Schwalbennest klebt ganz oben an der Kante der Mauer ein auf vier geschwungenen Säulen ruhender steinerner Balkon. Unwillkürlich schweifen unsere Gedanken um Jahrhunderte zurück. Stand dort oben im Jahre 1580 vielleicht Lazarus von

Schwendi und betrachtete den noch ungebändigten und weit verzweigten Rheinfluss, oder war es gar die schöne Prinzessin, die auf ihren Liebhaber wartete?

Unser Radwanderweg führt am Schlossrain entlang eben weiter. Gleich nachdem wir das letzte Haus verlassen haben, hört die asphaltierte Straße auf. Jetzt sind wir auf dem unbefestigten Weg, der uns am Fuße der extrem trockenen Burghalde durch den in der Niederung feuchten Rheinauewald führt. Hohe Eschen und Robinien (Pseudoakazien) spenden Schatten. Auf einer Freifläche links unten hat sich an einem Altrheinarm der Angelsportverein Burkheim ein Anglerheim gebaut. Am Fuße der Burg Sponeck erreichen wir wieder offenes Gelände. Von hier aus führt eine Straße nach Jechtingen. Wenn wir uns für die Geschichte dieser Burg interessieren, sollten wir die 200 Meter für den Abstecher hinauf einplanen. Eine gut gestaltete Tafel oberhalb der Anlage informiert uns ausführlich. (Siehe auch den Sonderartikel am Ende dieser Wanderbeschreibung) Wir biegen zwischen den zwei riesigen Eichen hindurch halblinks auf den breiten Weg ab, der uns nach 500 Metern zum Rheinufer bringt. Jetzt haben wir seit Breisach schon 13 Kilometer hinter uns gebracht und befinden uns am entferntesten Punkt unserer Rundfahrt. An dieser Stelle verlassen wir den Kaiserstuhl-Radweg. Wir wenden uns nach links und fahren auf der Dammkrone, dem Leinpfad, rheinaufwärts. Dieser Weg heißt deshalb so, weil früher Männer die Schiffe an Leinen flussaufwärts zogen. War es vorhin mehr als gemütlich, so müssen wir uns jetzt schon etwas mehr bemühen. Das hängt damit zusammen, dass der Weg sandig und leicht steinig ist; zudem geht es ja flussaufwärts. Oft weht uns auch ein steifer Wind ins Gesicht. Nach zwei Kilometern sind wir am Sportplatz. Hier verlässt unser Weg für einen Moment den Rhein und umfährt das Burkheimer Wehr. Gleich nach der mächtigen Staumauer steigen wir wieder hinauf auf die Dammkrone. Den Weg am Fuße des Dammes meiden wir, denn er wird von Autos befahren und bietet zudem keinerlei Aussicht. Breit dehnt sich die angestaute Wasserfläche aus. Hier hat ein Nautik-Club seine Schiffe vor Anker liegen. Schwäne, Blässhühner und viele Arten von Enten schwimmen auf dem ruhigen Wasser. Wir versuchen mit einem rheinaufwärts fahrenden

Schleppkahn um die Wette zu fahren. Das ist nicht schwer, denn der schafft höchstens 12 Stundenkilometer. Links unten stehen Angler an den Altrheinarmen, und im Frühjahr schlägt im Auwald selbst am helllichten Tag die Nachtigall.

Nachdem der Rhein einen leichten Bogen nach links beschrieben hat, das ist dort wo in einem großen Grundwassersee Kies gebaggert wird, sehen wir in der Ferne die Türme des Münsters von Breisach. Doch lassen wir uns nicht täuschen. Bis dorthin ist es noch ein ganz nettes Stück. Leider ist der Rheindamm kurz vor Breisach nicht durchgängig befahrbar. Eine Tafel macht uns darauf aufmerksam, dass wir nach links den Fluss verlassen müssen. Ein breiter Waldweg bringt uns in die offene Ebene, die wir unweit vom Hochwasserdamm erreichen. Bald sehen wir vor uns wieder den eiförmigen Turm vom Klärwerk und die Betriebsgebäude der Tapetenfabrik. Zu unserem Ausgangspunkt am Bahnhof in Breisach sind es jetzt noch drei Kilometer. Sind wir noch nicht müde, dann lohnt sich ein Aufstieg zum Münster in Breisach, von wo aus wir die Strecke der heutigen Radtour noch einmal überblicken können.

Aus der Geschichte der Burg Sponeck

Man schrieb die Jahre 259/260 nach Christus, als alamannische Heere die alte römische Militärlinie, den Limes, überschritten. Sie besetzten das dahinter liegende Dekumatland, das über 200 Jahre zum römischen Reich gehört hatte. Die Römer wehrten sich anfangs erfolgreich, hatten sie doch in Straßburg, Colmar, Kaiseraugst und Konstanz wichtige Stützpunkte mit großen Heerlagern. Als man die Alamannen im Jahre 357 n.Chr. bei Straßburg vernichtend geschlagen hatte, bauten die Römer unter Kaiser Valentinian (364-375) entlang der Rheinlinie gewaltige Festungswerke. Dazu gehörten u.a. das Kastell auf dem Münsterberg bei Breisach, bei dessen Einweihung der Kaiser im Herbst 369 persönlich anwesend war. Auch das etwas kleinere Grenzkastell zwischen Burkheim und Jechtingen, die spätere Sponeck, entstand in jener Zeit. Im Jahre 401 zogen sich die römischen Truppen nach Süden zurück, um dort einen germanischen Ein-

fall abzuwehren. Das nützten die Alamannen aus und setzten sich in unserer Heimat fest. Das Grenzkastell zerfiel, denn für die Alamannen war der Rhein keine Grenze mehr. (*)
Im Jahre 1281 entbrannte zwischen der Stadt Freiburg und Rudolf von Habsburg ein erbitterter Streit. Um den Zwist zu schlichten, schaltete man den Ritter Friedrich Spenlin von Breisach ein. Ihm gelang es die beiden Kontrahenten zu besänftigen. Allerdings mussten die Freiburger eine Strafe von 800 Mark Silber bezahlen. Es wurde verfügt, dass mit diesem Bußgeld eine Burg gebaut werden müsse. Dabei entsann man sich in Breisach auf die festen Grundmauern des einstigen Grenzkastells der Römer auf dem Bergsporn bei Jechtingen. Sofort verfügte der König, dass der „Hildebrand Spenlin“ dort die Burg bauen solle. In Anlehnung an seinen Namen nannte er neue Burg „Spanegge“. Ihn selbst setzte der König als Lehnherr ein. Im Jahre 1333 wurde die Burg an die Grafen von Württemberg verkauft. Für kurze Zeit war die Freiburger Familie „von Snewlin“ Besitzer, doch dann zogen wieder die Württemberger mit den Herren „von Ow“ ein. So ist auch das württembergische Wappen auf der Burg mit den Hirschgeweihen zu verstehen. Wer die Burg Sponeck besaß, der durfte auch die Gebühren kassieren, die man für eine Rheinüberfahrt mit der damaligen Fähre zu bezahlen hatte. Im „Dreißigjährigen Krieg“ wurde die Burg zerstört. Bis zum Jahre 1806 blieben die Ruinen im Besitz der Württemberger, dann gingen sie durch einen Landtausch an Baden über. Alle Versuche, die immer mehr zerfallenden Reste zu retten, blieben erfolglos. Im Jahre 1917 kaufte der Maler „Adolf Bühler“ das Sponeckgut. Er ließ 1930 den Turm als Atelier aufbauen. Darin wirkte er bis zu seinem Tode im Jahre 1951. Noch heute ist das Anwesen im Besitz der Familie Bühler. Lang ist die Geschichte der „Burg auf dem Sporn“, doch zu Ende ist sie bestimmt noch nicht.

(*) Noch heute gibt es keine Sprachgrenze zwischen den Alemannen in der Nordschweiz, dem Elsaß und in Südbaden.

Winterschachtelhalm am Studentenloch-Rundweg

Bahnhof Breisach – Kreisverkehr – Möhlinbrücke – Schwimmbad – Möhlinwehr – Rundweg – Studentenloch – Möhlinwehr – Ruderzentrum – Jugendherberge – Schiffslände – Breisach

Markierung:	Grüner Punkt, weiße Raute mit blauen Wellen
Länge:	6 Kilometer; sehr bequem
Hinfahrt:	Mit Breisgau S-Bahn, mit Linienbus, Pkw oder Fahrrad bis Bahnhof Breisach

Wer Breisach hört, der denkt sofort an die wunderschöne Stadt hoch über dem Rhein mit ihrem berühmten Münster. Das ist auch richtig so, doch kaum jemand weiß, dass Breisach auch ein empfehlenswertes Naherholungsgebiet hat, in dem es sich in aller Ruhe wandern lässt. Das ist der Rheinwald, der sich südlich der Stadt ausdehnt. Dort, wo die Möhlin in vielen Verzweigungen ihr Wasser mit den Altrheinarmen tauscht, dort, wo die Vogelwelt wie in einem Garten Eden lebt, findet der Wanderer gepflegte Wege in einer zauberhaften Landschaft.

Am einfachsten erreichen wir Breisach mit der „Breisgau S-Bahn" oder mit dem Linienbus, der direkt am Bahnhof hält. Dabei ist es von Vorteil wenn man die Regio-Karte besitzt, die ja am Sonntag für die ganze Familie gilt. Aber auch der Pkw-Fahrer findet in der Nähe des Bahnhofs einen Parkplatz. Wer mit dem Fahrrad kommt, der hat überhaupt keine Probleme. Diese Wanderung, für die wir stabile Schuhe und Wanderkleidung anziehen sollten, führt uns in die Rheinauen vor den Toren der Stadt Breisach. Ein Stück weit wird uns zunächst der grüne Punkt als Markierung dienen. Gleich am Bahnhof wenden wir uns nach links und kommen vor zur Hauptstraße. Wir überqueren sie und sehen linkerhand einen Kreisverkehr. Nach rechts führt ein Weg zur Grenze, doch der soll uns nicht interessieren. Wir unterqueren die Bundesstrasse durch den Fußgängertunnel, und schon gelangen wir zu der Brücke, die über die Möhlin führt. Das ist ein Flüsschen, das sein Wasser hoch droben am Gießhübel nicht weit vom Schauinsland entfernt holt. Von dort aus fließt es durch das Tal von St. Ulrich, vorbei an Bollschweil, und bei

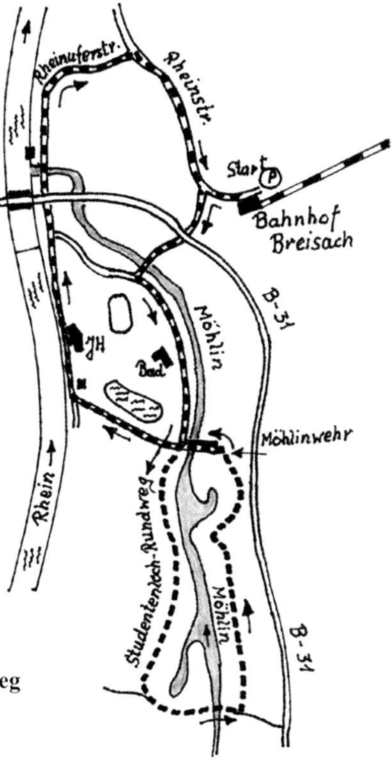

Nr. 8
Bahnhof Breisach
Der Studentenloch-Rundweg
Grüner Punkt,
weiße Raute mit Wellen
6 Kilometer, bequem

Breisach mündet es schließlich in den Rhein. Gleich nach der Möhlinbrücke biegen wir nach links ab. Auf dem schmalen Sträßchen herrscht nahezu kein Verkehr. Wir kommen am Waldstadion und am Schwimmbad vorbei. Etwa 15 Minuten nach dem Start am Bahnhof erreichen wir an einem Damm das Möhlinwehr.

Hier beginnt der eigentliche „Studentenloch-Rundweg“. Ab jetzt begleitet uns als Wegzeichen eine Raute mit blauen Wellenlinien. Wir wandern rechts vom Wasserlauf auf einem zunächst recht schmalen Weg flussaufwärts. Im Hochsommer sehen wir kaum zum Wasser, so hoch steht hier das Schilf. Schon nach 200 Metern wird der Pfad breiter, und ab jetzt ist es ein richtig schöner Wanderweg. Wir befinden uns in einem Vogelgebiet. Je nach Tageszeit jubiliert es von allen Seiten. Eigentlich ist das nicht verwunderlich, denn es kommen nur wenige Menschen hier her, also fühlen sich die gefiederten Freunde nicht belästigt. Oft sitzt am Ufer ein Fischer, mit dem es sich wohl plaudern lässt. Er fängt „Rotaugen", ab und zu einen „Barsch" und manchmal auch einen „Hecht". Nach zehn Minuten verzweigt sich der Wasserlauf. Ein toter Altrheinarm schlängelt sich durch den Wald. Jetzt wird die Landschaft erst richtig schön. Im Wasser liegen umgestürzte Bäume, dazwischen schwimmen Gras- und Schilfinseln. Vom Ufer hängen die wirren Zweige einiger sich tief herunter neigenden Schwarzerlen ins Wasser. Wildenten steigen auf, um sich nach kurzem Flug im sicheren Versteck wieder niederzulassen. An einem nicht sehr hohen, doch schon toten Baum hämmert der Buntspecht. Er kümmert sich kaum um den Wanderer, weiß er doch, dass ihm keine Gefahr droht. Bald lassen wir den Altrheinarm etwas links liegen, und 300

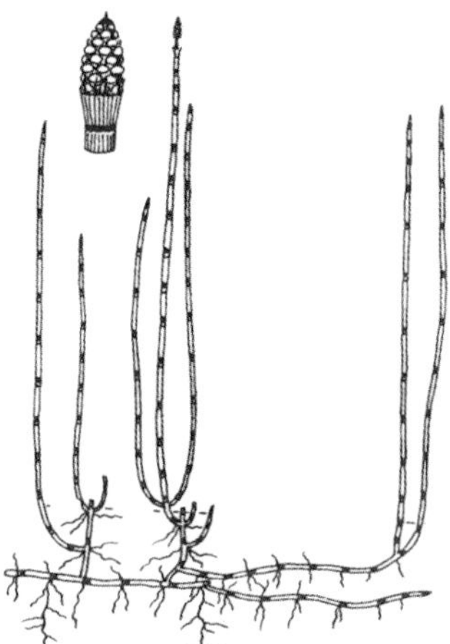

Winter-Schachtelhalm
Equisetum hyemale

Meter weiter treffen wir auf einen breiten Waldweg. Dem folgen wir nach links. Er führt uns wieder in Richtung des Wasserlaufes, den wir eben erst verlassen haben. Hier ist das Brutrevier der Schwäne. Der Altrheinarm endet an dieser Stelle. Nur 200 Meter weiter überqueren wir auf der „Hochstetter Brücke" die von rechts kommende Möhlin. Direkt danach biegen wir scharf nach links auf den schmalen Waldweg ab. Jetzt sind wir am östlichen Ufer des Wasserlaufes. Da bietet sich schon von der Vegetation her eine völlig andere Landschaft. Der Wald ist dunkler, der Boden feuchter. Man sollte bei dieser Wanderung genau auf die Pflanzenwelt schauen, denn plötzlich fallen uns große Flächen mit kahlen dunkelgrünen Halmen auf, die so sonderbare Abstufungen haben. Das ist der Winterschachtelhalm.

Der Winterschachtelhalm

Die Schachtelhalme gehören zu den Pflanzen die nicht blühen. Sie pflanzen sich entweder durch Erdsprosse oder durch Sporen fort. Man nennt diese Art die „Kryptogamen". Dazu gehören unter anderem die Pilze, die Moose und die Farne, um nur einige zu nennen. Im „Karbon", das war vor etwa 320 Millionen Jahren, wuchsen auf der nördlichen Erdhalbkugel in großen Wäldern baumhohe Schachtelhalme, die wir heute als Steinkohlenlager abbauen. Der Winterschachtelhalm (Equisetum hyemale) ist daran zu erkennen, dass er bis zu einem Meter lange dunkelgrüne Halme hat, die recht hart sind und keine Seitenäste ausbilden. Schaut man so einen Halm genau an, dann erkennt man viele Stockwerke, die man mit etwas Kraftaufwand auseinander ziehen kann, ohne die Pflanze rein äußerlich zu verletzen. Die so entstandenen Einzelteile lassen sich wieder ineinander schachteln. Danach sieht der Halm aus, als hätte man ihm kein Haar gekrümmt. An den Halmenden sitzen oft ährenartige Hütchen, in denen die der Fortpflanzung dienenden blaugrünen Sporen gespeichert sind. Sind sie reif, dann trägt sie der Wind an einen neuen Standort. Der schwedische Naturforscher „Carl von Linné" gab dieser Pflanze ihren Namen. Er nannte den Schachtelhalm „Equisetum". Das Wort kommt aus dem Lateinischen und setzt sich zusammen aus equus = das Pferd und *seta* = das Haar, bedeutet also sinngemäß „Pferdeschwanz“. Der Schachtelhalm kann sich auch vegetativ vermehren. Dafür sorgen unterirdische Ausläufer, die bis über zwei Meter tief in die Erde eindringen. Im Rheinwald bei Breisach findet er genau die Bedingungen, die er zum Leben braucht. Deshalb begegnet er uns auch bei der heutigen Wanderung. In der Pharmazie verwendet man ihn in getrocknetem Zustand als harntreibendes Mittel. Dazu überbrüht man die zerriebenen Teile mit heißem Wasser und gießt einen Tee auf. Die frische Pflanze hat man früher ausgepresst und mit dem Saft stark blutende Wunden behandelt. Noch heute benützt man den Schachtelhalm zum Putzen von Zinngeschirr, was ihm auch den Namen „Zinnkraut“ eingebracht hat. Die Gattung umfasst etwa 25 Arten.

Nachdem wir ein Stück weit an der sehr langsam fließenden Möhlin abwärts gewandert sind, biegt nach rechts wieder ein Altrheinarm ab. Er zwingt uns in einer großen Schleife den Wasserlauf zu umgehen. Links drüben bildet sich auf diese Art eine Halbinsel, auf der die Möhlinhütte steht, in der sich gut rasten lässt. Im Sommer, wenn alles verwachsen ist, sieht man diese Anlage kaum. Das ist das „Studentenloch“. Es ist anzunehmen, dass hier die Studenten vor vielen Jahrzehnten ihre Feste feierten. Niemand störte sie, und sie störten auch niemanden, denn dieser Flecken ist absolut abgelegen. Bald darauf kommen wir wieder zu dem Möhlinwehr, an welchem wir vorhin den Rundgang um das Studentenloch begonnen haben. Wir überqueren die Stellfalle und folgen dem schönen Weg auf dem Hochwasserdamm, der uns vor zum Rhein bringt. Rechts unter uns liegt eingebettet in Wiesen und umrahmt von Bäumen der Europaweiher, auf dem die Ruderer trainieren. Beim Leistungszentrum des Landesruderverbandes, dem „Alfred Berger Haus“ erreichen wir den Rhein. Wir wandern 200 Meter weit auf dem Uferweg. Dann steht rechts von uns die Jugendherberge. Das ist eine „Deutsch-Französische Schülerbegegnungsstätte“. Hier finden ganz gezielt Projekte statt, welche die Freundschaft zwischen den beiden Ländern vertiefen helfen. Jugendliche begegnen sich bei Schule, Sport und Freizeit, in Gesprächen mit

Politikern und beim Kennenlernen der heimatlichen „Regio“. Dieses Gebäude hat man bewusst direkt an den Rhein gebaut, an jenen Fluss, der Deutschland und Frankreich schon so oft schmerzlich trennte, und in dessen Mitte noch heute Staatsgrenzen verlaufen. Ein Stichweg führt hinüber zum Haupteingang, und niemand hindert uns daran, das Gebäude näher anzuschauen. Ansonsten wandern wir auf dem Rheinuferweg weiter. Nachdem wir die Bundesstraße 31, die Baden mit dem Elsaß verbindet, unterquert haben, kommen wir zur Schiffslände. Von dort aus kann man Rund- und Schleusenfahrten auf dem Rhein und dem Rheinseitenkanal unternehmen. Kurz vorher mündet übrigens die Möhlin in den Rhein. Wir verlassen das Ufer und biegen nach rechts über den Spielplatz in die Rheinuferstraße ein. Schon sind wir mitten in Breisach. Auf keinen Fall sollten wir es versäumen von dieser Stelle aus den Blick nach oben zu wenden, denn hier hat man den wohl schönsten Blick auf das Münster hoch droben auf dem Berg. Nun ist es nur noch ein kurzes Stück bis zum Bahnhof, wo vor zwei Stunden unser Ausgangspunkt war. Sollten wir noch die Stadt Breisach besichtigen wollen, dann lohnt es sich die Wanderbeschreibung Nr. 6 in diesem Büchle zu lesen. Sie wird uns auf den schönsten Wegen durch die Europastadt führen.

Über den Totenkopf zum Kompass des Breisgaus

Altvogtsburg-Kirche – Vogelsangpass – Neunlinden-Totenkopf – Oberbergen – Badloch

Markierung: Gelber Punkt, blaue Raute auf gelbem Feld, grüner Punkt
Länge: 10 Kilometer, Steigung mäßig, zum Totenkopf steil
Hinfahrt: Mit Pkw oder mit Fahrrad bis Altvogtsburg, oder mit Schmitt-Linienbus ab Freiburg-Landwasser bis Altvogtsburg

Der markanteste Punkt des Kaiserstuhls ist der Sendemast auf dem Totenkopf. Er zeigt wie ein riesiger Finger ins Land hinein. Man sieht ihn bis weit über den Breisgau hinaus, und auch im Elsaß, also jenseits des Rheins, markiert er deutlich die Stelle, wo die hervorragenden deutschen Weinlagen sind. Zu diesem „Kompass des Kaiserstuhls" wollen wir heute wandern. Da der Aufstieg nach Neunlinden-Totenkopf nicht nur sehr steil, sondern auch recht steinig ist, seien stabile Schuhe und zünftige Wanderkleidung angeraten. Der Ausgangspunkt für diese Rundwanderung ist in Altvogtsburg. Seit 1975 gehört dieser Ortsteil zur „Stadt Vogtsburg im Kaiserstuhl", die sich aus sieben ehemaligen Gemeinden zusammen setzt. Wir kommen entweder mit dem Fahrrad oder mit dem Pkw dorthin. Noch bequemer geht es mit dem Linienbus der Firma Schmitt-Reisen, der direkt bei der Kirche hält. Auf dieser Linie wird auch die Regio-Umweltkarte, die am Sonntag für die ganze Familie gilt, anerkannt.

Unser Wanderweg beginnt direkt an der Kirche in Altvogtsburg. Links vom Gotteshaus weist uns der gelbe Punkt auf den breiten Weg ein. Der macht schon nach 80 Metern eine Linkskurve und steigt ab jetzt zügig an. Rechts oben schaut hoch der Sendemast über dem bewaldeten Berghang heraus. Dort oben soll in etwa einer Stunde unser erster Rastplatz sein. Nachdem wir zehn Minuten durch die Rebterrassen angestiegen sind, erreichen wir eine kleine Wiesenlichtung. Hier sollten wir anhalten und nach links drüben schauen. Auf der anderen Talseite erhebt sich steil und kahl der Haselschacher Buck. Im Frühjahr sind seine Hänge noch grün, doch schon im Mai wird die Hitze so groß, dass alles Gras verdorrt. Nach dieser kleinen Rückschau schlängelt sich unser Pfad durch einen Heckensaum hindurch bergauf in den Hochwald hinein. Bald treffen wir auf einen breiten Weg, dem wir nach links folgen. Das Wegzeichen rechts oben an der Rotbuche ist oft von emporwachsendem Gestrüpp verdeckt. Schon nach 400 Metern hört der Wald auf und wir kommen zu einer Wegkreuzung oberhalb des Vogelsangpasses. Über den Reben ragt im Hintergrund der Kandel auf. Treten wir bis zur Böschung vor, dann haben wir einen herrlichen Blick in den Breisgau und in das Markgräflerland. Dahinter steht im lichten Blau die Kette der Schwarzwaldberge. Auf einem Bänkle können wir das Panorama betrachten. Jetzt verlassen wir den gelben Punkt und lassen uns von der

Nr. 9
Gasthaus Rössle in Altvogtsburg
Über den Totenkopf
Gelber und grüner Punkt, blaue Raute
10 Kilometer, Steigung mäßig, kurz steil

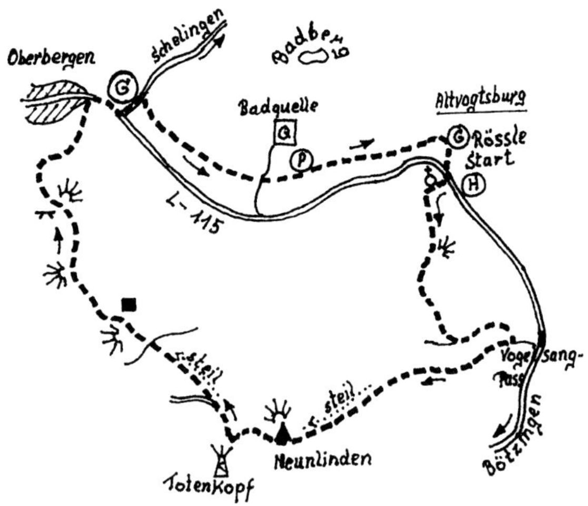

blauen Raute im gelben Rechteck führen. Das ist das Zeichen für den Nord-Südweg über den Kaiserstuhl. Der Pfeil mit dieser Markierung zeigt in den Hohlweg, dem wir jetzt aufwärts folgen und der bald zu einem Kammweg wird. Blühten beim Aufstieg von Vogtsburg her am Wegrand noch Wiesenblumen, dann ändert sich das jetzt schlagartig. Hier hat die Waldvegetation das Sagen. Im März ist der Waldboden bedeckt von den weißen Sternen des Buschwindröschens. Die blaulila Punkte dazwischen gehören zum Lungenkraut. Im Sommer fallen uns die frisch keimenden Sämlinge von der Buche und der Eiche auf. Dazu blüht am Wegrand das gelbe Habichtskraut. Während wir so aufmerksam die Natur betrachten, fällt uns fast überhaupt nicht auf, dass der Weg plötzlich steiler wird. Ja, es sind zwei ganz nette Steilstufen zu überwinden, bis wir den 557 Meter hohen Gipfel des Neunlindenberges erklommen haben. Dort oben steht ein Aussichtsturm, den der Schwarzwaldverein im Jahre 1900 erbaut hat. Wir sollten unbedingt hinauf steigen. Was sich von da oben an Aussicht bietet, das ist einmalig und unvergesslich. Wir schauen hinein in das Herz des Kaiserstuhls, weit schweift der Blick in die Rheinebene, bezaubernd schön präsentiert sich der gesamte Höhenzug des Schwarzwaldes, und direkt vor unseren Augen steht der Sendemast, der „Kompass des Kaiserstuhls". Ihn hat man auf den nur 200 Meter entfernten Totenkopf gestellt. Sicher werden wir da oben auf Neunlinden eine Rast einlegen, denn das letzte Wegstück war recht anstrengend.

Neben dem Aussichtsturm wandern wir hundert Meter leicht bergab. Dann biegt nach rechts ein Weg ab, der uns mit dem grünen Punkt darauf hinweist, dass es nach Oberbergen vier Kilometer sind. Ihm folgen wir nur 150 Meter weit, dann stehen wir auf der Straße, die dem Personal des Sendeturms vorbehalten ist. Diese Straße verlassen wir bereits in der nächsten Kurve nach vierzig Metern wieder. Vor der Leitplanke zweigt unser Weg mit dem grünen Punkt nach rechts ab. Auf einem ganz schmalen Pfad geht es jetzt steil bergab. Hier verlieren wir schnell an Höhe. Wie die Arme von riesigen Kraken ragen die Baumwurzeln in die Höhe. Das sind die Überreste der Bäume, die der Sturm Lothar an Weihnachten 1999 umgeworfen hat. Sie werden uns noch lange als Zeugen an die damalige Naturkatastrophe erinnern.

Das Leberblümchen ist eine Anemone

Schon um den 15. März herum blüht in diesem steilen Hochwald das blaue Leberblümchen. Es gehört zur Familie der Anemonen, und seine Blätter haben die Form einer menschlichen Leber. Daher sein Name. Im Herbst bedeckt eine dichte Laubschicht die gesamte Pflanze. So kann sie gut geschützt die wenigen strengen Wintertage des Kaiserstuhls überstehen. Fallen dann die ersten Sonnenstrahlen durch die noch kahlen Zweige auf den Waldboden, dann treibt es die Pflanze ans Licht. Eng, und mit einer leichten Flaumschicht überzogen, schmiegen sich die zarten Triebe an die letztjährigen Blätter. In wenigen Tagen treiben die leuchtend blauen Blüten ans Tageslicht, wo sie sogar leichte Frostnächte spielend überstehen. Das Leberblümchen ist selten geworden. Der echte Naturfreund weiß, dass es unter Naturschutz steht. Er reißt es nicht ab, sondern er freut sich darauf, es auch im nächsten Jahr am selben Standort wieder bewundern zu dürfen.

Dreilappiges Leberblümchen
Hepatica nobilis (triloba)

Nachdem wir den steilen Hang hinter uns gebracht haben, kommen wir auf einen breiten Waldweg neben einem ehemaligen Holzplatz. Da treffen sich viele Routen. Für uns gilt nach wie vor der

Busch-Windröschen
Anemone nemorosa

grüne Punkt in Richtung Oberbergen. Nach einem ganz kurzen Anstieg führt er uns zwischen Rebterrassen und einem Waldsaum auf eine flache Bergstufe hinaus. Für einen kleinen Moment sehen wir drunten in der Ebene den Kirchturm von Oberrotweil. Nachdem wir eine Bergnase umgangen haben, wird es lichter. Jetzt stehen wir hoch über dem Kaiserstuhltal, das sich der Krottenbach von Schelingen bis nach Oberrotweil gegraben hat. Soweit das Auge reicht umgeben uns Reben. Bald taucht unter uns Oberbergen auf, und am oberen Talende sehen wir die Häuser und die Kirche von Schelingen. Der Abstieg nach Oberbergen führt uns über gut ausgebaute Rebstraßen. Ganz markant ragt zwischen den Häusern der schmucke Kirchturm von Oberbergen mit seinen grünen und weißen Keramikziegeln heraus. Nach zwanzig Minuten sind wir drunten an der Badbergstraße. Hier ist auch eine Bushaltestelle. Doch die kommt für uns nicht in Betracht. Wir wollen ja noch am Fuße des Badbergs nach Altvogtsburg zurück wandern. Wir überqueren die Straße und wandern auf dem Gehweg nach rechts talaufwärts. Bei der Weinstube Mondhalde müssen wir noch mal über die Straße, dann zeigt uns der Wegweiser mit dem gelben Punkt an, dass es nach Altvogtsburg noch zwei Kilometer weit ist. Es ist nur ein schmales Wegchen am Fuße des Badbergs zwischen Ackerland und Berg. Wieder bewundern wir die üppige Vegetation am Hang. Nach 800 Metern kommen wir am Badloch vorbei. Das ist ein Relikt aus der Zeit, als der Kaiserstuhl noch ein tätiger Vulkan war. Aus zwei Quelllöchern fließt Wasser in zwei gefasste Becken. Dieses Wasser hat das ganze Jahr über eine Temperatur von 21 Grad Celsius. Eine viertel Stunde oberhalb der Badquelle tauchen die ersten Häuser von Altvogtsburg auf. Hier schließt sich der Kreis unserer Rundwanderung, die uns in die steilen Flanken des Doppelgipfels von Neunlinden und Totenkopf geführt hat. Auf dem im Jahre 2000 schön gestalteten Dorfplatz setzen wir uns auf ein Bänkle und bewundern das weit ausladende Wirtshausschild beim Gasthaus Rössle. Das Pferd ist eingerahmt von dem was den Kaiserstuhl so berühmt macht, nämlich den Weintrauben mit dem herrlich grünen Weinlaub. Sicher kann man da zum Abschluss auch ein Viertele Müller-Thurgau oder gar einen guten Spätburgunder trinken. Rechnen wir mindestens eine Rast mit ein, dann waren wir gut 3 ½ Stunden unterwegs gewesen.

Die seltene Schmetterlingshaft

An den heißen Hängen des Badbergs können wir mit etwas Glück ein bei uns recht seltenes Insekt beobachten. Wenn es still auf einer Blüte sitzt, dann könnte man es bestimmt für einen Schmetterling halten. Doch in Wirklichkeit besteht bei diesen Netzflüglern keinerlei Verwandtschaft zu den Schmetterlingen. Sie gehören vielmehr zur Gattung der Ameisenjungfern, die im Larvenstadium als Ameisenlöwen bekannt sind und im lockeren Lößstaub Fangtrichter bauen. Die Larven der Schmetterlingshaft leben ohne Trichter zu bauen in der oberen Bodenschicht an Bäumen und Sträuchern. Schmetterlingshaft sind ausgezeichnete Flieger, die auf ihren durchsichtig scheinenden Flügeln eine bizarre gelbe Zeichnung haben. Sie ernähren sich von anderen Insekten, die sie im Flug fangen. Auch die Paarung erfolgt im Flug. Sie fliegen nur bei greller Hitze und bevorzugen dabei Südlagen, weshalb wir sie ganz speziell am Badberg in den Hochsommermonaten beobachten können.

Der grüne Rundweg über den Haselschacher Buck

Altvogtsburg-Kirche – Vogelsangpass – evtl. steiler Abstecher zur Eichelspitze – Degenmatt – Haselschacher Buck – Schelinger Kreuz – Altvogtsburg

Markierung:	Weiße Tafel auf Holzpfeil mit rotem Streifen durch grünes Dreieck
Länge:	6,5 Kilometer; Steigung mäßig
Hinfahrt:	Mit Pkw oder Fahrrad bis Altvogtsburg, oder ab FR- Landwasser, Endhaltestelle Linie 1, mit Schmitt-Linienbus bis Altvogtsburg

Mitten im Herzen des Kaiserstuhls liegen die beiden wohl bedeutungsvollsten Naturschutzgebiete dieser Vulkanlandschaft. Zum einen ist es der Badberg, nicht weniger interessant ist der Haselschacher Buck oberhalb Altvogtsburg. Beide Gebiete haben eines gemeinsam: An heißen Sommertragen sollte man sie tunlichst meiden. Nicht selten steigt die Temperatur auf den kahlen Höhen auf über 60 Grad Celsius an. Trotzdem sind sie ein begehrtes Ausflugsziel, denn im zeitigen Frühjahr zeigen sie sich in einer wunderschönen Blütenpracht.

Ausgangspunkt für diese Wanderung ist das Gasthaus Rössle in Altvogtsburg. Dieser Ort ist eine von sieben Gemeinden der im Jahre 1975 gegründeten „Stadt Vogtsburg im Kaiserstuhl“. Kommen wir mit dem Linienbus der Firma Schmitt-Reisen, dann ist unser Start direkt an der Haltestelle „Altvogtsburg“ bei der Kirche. Unser Zeichen ist ein roter Streifen, der durch ein grünes Dreieck gezogen ist. Bis zur Höhe beim Vogelsangpass begleitet uns auch der gelbe Punkt. Gleich neben der Kirche folgen wir dem breiten Weg zu den Bäumen in den Kaiserstuhl hinein. Der macht nach 80 Metern eine Linkskurve und steigt ab jetzt an. Somit sind wir bereits weit weg vom Straßenverkehr. Halbrechts, hoch über dem bewaldeten Hang, ragt wie ein Spargel der Sendeturm auf dem Totenkopf heraus. Nachdem wir zehn Minuten zwischen den Reben angestiegen sind, erreichen wir eine kleine Wiesenlichtung. Jetzt sollten wir anhalten und zurück schauen. Auf der gegenüber liegenden Talseite erhebt sich steil und kahl der Haselschacher Buck. Dann schlängelt sich unser

Nr. 10
Gasthaus Rössle in Altvogtsburg
Über den Haselschacher Buck
Roter Streifen durch grünes Dreieck
6,5 Kilometer, Steigung mäßig

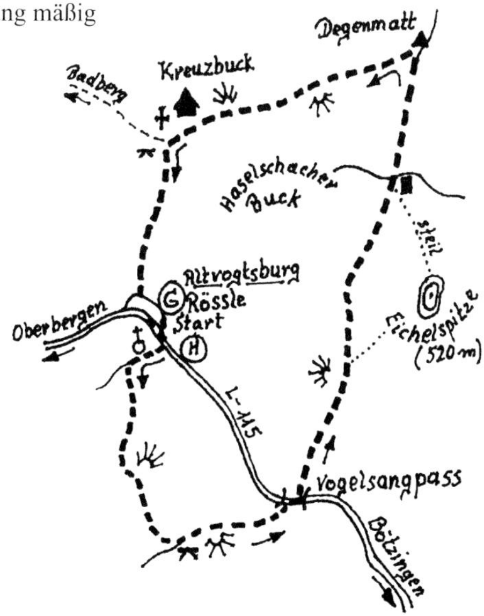

Weg schmal weiter bergauf in den Wald hinein. Dort, wo wir auf einen breiten Weg treffen, halten wir uns nach links. Völlig eben kommen wir so zu einer großen Wegkreuzung. Über den dichten Reben ragt im Hintergrund der Kandel empor. Treten wir bei der Bank einige Schritte nach vorne, dann liegt tief unter uns die Breisgauer Bucht mit der Großstadt Freiburg und dem Schwarzwald dahinter. Wir zweigen an dieser Stelle nach links ab, denn unser nächstes Ziel ist der Vogelsangpass. Bis dort hin sind es nur noch 400 Meter. Wir überqueren die Straße und steigen auf dem Lößhohlweg nach links an. Zu unserem bisherigen Zeichen, dem grünen Dreieck, gesellt sich jetzt die blaue Raute im gelben Feld. Das ist der Nord-Südweg über den Kaiserstuhl. Der beginnt in Ihringen und hört in Endingen am Bahnhof auf. Schon nach 40 Metern stehen wir vor einer gut gestalteten Orientierungstafel. Auf ihr können wir den für heute ausgesuchten Weg nachvollziehen. Gleich nach dieser großen Tafel erreichen wir den Bergrücken, auf dem es jetzt für etwa 15 Minuten stetig bergauf geht. Diese Steigung überwinden wir mühelos, denn wir werden voll mit der schönen Aussicht beschäftigt sein, die sich uns nach allen Seiten eröffnet. Schauen wir zurück, dann steht auf der bewaldeten Höhe von Neunlinden der mächtige Sendeturm. Auch dorthin wird uns eine in diesem Büchle beschriebene Wanderung führen. Links unter uns erkennen wir die wenigen Häuser von Altvogtsburg, wo wir vor knapp einer halben Stunde losgewandert sind. Direkt dahinter steigt der auf seinen Höhen völlig kahle Badberg auf. Bis etwa in den Mai hinein sind seine Wiesen noch grün, dann wird die Hitze so groß, dass alles verdorrt und sich der Höhenzug mit einer graubraunen Farbe überzieht. Schauen wir nach rechts, dann fällt unser Blick in die bunte Ebene des Breisgaus, in der die vielen Ortschaften wie Perlen liegen. Den Horizont begrenzt der Schwarzwald, dessen westliche Abhänge von vielen Tälern zerfurcht sind. Aus jedem Tal fließt ein Bach, der auf dem schnellsten Weg dem Rhein zueilt. Geht man diesen Weg an einem späten Sommerabend, wenn die Hitze des Tages von einem kühlen Lüftchen abgelöst wird, dann zeigen tausende von Lichtern die weite Ausdehnung der Großstadt Freiburg an. Je weiter wir an Höhe gewinnen, desto mehr verschwindet der Badberg hinter der anderen kahlen Kuppe, dem „Haselschacher Buck" zu unserer Linken. Jetzt erreicht unser Wanderweg eine Anhöhe. Rechts von uns steigt steil die Eichelspitze auf und verdeckt den Blick hinab in die Ebene des Breisgaus. Eine kleine Tafel weist uns auf einen schmalen Weg hin, der zum 522 Meter hohen Gipfel der Eichelspitze führt. Aber Achtung! Dieser Aufstieg ist sehr steil. Bleiben wir auf unserem Wanderweg, dann kommen wir nach einer kleinen Senke zu einer markanten Wegkreuzung. Rechts, bei der Robert Meier-Hütte, zweigt ein Weg nach Eichstetten ab. Nach links zeigt der Wegweiser in das flache und in großem Bogen geschwungene

Vulkantal an, dass es nach Vogtsburg geht. Beides wollen wir nicht. Wir möchten noch ein kleines Stückchen ansteigen bis zur Höhe bei der Degenmatt. Erst dort oben, wo auf der Kuppe ein kleines Wäldchen steht, biegen wir nach links ab. Der jetzt vor uns liegende Weg abwärts ist nämlich botanisch hoch interessant. Im März und April blüht direkt neben dem Pfad die Kühchenschelle (Pulsatilla vulgaris.) Das Lilablau dieser großen Anemone wird unterbrochen von ganzen Polstern der gelben Schlüsselblume. Wo das letztjährige dürre Gras noch etwas höher steht, da zwängt sich zwischen den braunen Halmen das große Windröschen (Anemone silvestris) hervor. Die Menschen in dieser Region sagen ganz einfach „Kaiserstuhlanemone" zu dieser prachtvollen Blume. Wo der Boden ganz mager und nur dünn mit Erde bedeckt ist, da blüht das Frühlings-Hungerblümchen. Sind wir erst im Mai unterwegs, dann finden wir bereits den Fruchtstand der Kühchenschelle. Das ist ein senkrecht nach oben gerichteter Pinsel, den man im Volksmund auch „Petersbart" nennt. In einem Sattel kommen wir zum „Schelinger Kreuz". Dieser Ort heißt auch Kreuzbuck. Ein kleiner Pavillon mit Tisch und Bänkle lädt zu einer Rast ein. Rechts unter uns sehen wir die Häuser von Schelingen. Dieser Ort ist der zentrale Mittelpunkt des Kaiserstuhls. Wenn wir ein Pflanzenbuch dabei haben, dann können wir an diesem Rastplatz jetzt all das nachschlagen, was uns die heutige Wanderung schon beschert hat. Auch hier steht eine große Informationstafel, die uns u.a. darauf aufmerksam macht, dass wir uns in einem Naturschutzgebiet befinden. Vom Sattel am Kreuzbuck führt ein Weg hinab nach Altvogtsburg. Doch immer sollten wir unsere Aufmerksamkeit der Flora und Fauna schenken. Hier wird der Volltrockenrasen vom Halbtrockenrasen abgelöst. Schon finden wir eine völlig andere Pflanzengesellschaft. Wo der Heckensaum beginnt steht im Juli, ja sogar bis in die ersten Augusttage das „Sichelblättrige Hasenohr" (Bupleurum falcatum) in schöner Eintracht mit dem „Berg-Haarstrang" (Peucedanum oreoselinum.) Beides sind Tiefwurzler, und sie holen ihre Nahrung aus den untersten Schichten in bis zu zwei Meter Tiefe des lößüberzogenen Kalkbodens. An ihren Blüten laben sich der Aurorafalter und der Bläuling, beides kleinere Schmetterlinge, die sich am Kaiserstuhl wohl fühlen.

Schnell erreichen wir den Talgrund, der von Reben bewachsen ist. Jetzt ist es nicht mehr weit bis nach Altvogtsburg. Dort war beim Gasthaus Rössle unser Ausgangspunkt. Der Kreis schließt sich, und hinter uns liegt eine wunderschöne Kaiserstuhlwanderung, die uns in das Herz dieses Gebirges geführt hat. Haben wir noch etwas Zeit, dann setzen wir uns auf ein Bänkle des im Jahr 2000 neu gestalteten Dorfplatzes, und lassen unsere Gedanken in die Vergangenheit schweifen.

Hinweis: Seit dem Jahr 2002 plant man auf der Eichelspitze einen Aussichtsturm zu errichten. Sollte es soweit kommen, dann ist der Abstecher hinauf, alleine schon der Aussicht wegen, lohnenswert.

Sichelblättriges Hasenohr
Bupleurum falcatum

Vogtsburg nannte sich einstmals „Bocheberg“
Schon im Jahre 972 spricht man in einer Urkunde über Vogtsburg. Damals nannte man es „Bocheberg“. Die Schreibweise des Ortsnamens wechselte mehrfach. Der Ort Vogtsburg gehörte den Herren von Uesenberg bis zum Aussterben ihres Geschlechts im Jahre 1379. Vogtsburg zählte im Mittelalter über tausend Einwohner, war also größer als Oberbergen. Zudem hatte Vogtsburg eine eigene Pfarrei. Doch viele Kriege, zu denen man immer nur die jungen Männer einzog, dezimierten die Bevölkerung so stark, dass eine eigenständige Gemeinde nicht mehr tragbar war. So ließ man sich im Jahre 1476 von Oberbergen eingemeinden und mitverwalten. Seit dem Jahre 1975 spricht man nur noch von „Altvogtsburg“, denn die einstige Gemeinde ging auf in der „Stadt Vogtsburg im Kaiserstuhl“, zu der sieben ehemalige Gemeinden gehören. Der Bürgermeister hat seinen Sitz in Oberrotweil.

Die erste Kirche von Vogtsburg wird in einer „Kreuzzugssteuerliste“ schon im Jahre 1275 erwähnt. Sie war bereits dem „Sankt Romanus“ geweiht. Romanus war ein Schüler des heiligen Laurentius und starb im Jahre 258 n. Chr. als Märtyrer durch Enthauptung. Er soll in der Laurentius-Katakombe in Rom bestattet sein. Sein Patrozinium wird am 9. August gefeiert. Die einstige Kirche war im Jahre 1833 so baufällig geworden, dass man sich zu einem völligen Neubau entschließen musste. Als man endlich einen geeigneten Bauplatz gefunden hatte, begann man mit den Arbeiten. Der Rohbau war 1836 fertig. Wie lange sich der Innenausbau hinzog kann man daran erkennen, dass erst im Jahre 1862 die Kanzel eingeweiht werden konnte. Der Altar der heutigen Romanuskirche zeigt in der Mitte den gekreuzigten Christus, links den heiligen Romanus und rechts die Statue des heiligen Laurentius. Beide starben für ihren christlichen Glauben.

Der Naturlehrpfad am Badberg

Altvogtsburg – Kreuzbuck – Badberg – Oberbergen – Badloch

Markierung:	Weiße Tafel auf Holzpfeil mit zwei gelben Punkten im roten Streifen
Länge:	6 Kilometer; Steigung mäßig, kurz steil
Hinfahrt:	Mit Pkw oder Fahrrad bis Altvogtsburg oder mit Schmitt-Linienbus ab FR-Landwasser, Endhaltestelle Linie1, bis Altvogtsburg. Am Sonntag mit Breisgau S-Bahn bis Bötzingen, ab dort Schmitt-Bus

Wenn droben im Schwarzwald im Februar der Schnee zwei Meter hoch liegt und die Wintersportler anlockt, ja wenn selbst in den tieferen Lagen des Breisgaus noch der Winter regiert, dann zieht es den wanderfreudigen Kenner an den Kaiserstuhl. An den Hängen, die von der spätwinterlichen Sonne beschienen werden, regt sich pflanzliches Leben. Der Trockenrasen ist schon grün, und wer genau hinschaut, der findet bereits die ersten blühenden Pflanzen. Zu den ersten Frühjahrsboten gehören das winzig kleine Hungerblümchen und der blaue persische Ehrenpreis. Bald gesellt sich auch die Kühchenschelle (Pulsatilla vulgaris) hinzu. Ihr Name hat nichts mit einer „Küche" zu tun. Die fünf Zentimeter große Glocke sieht der Form nach wie eine Kuhschelle aus. Im alemannischen Sprachraum ist eine kleine Kuh ein „Kühchen", und eine „Schelle" ist eine Glocke. Jetzt ist die Zeit, in der man eine Wanderung über den Badberg unternehmen sollte. Eines merken wir uns gut: Unser gesamter Wanderweg führt durch das Naturschutzgebiet Badberg. Jeder echte Naturfreund weiß, dass man hier nichts abreißen oder gar ausgraben darf, denn diejenigen, die nach uns kommen, wollen sich auch noch freuen dürfen. Dieser Weg über die Höhen des Badbergs ist im Frühjahr und im Herbst zu empfehlen. Im Sommer ist es einfach zu heiß. Es sei denn, man sucht sich im Mai und Juni den sehr frühen Morgen aus. Dann ist man ganz alleine. Lediglich die Mauersegler und die Schwalben rasen in halsbrecherischem Flug nur wenige Meter hoch über die Grashänge, denn dort fliegen jetzt Mücken, nach denen sie auf der Jagd sind.

Die Stadt Vogtsburg im Kaiserstuhl

Ausgangspunkt für unsere Wanderung ist beim Gasthaus Rössle in Altvogtsburg. Der Linienbus von der Firma Schmitt-Reisen hält an der Kirche. Am Sonntag müssen wir zunächst mit der Breisgau S-Bahn (BSB) bis Bötzingen fahren und am Bahnhof in den Bus steigen. Altvogtsburg besteht zwar nur aus ein paar Häusern, doch darf sich dieser Ort stolz damit brüsten, im Jahre 1975 Namensgeber für die größte Stadt am Kaiserstuhl gewesen zu sein. Damals schlossen sich sieben Gemeinden zusammen, und diese nennen sich seither „Stadt Vogtsburg im Kaiserstuhl“. Es waren die einstmals selbständigen Gemeinden Achkarren, Bickensohl, Bischoffingen, Nieder- und Oberrotweil, Oberbergen, Schelingen und Burkheim. Letztere brachte das Stadtrecht mit. Der Bürgermeister hat seinen Sitz in Oberrotweil. Mehr als 40 Prozent des Kaiserstuhls bilden somit flächenmäßig die größte Weinbaugemeinde Baden-Württembergs.

Gleich beim Gasthaus Rössle finden wir die erste Markierung, den Holzpfeil mit der weißen Tafel, auf der in einem roten Streifen zwei gelbe Punkte sind. Der Naturlehrpfad biegt beim Haus Nr.3a rechts ab. Ein breiter Weg führt uns zunächst wenig ansteigend ins Tal hinein. Doch schon nach 300 Metern heißt es gut aufpassen. Jetzt biegt ein stark ansteigender Weg links ab, der uns in wenigen Minuten hinauf zum Schelinger Kreuz bringt. Diesen Ort nennt man auch Kreuzbuck. Eigentlich ist es eine richtige Passhöhe, von der aus wir eine herrliche Aussicht nach zwei Seiten haben. Auf dem aus rotem Sandstein errichteten Kreuz erfahren wir, dass das tief unter uns liegende Schelingen schon 990 nach Christus als *Scaleia* erwähnt wurde. Unsere Aufmerksamkeit sollte auch der großen Informationstafel gelten, die von der „Bezirksstelle für Naturschutz und Landschaftspflege“ in Freiburg aufgestellt wurde. Sie erklärt uns die Landschaft des Badbergs und macht uns auf das einmalig schöne Naturschutzgebiet aufmerksam. In der Folge werden uns auf dem gesamten Wanderweg Tafeln begleiten, die mit eindrucksvollem Text auf die Pflanzen- und Tierwelt eingehen. Hier hat eine Behörde ein Modell geschaffen, das man als mustergültig bezeichnen kann. Besser geht es einfach nicht. Deshalb wird sich die Wanderung erheblich in die Länge ziehen, denn der Text ist gut verständlich und lesenswert.

Vom Schelinger Kreuz aus steigen wir auf dem schönen Wiesenweg bergan. Die Steigung fällt uns deshalb nicht schwer, weil es

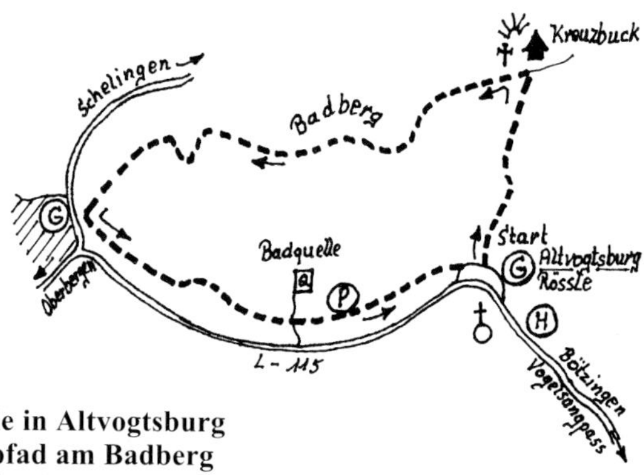

Nr. 11
Gasthaus Rössle in Altvogtsburg
Der Naturlehrpfad am Badberg
Zwei gelbe Punkte in rotem Streifen
6 Kilometer, Steigung mäßig, kurz steil

immer etwas zu schauen gibt. Einmal sind es die Pflanzen oder ein Käfer, an einer anderen Stelle begeistert uns der Ausblick nach Osten über den Vogelsangpass hinweg zum Schwarzwald. In großen Bogen, mal auf mal ab, erreichen wir den 435 Meter hohen Badberg. (Ihm und seinem Umfeld ist der nachfolgende Artikel gewidmet). Manchmal fällt der Weg etwas steiler ab, doch meistens ist er gut zu begehen. Nach dem höchsten Punkt, auf dem im Sommer das Gras von der Sonne völlig verdorrt ist, öffnet sich ein neuer Ausblick. Jetzt schauen wir aus dem Kaiserstuhl hinaus in die oberrheinische Ebene, hinter der sich an klaren Tagen die Vogesen wie eine Wand auftürmen. Steigen wir noch ein Stückchen weiter ab, dann zeigt sich unter uns die Gemeinde Oberbergen. Schön hebt sich die Kirche mit den glasierten Ziegeln auf dem Turm von den Häusern ab. Dann erreichen wir die Rebanbauzone. Schlagartig ändert sich die Vegetation. Waren wir vorhin auf dem Badberg in einer reinen Naturlandschaft, so wechseln wir jetzt in eine von Menschenhand geschaffene Kulturlandschaft. Beim Gasthaus Mondhalde, das ist am obersten Ortsausgang von Oberbergen, genau dort wo die Straße nach Schelingen abzweigt, sind wir auf der Talsohle des Krottenbachs angelangt. Das ist zugleich der entfernteste Punkt unserer Wanderung. Hier biegen wir scharf nach links ab. Ein zunächst schmaler Hangweg, auf dem man stellenweise sogar im Gänsemarsch gehen muss, führt uns talaufwärts. Rechts von uns sind Gärten und Obstanlagen, links am Hang wachsen kleine Bäume und Sträucher. Wieder informieren uns die schon erwähnten Hinweistafeln bestens. Auf halbem Wege zwischen Oberbergen und Vogtsburg, dort wo man einen Rast- und Parkplatz eingerichtet hat, zweigt nach links ein Stichweg ab. An dieser Stelle öffnet sich der Badberg mit einem Steinbruch und zeigt dem Kenner sein Innenleben. Das hier anstehende Gestein ist *Karbonatit,* das durch die Verwitterung an der Oberfläche meist rostfarbig und stark bröckelig aussieht. Rechts vom Steinbruch liegt das Badloch. Hier entspringt eine der wenigen Quellen, die es im Zentralkaiserstuhl gibt. Aus einer schmalen Felsspalte tritt schwach radioaktives Thermalwasser aus., welches das ganze Jahr über eine Temperatur von 21 Grad Celsius hat. Das hat die Gemeinde Oberbergen im Jahre 1920 in zwei Becken gefasst. Die

Kneippfreunde können an der Stirnseite des Wassertretbeckens lesen: „*Halte Leib und Seele rein*“.

Einer alten Zeitung aus dem Jahre 1935 entnehmen wir folgende Auszüge: „Was Vogtsburg im Mittelalter berühmt machte, war sein Bad. Geht man an der rechten Talseite entlang zehn Minuten gegen Oberbergen zu, dann kommt man an das Badloch, wo zwei etwas lauwarme Quellen entspringen. Schon um 1350 wird dieses Bad erwähnt. Das Bad und der Talgang zu Vogtsburg gehörte damals als ein hochstift- baselsches Lehen den Freiherrn von Üsenberg. Der Stadtphysikus von Schlettstatt, Dr. med. Richard Brunkh, berichtet 1669 in einem Bad- und Trinkbüchlein, dass raubende Schwedenhorden im Dreißigjährigen Krieg das Bad zerstört hätten. Im Jahre 1660 baute der Freiherr Johann Pfürdt ein neues Badhaus und richtete wieder einen regelmäßigen Badebetrieb ein. Das Badhaus lag in der Talsohle gegenüber dem Badloch. In der Badeordnung stand, dass sich die Monate Mai bis September am besten für eine Kur eignen würden. Der Badegast solle früh aufstehen. Nachdem er sich gekämmt, gewaschen und den Allerhöchsten um göttlichen Beistand und Segen angerufen habe, soll er zunächst einen Spaziergang machen und erst dann in den Badezuber steigen. Doch vorher genieße er einige Stärkungen. Am Nachmittag mache der Kurgast einen Spaziergang und lege sich abends beizeiten ins Bett. Dem Wirt wurde vorgeschrieben, dass die Badewannen immer in sauberem Zustand sein müssen, damit keine Infektionen auftreten. Ohne die Gäste zu überfordern, darf er für seine Dienste eine gebührende Taxe verlangen.

Nach dem Badloch wandern wir weiter sehr bequem talaufwärts. Besonders morgens, wenn die ersten wärmenden Sonnenstrahlen auf die an einigen Orten wenig bewachsenen Böschungsstreifen fallen, kann der aufmerksame Beobachter die Smaragdeidechse sehen. Im Frühjahr zeigt sich das bis zu 40 Zentimeter lang werdende Männchen im Hochzeitskleid. Dann sticht die blaue Kehle deutlich von der hellgrünen Oberseite des Körpers ab. Ja, und dann sind wir wieder am Ausgangspunkt in Altvogtsburg. Die gesamte Länge dieser Wanderung betrug zwar nur sechs Kilometer, doch durch die vielen Informationen, die wir auf dem Naturlehrpfad bekommen haben, kann daraus eine Halbtageswanderung geworden sein. Wenn wir uns dann auf einem Bänkle beim Brunnen am Dorfplatz ausruhen, könnte schnell der Wunsch aufkommen, im gegenüber liegenden Gasthaus Rössle zu vespern. Sind wir gar ohne Auto angereist, dann darf ein Viertele Kaiserstühler Wein den Genuss noch vervollständigen.

Der Badberg ist eine Wärmeinsel

Den absoluten Mittelpunkt des Kaiserstuhls bildet der Badberg. Seinen Namen hat er nach der warmen Thermalquelle bekommen, die an seinem südlichen Fuße, am sogenannten Badloch, aus einer Felsspalte quillt. Schon die Römer sollen die Wohltat dieses Wassers genossen haben. Selbst in strengen Wintern bleibt auf dem Badberg der Schnee nie länger als zwei Tage liegen, dann taut ihn sein warmer innerer Kern wieder ab. In der unteren Region haben Menschen auf kleinen Terrassen schon zu allen Zeiten Reben angepflanzt. Das hat seinen Grund: In der Eiszeit trugen heftige Stürme feinen Flugstaub heran, der sich als Löß absetzte. Die Niederschläge transportierten den braungelben Löß vom Gipfel in die unteren Hanglagen. Dort bietet er den Reben beste Wachstumsbedingungen. Etwa 85 Prozent des Kaiserstuhls sind vom fruchtbaren Löß bedeckt. Je höher man an den Hängen aufsteigt, desto karger wird die Vegetation. Die oberste Kuppe ist nahezu baum- und strauchfrei. Trotzdem findet der Naturfreund eine große Anzahl seltener Pflanzen und Tiere, die es sonst nirgends mehr gibt. Viele Pflanzen haben sich ganz auf ihren speziellen Lebensraum eingestellt. So gedeihen im Halbtrockenrasen (Mesobrometum) ganz andere Pflanzengesellschaften wie im reinen Trockenrasen (Xerobrometum). Im Hochsommer trocknen die Wiesen völlig aus. Es kann sogar vorkommen, dass am Hang ein Feuer ausbricht, nur weil ein unvorsichtiger Zeitgenosse eine Flasche weggeworfen hat, die dann zum Brennglas wird. Eigentlich gibt es am Kaiserstuhl das ganze Jahr über keine Vegetationsruhe. Kaum sind die letzten Spätblüher verwelkt, regt sich im Januar schon wieder neues Grün. Nicht nur die Botaniker und die Zoologen, nein, auch die Geologen und Mineralogen finden am Badberg ein reiches Betätigungsfeld. Ein besonders erwähnenswertes Gestein am Badberg ist der Karbonatit, den man lange als den „*Marmor des Kaiserstuhls*" bezeichnet hat. Weil man die Schutzbedürftigkeit dieser einmaligen Landschaft schon früh erkannt hat, erklärte man den Badberg zu einem Naturschutzgebiet. Ehrenamtliche Natur- und Heimatfreunde stellen sich alljährlich zur Verfügung um notwendige Pflegemaßnahmen durchzuführen. Diese Helfer sind es auch, die im Rahmen eines Naturschutzdienstes besonders in der Zeit der Hauptblüte den vielen Besuchern erklären, weshalb man hier nichts abreißen oder ausgraben darf. Um die Landschaft wirklich zu schonen, ist es auch nicht erlaubt von den ausgewiesenen Wegen abzugehen. Jeder vernünftige Mensch sieht das ohne zu murren ein. Wer sich genau informieren will, was die Pflanzen- und Tierwelt das Jahr über zu bieten hat, der bedient sich eines Bestimmungsbuches. Davon gibt es sowohl für den Laien als auch für den Fachmann eine große Auswahl.

Natur und Kultur im Herzen des Kaiserstuhls

Bahnhof Bötzingen – Oberschaffhausen – St.Alban-Kapelle – oberhalb Steinbruch – Vogelsangpass – Robert Meier Hütte – evtl. steiler Abstecher zur Eichelspitze – Feldbergblick – Rebweg – Eichstetten

Markierung:	Blauer Punkt – Blaue Raute auf gelbem Feld – grüner Punkt
Länge:	10,5 Kilometer; Steigung mäßig, zur Eichelspitze steil
Hinfahrt:	Mit Breisgau S-Bahn bis Bötzingen oder mit Schmitt Linienbus ab Freiburg Moosweiher, Endstation Landwasser. Zurück ab Eichstetten

Die beiden Ortschaften Bötzingen und Eichstetten sind alte Weinbaugemeinden. Sie liegen am östlichen Rand des Kaiserstuhls nur drei Kilometer weit auseinander. Wir wollen diese beiden Gemeinden heute durch eine wunderschöne Wanderung miteinander verbinden, wobei wir allerdings nicht den direkten Weg wählen werden. Eine große Schleife soll uns auf die Höhen des Kaiserstuhls führen, von wo aus wir herrliche Ausblicke zu dem am östlichen Horizont sich auftürmenden Schwarzwald haben. Zwischen dem Kaiserstuhl und den Schwarzwaldbergen liegt die Ebene des Breisgaus mit den vielen Ortschaften, die sich wie Perlen in die Harmonie aus Wiesen, Feldern und Waldinseln einfügen. Den bestimmenden Mittelpunkt in diesem Gefüge bildet die Großstadt Freiburg, deren Ausläufer sich weit in die Täler des Schwarzwaldes hinein ziehen.

Ausgangspunkt für unsere Wanderung ist der Bahnhof in Bötzingen. Den erreichen wir entweder mit der Breisgau S-Bahn oder mit dem Linienbus der Firma Schmitt ab Freiburg Landwasser, Station Moosweiher. Gleich nachdem wir in Bötzingen ausgestiegen sind, fällt uns auf dem Bahnhofsgelände ein Brunnen auf. Hier hat man viele Tier- und Pflanzenarten, die für den Kaiserstuhl typisch sind, abgebildet. Wir überqueren die Landstraße und folgen der Markierung mit dem blauen Punkt auf der Gottenheimer Straße. Ein Stück weit zeigt uns auch das rote Dreieck an, dass wir uns auf dem „Dreiländerweg“ (Sentier des Trois Pays) befinden, der die

Nr. 12
Bahnhof Bötzingen
Im Herzen des Kaiserstuhls
Blauer und grüner Punkt, blaue Raute
10,5 Kilometer, Steigung mäßig

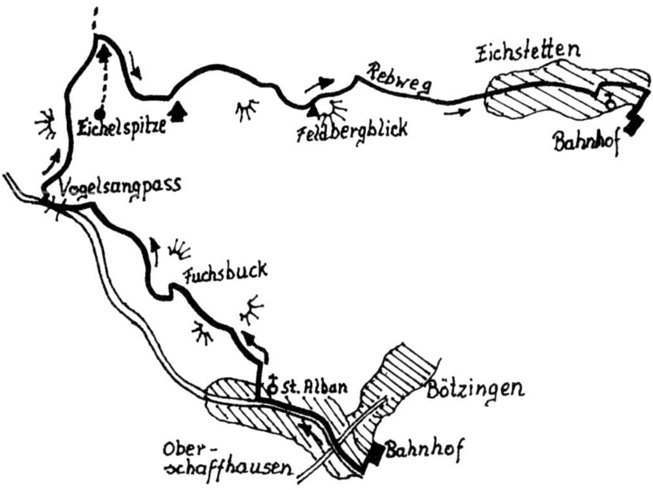

Nordschweiz, das Elsaß und Südbaden verbindet. Schon nach vier Minuten kommen wir zu der Kreuzung beim Gast- und Gästehaus Krone. Dort hängt zur Straßenseite hin noch so ein wunderschön gestaltetes Wirtshausschild, wie es früher allgemein üblich war. Wir überqueren die Kreuzung bei der Ampel und wandern die Bergstraße hinauf. Eigentlich befinden wir uns jetzt in „Oberschaffhausen". Dieser Name taucht erstmals im Jahre 1143 auf. Damals bestätigte Papst Eugen III dem Kloster St. Ulrich seine Besitzungen, darunter auch einen Hof in *„Schofhusen"*. Im Jahre 1511 spricht man von *„Oberschaffhusen"*. Man nimmt an, dass der Name von der in jener Zeit weit verbreiteten Schafszucht abzuleiten ist. Im Jahre 1838 gab der Ort seine Selbständigkeit auf und schloss sich der Gemeinde Bötzingen an. Nachdem wir knapp 400 Meter auf dem Gehweg neben der Straße bergauf gewandert sind, erreichen wir gegenüber vom Haus Nr. 87 die St.Alban-Kapelle. Hier verlässt unser Wanderweg die Bergstraße und biegt nach rechts in die Kaiserstuhllandschaft hinein ab. Wir können diese Abzweigung nicht verfehlen, zumal eine große Tafel uns darauf aufmerksam macht, dass es da zu dem biologischen Weingut „Schambachhof“ geht. Bevor wir jedoch unsere Wanderung fortsetzen, sollten wir uns die St.Alban-Kapelle von außen und von innen anschauen. Wie der Titel unserer heutigen Wanderung ja aussagt, soll neben der Natur auch die Kultur eine Rolle spielen. Wenn die Kapelle abgeschlossen ist, dann bekommen wir den Schlüssel gegenüber in der Bergstraße Nr. 87 bei der Familie Hunn.

Die Pestkapelle St.Alban in Oberschaffhausen
Man schrieb das Jahr 1473, als in unserer Heimat die Pest wütete. Die Menschen starben schneller als man sie beerdigen konnte. Auch die beiden Dörfer Bötzingen und Oberschaffhausen blieben nicht verschont. Täglich beteten die Menschen zu Gott und flehten die Heiligen um Hilfe an. In höchster Not legten sie das Gelübde ab, wenn die Seuche aufhöre, wollten sie dem Pestheiligen St.Alban eine Kapelle errichten. Der Papst erlaubte ihnen im Jahre 1473 eine „Frühmesspfründe“ einzurichten. Schnell kam so viel Geld zusammen, dass man mit dem Bau beginnen konnte. Wie aus der noch vorhandenen Stiftungsurkunde hervor geht, fand am 9. August 1481 die Einweihung statt. Bevor wir die Kapelle betreten, entdecken wir in einer Nische über dem Portal den heiligen St.Alban von Mainz, der sein Haupt in den Händen vor sich her trägt. Die Legende berichtet, dass er nach seiner Enthauptung durch Vandalen im Jahre 406 seinen Kopf vom Boden aufgenommen habe, um ihn an die Stelle zu tragen, wo er begraben sein wollte. Auf dem Türsturz ist als Relief das Antlitz von Jesus auf dem Schweißtuch der Veronika abgebildet, das von zwei knienden Engeln getragen wird. Dann betreten wir den Innenraum, wo eine große Überraschung in Form von

mittelalterlichen Fresken auf uns wartet. Schon gleich nach der Weihe hat man die Kapelle ausgemalt. Gegen Ende des 16. Jahrhunderts übertünchte man die kostbaren Gemälde, weil man der Kapelle ein der Zeit entsprechendes barockes Kleid verpasste. Somit gerieten die Kunstwerke in Vergessenheit. Als man 1961, also rund 400 Jahre später, mit einer gründlichen Renovation begann, entdeckte man die Fresken wieder. Man legte sie frei, und heute gehören sie zu den größten Kostbarkeiten unserer Heimat. Die Pfarrei stand unter dem Patronat des „Deutschen Ordens". Das Kreuz am Hauptaltar ist ein Pestkreuz und stammt aus der Zeit der Erbauung der Kapelle. In einem Bilderhalter neben dem Eingang können wir Postkarten und eine Beschreibung des Kirchleins erwerben.

Das Badhaus im Rebstock

Ganz nebenbei sei noch auf ein fast in Vergessenheit geratenes Gebäude hingewiesen. Knapp 40 Meter oberhalb der St.Alban-Kapelle, in der Bergstraße Nr. 99, steht das Gasthaus Rebstock. Hier befand sich früher einmal ein Badehaus. Die „Freiburger Zeitung" berichtet in ihrer Ausgabe Nr. 140 am Sonntag, 15. Juni 1856, wie folgt: „Seine Entstehung verdankt das Bad folgendem Umstände: Die Ehefrau des badendurlachischen Bürgers und Rebstockwirths Michael Brodbeck zu Oberschaffhausen, der zur Zeit des „Siebenjährigen Krieges" lebte, litt seit vielen Jahren an einer beschwerlichen Gichtkrankheit. Im Frühjahr 1762 verordnete ihr der damals berühmte Arzt, Landphysikus Dr. Willius zu Emmendingen den Gebrauch warmer Bäder. Das Badwasser wurde aus der nur ungefähr 130 Schritte vom Rebstockwirthshause aus einem Felsen hervorsprudelnden Quelle entnommen. Dieses Mittel wirkte so vortrefflich, dass sich die Frau nach mehreren Wochen von ihrem langjährigen Leiden vollständig befreit fühlte. Der Ruf von der Heilkraft der Quelle verbreitete sich nun so schnell, dass ihr Ehemann die Quelle fassen und in sein Wirthshaus leiten ließ, und mit Aufstellung einiger Wannen eine kleine Badeanstalt einzurichten begann.

Nachdem wir die St.Alban-Kapelle – ein Stück historisches Heimatgut – besichtigt haben, wandern wir in den Kaiserstuhl hinein weiter. Schon nach fünf Minuten teilt sich der Weg. Wir biegen nach halblinks ab und folgen dem blauen Punkt. Bergab geht es weiter zum Schambachhof. Zwischen Reben und einem Heckensaum zur Linken gewinnen wir schnell an Höhe. Jetzt sollten wir unbedingt zurück schauen. Weit draußen steigt steil aus der Ebene des Breisgaus der Kandel empor. Rechts wird er vom Glottertal und links vom Elztal begrenzt. Dann erreichen wir eine kleine Anhöhe. Eine Tafel weist uns darauf hin, dass links drunten der mächtige Steinbruch von Oberschaffhausen liegt. Wir sollten bis zum Zaun vorgehen und hinab schauen. Seit über hundert Jahren wird da „Phonolith" abgebaut. Das ist ein im Erdinnern aufgestiegenes vulkanisches Magma, das jedoch nie zum Ausbruch kam (*Phonolith = Klingstein).* Für ein kurzes Stück geht es nun leicht bergab. Vor uns erhebt sich der bewaldete Hang der Eichelspitze. Nach einer Senke steigen wir wieder an. Wir sind jetzt am Fuße des Fuchsbucks. Da verlässt uns nach rechts der Weg mit dem roten Dreieck. Links unten vernehmen wir das Geräusch der Autos, die von Bötzingen aus zum Vogelsangpass hinauf fahren. Auch wir wollen dort hin. Bald sind wir mit der Straße auf einer Ebene. Uns bleibt nichts anderes übrig als hundert Meter weit am Straßenrand bergauf zu wandern. Dann sind auch wir am Vogelsangpass. Ab da folgen wir nach rechts der blauen Raute auf gelbem Grund. Das ist ein wunderschön ansteigender Weg, der uns nach zwei Seiten herrliche Ausblicke gewährt. Links drüben erheben sich die kahlen Höhen des Badbergs und des Haselschacher Bucks, rechts gleitet unser Blick weit über die Breisgauer Bucht hinweg bis zum Schwarzwald. Am Badberg blühen im März tausende von Kühchenschellen. Wir finden an unserem Wanderweg schon im Februar das winzig kleine Hungerblümchen (Erophila verna). Ab März färbt der „Persische Ehrenpreis" (Veronica persica) die humosen Böschungen in ein leuchtendes Hellblau. Im Sommer da ziert die Halbmagerrasen das strahlend gelbe Sonnenröschen (Helianthemum nummularium). Es lohnt sich auf jeden Fall bei dieser Wanderung ein Pflanzenbuch dabei zu haben.

Genau 1,5 Kilometer nach dem Vogelsangpass erreichen wir einen Bergsattel. Nach links führt ein Weg hinab nach Altvogtsburg.

Frühlings-Hungerblümchen
Erophila verna

Das interessiert uns heute weniger, denn wir wollen rechts hinunter nach Eichstetten. Am Waldrand steht seit dem Jahre 2001 eine schmucke Hütte, die von Robert Meier aus Eichstetten gestiftet und erbaut wurde. Von dieser Hütte aus steigt ein steiler Weg hinauf zur Eichelspitze. Auf dem 522 Meter hohen Gipfel gibt es noch Reste des ehemaligen Bruderhäuschens „St.Erhard", in dem schon im Jahre 1411 ein Einsiedler gewohnt hat. Dort oben bauten die Eichstetter Turmfreunde im Mai 2001 einen 27,5 Meter hohen Messturm auf, der einen weiten Ausblick über die Baumwipfel erlaubt. Von der Plattform aus kann man bei gutem Wetter vom Straßburger Münster bis zum Schweizer Jura schauen. Vielleicht wird dieser provisorische Turm später einmal durch einen massiven Aussichtsturm ersetzt. Egal, ob wir den Abstecher zur Eichelspitze machen oder nicht, von der Robert Meier Hütte aus zeigt uns der grüne Punkt den Weg nach Eichstetten hinab an. Zunächst wandern wir im Wald bergab, und wer in den ersten Junitagen genau hinschaut, der entdeckt im lichten Laubwald das „Langblättrige Waldvögelein" (Cephalanthera longifolia), eine ziemlich seltene Orchidee. Nach 15 Minuten erreichen wir die Waldgrenze. Jetzt sind wir in den ausgedehnten Weinbergen von Eichstetten, das wir bereits tief unter uns sehen. Am

Horizont wird unser Blick vom Schwarzwald begrenzt. Es gibt wohl keinen vergleichbaren Ort, von dem aus man das gesamte Panorama vom Hochblauen rechts draußen über den Belchen, den Schauinsland, den Feldberg und den Kandel bis zu den Freiamter Bergen links drüben, besser sehen kann. Stehen wir hier an einem Februartag, dann fällt uns am Heckensaum ein goldgelb blühender Strauch auf. Das ist die Kornelkirsche, ein absoluter Frühblüher in unserer Heimat. Schnell verliert unser Weg durch die Reben an Höhe, und bald sind wir an den obersten Häusern von Eichstetten. Doch bis zum Bahnhof, von wo aus wir die Rückfahrt antreten wollen, ist es noch eine halbe Stunde. Hinter uns liegt eine erlebnisreiche Wanderung, die uns den Kaiserstuhl in vielfältiger Weise erschlossen hat. Sollten wir bis zur Abfahrt des Zügles noch ein wenig Zeit haben, dann finden wir bestimmt ein Lokal, in dem es zur Krönung des schönen Wandertages ein gutes Viertele gibt.

Die Kornelkirsche(Cornus mas)
Die Kornelkirsche gehört zu den Hartriegelgewächsen. Man nennt sie auch „Herlitze“. Durch die gelben, vor den Blättern erscheinenden Blütenstände, ist sie ein auffälliger Frühblüher unserer Heimat. Sie kommt häufig in Anlagen vor, aber auch ausgewildert an warmen Standorten, zum Beispiel am Kaiserstuhl. Das Holz wird noch mehr geschätzt als das des Hartriegels. Darauf bezieht sich der Artname „mas“ (männlich) im Sinne von „besonders hart“. Die Schösslinge liefern die früher üblichen „Studenten-Spazierstöcke“. Diese nannte man auch „Ziegenhainer“, benannt nach einem Dorf in der Nähe von Jena. Im Altertum stellte man wegen der Schwere und der Härte des Holzes daraus Wurfspieße her. Die wie Kirschen aussehenden Früchte (Name) sind vollreif wohlschmeckend süßsauer und können für Marmelade verwendet werden. In Zucker und Essig eingelegt, dienen sie als Beilage von Fleischgerichten. Legt man junge Früchte in Essig ein, dann schmecken sie ähnlich wie Oliven. Die nach Vanille duftenden Kerne wurden früher geröstet und als Kaffee-Ersatz verwendet.

Wo noch die Feldlerche brütet

Oberrotweil Schwimmbad – Kunzenbuck – bergauf durch Reben und Wald – Nord-Süd-Weg –Totenkopf-Neunlinden – Vogelsangeck – Finsterdobelweg – Totenkopfstraße – Kunzenbuck

Markierung:	Ab Kunzenbuck runde Scheibe mit Nummer 2 rot
Länge:	Ab Schwimmbad 10,5 Kilometer;
	Steigung mäßig, kurz steil
	Ab Kunzenbuck 9,5 Kilometer
Hinfahrt:	Mit Fahrrad oder Pkw oder Schmitt-Linienbus ab FR-Landwasser, Endstation Linie 1, bis Oberrotweil Schwimmbad.

Je größer eine Wanderung ist, desto besser sollte man sich darauf vorbereiten. Das gilt nicht nur für den Hochschwarzwald oder für die Alpen. Auch am Kaiserstuhl kann es plötzliche Wetteränderungen geben. Da wir heute eine große Schleife über die höchsten Kaiserstuhlgipfel, den Totenkopf und Neunlinden zurücklegen wollen, packen wir in den Rucksack neben dem Regenschutz auch ein Vesper und etwas zum Trinken. Auf stabile Schuhe und entsprechende Kleidung braucht man den zünftigen Wanderer nicht extra hinzuweisen.

Fahren wir mit dem Linienbus der Firma Schmitt-Reisen an, (Fahrplan siehe Endstation Freiburg-Landwasser oder Bahnhof Bötzingen) dann steigen wir am Schwimmbad in Oberrotweil aus. Genau gegenüber biegt bei dem schön gestalteten Gedenkstein die Totenkopfstraße ab. Dieser mächtige Natursteinblock erinnert an die Flurbereinigung von 1970 und begrüßt den ankommenden Gast mit dem einladenden Spruch:

OBERROTWEIL - NIEDERROTWEIL
LIEBENSWERT DURCH WEIN UND KUNST

Bis zum Wanderparkplatz auf dem Kunzenbuck, der hoch über dem Tal liegt, geht es 1 000 Meter weit bergauf. Autofahrer und Radfahrer sparen sich diesen Anstieg zu Fuß und fahren gleich hinauf. Droben gibt es genügend Parkplätze. Eingerahmt von Reben,

Nr. 13
Oberrotweil Kunzenbuck
Wo die Feldlerche brütet
Nummer 2 rot auf runder Scheibe
9,5 Kilometer, Steigung mäßig, kurz steil

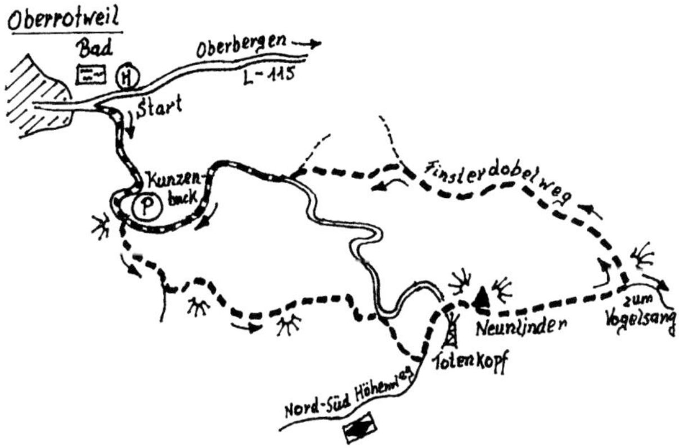

Wald und Hecken erwartet uns ein wunderschöner Aussichtsplatz, auf dem man auch prima rasten kann. Eine Hütte, Bänke und eine Feuerstelle bilden den Mittelpunkt. Auf der Informationstafel schauen wir uns den Weg an, den wir heute vor uns haben. Er ist mit der Nummer 2 gekennzeichnet. Unmittelbar am Wanderparkplatz zeigt uns die Tafel mit der Nummer zwei an, dass unser Weg zunächst auf der asphaltierten Rebstraße eben bis leicht abfallend in Richtung Gebirge hin verläuft. Nach hundert Metern biegen wir nach halblinks ab. Jetzt geht es in weiten Schleifen bergauf. Steile Böschungen, die bei der Flurbereinigung entstanden sind, bieten Platz für ein reichhaltiges Angebot an Gräsern und Blumen. Vom März bis in den November hinein blüht immer etwas. Diese dicht bewachsenen Halden bergen ein kleines Geheimnis. Sie sind ein idealer Brutplatz für unsere Feldlerchen. Hier sind sie vor den Mähmaschinen der Menschen sicher.

Die Feldlerchen sind unermüdliche Sänger

Der Dichter Nikolaus von Lenau (1802 bis 1850) sagte: „An ihren bunten Liedern klettert die Feldlerche selig in die Luft". So ist es auch, und so erleben wir diesen Vogel, wenn wir ihm bei unserer Wanderung zuschauen und zuhören. Begleitet von einem minutenlangen klirrenden „trrie-trrilit", das sie aus voller Kehle hinausschmettert, steigt sie mit schnellem Flügelschlag wie auf einer Leiter himmelwärts. Noch ist die Feldlerche einer unserer volkstümlichsten Vögel. Trotzdem müssen wir feststellen, dass ihr Bestand rückläufig ist. Sie sind ausgesprochene Bodenvögel. Die meisten setzen sich nie in ihrem Leben auf Bäume oder Büsche. Am liebsten lassen sie sich auf einem erhöhten Hügel oder auf einem Feldstein nieder. Auf der Erde bewegen sie sich laufend, nie hüpfend fort. Lerchen nehmen ihr Körperbad im Sand. Niemand hat je eine Lerche im Wasser baden sehen. Pfützen oder Wasserstellen suchen sie nur auf, um daraus zu trinken. Das Nest steht stets auf dem Boden, gut gedeckt hinter einem Grasbüschel oder einem Stein. Meist scharrt der Vogel eine Mulde in die Erde, in die dann das nach oben offene Nest aus Grashalmen gebaut wird. Das Weibchen baut das Nest alleine und bebrütet die drei bis sechs Eier pro Gelege ohne Mithilfe des Männchens. Erst wenn nach elf bis dreizehn Tagen die Jungen geschlüpft sind, stellt sich der Mann ein und hilft fleißig bei der Fütterung. Die Nahrung besteht aus Insekten und anderen Kleintieren, doch werden auch Knospen und Sämereien sowie Beeren bevorzugt. Die Feldlerche ist etwas größer als der Sperling und wird etwa 40 Gramm schwer. In der Regel brütet sie zwei Mal im Jahr. Ende Oktober verlässt sie unsere Heimat, um in Westeuropa und in den Mittelmeerländern zu überwintern. Manche bleiben auch bei uns am Kaiserstuhl, in der Hoffnung, dass der Winter mild ausfällt. Sollte jedoch ein sehr strenger und eiskalter Winter ausbrechen, dann ist ihre Chance zu überleben gering.

Langsam gewinnen wir an Höhe. Der Blick nach rechts wird immer schöner. Die saftig grünen Rebflächen scheinen endlos zu sein.

Weit draußen im Westen läuft der Kaiserstuhl aus in die Rheinebene. Linkerhand wachsen keine Reben mehr, da begrenzt ein Waldsaum unseren Weg. Nachdem wir zwanzig Minuten vom Ausgangspunkt entfernt sind, verlassen uns die Markierungen Nr. 1 und 3 nach links. Wir wandern geradeaus weiter. Ab jetzt geht es zunächst leicht bergauf. Dann kommen wir in den Wald. Hier endet auch die Lößzone, die sich am gesamten Kaiserstuhl bis auf eine Höhe von 400 Meter hinauf zieht und sich besonders für den Weinbau eignet. Grenzsteine aus dem Jahre 1774 geleiten uns bergwärts. Unser ehemals breiter Weg wird immer mehr zum Pfad. Nach einer kleinen Mulde schwenken wir nach rechts und steigen steiler an. Jetzt sollten wir uns an die Markierung halten, die auf die Rinde der Bäume geschrieben ist, denn selbst der Pfad im lockeren Kaiserstuhlgestein ist nur schwer auszumachen. Doch den abenteuerlustigen Wanderer kann so etwas nicht erschrecken. Unser nächstes Ziel steht ja fest. Wir wollen dort hinauf wo die Kompassnadel des Kaiserstuhls, der Fernsehturm auf dem Totenkopfgipfel steht. Nach zügigem Anstieg erreichen wir in einer Haarnadelkurve die Totenkopfstraße. Die hat man extra so fest ausgebaut, damit man den Turm dort oben aufstellen konnte. Wir überqueren die Straße und folgen dem breiten und ebenen Waldweg geradeaus. Der bringt uns nach 500 Metern zum Nord-Süd-Höhenweg. Ihm folgen wir scharf nach links. Vor uns liegt jetzt der Anstieg zum Doppelgipfel Neunlinden und Totenkopf. Waren wir vorhin ganz bestimmt alleine unterwegs gewesen, dann begegnen uns jetzt sicher einige Wanderer, denn diese klassische Route wird verhältnismäßig viel begangen. Den Fernsehturm müssen wir linkerhand umgehen, dann sind wir in wenigen Minuten auf der Höhe „Neunlinden". Da haben wir eine Rast verdient.

Hier, auf dem höchsten Punkt des Kaiserstuhls, in einer Höhe von 556 Metern, hat der Schwarzwaldverein im Jahre 1900 einen steinernen Aussichtsturm errichtet, den wir unbedingt besteigen sollten. Er bietet uns eine wunderschöne Rundschau. Im Osten begrenzt der Hochschwarzwald unseren Blick, im Süden öffnet sich im silbergrauen Dunst die Burgunder Pforte, im Westen steht die blaue Wand der Vogesen, und direkt unter uns, in nördlicher Richtung, wölben sich im sanften Grün die Hügel des Badbergs und des Haselschacher Bucks. Dieses Grün kann im Hochsommer auch graubraun aussehen, dann hat die unbarmherzig niederbrennende Sonne das Gras verdorren lassen. Sicher werden wir eine ganze Weile da verharren, denn von wo aus sieht man unsere Heimat schöner als von diesem schönen Turm.

Nachdem wir gerastet und gevespert haben, rüsten wir uns für den Abstieg. Dabei folgen wir weiter dem Nord-Süd-Weg in Richtung Vogelsangpass. Der führt uns in zwei steinigen Steilstufen recht spontan von der Höhe herab. Jetzt bewährt es sich, wenn wir gute Schuhe an haben. Doch nach acht Minuten haben wir die felsigen Partien hinter uns, und ein bequemer Waldweg bringt uns vor zum „Vogelsangeck". Das ist dort wo der Wald aufhört und die Rebenzone wieder anfängt. Vom Bänkchen aus genießen wir den Blick nach Osten in den silbrig glänzenden Breisgau. Ich war an dieser Stelle einmal an einem Sommerabend, kurz bevor vom Belchen her ein Gewitter aufzog. Diese Wolkenstimmung, die vom tiefsten Schwarz bis zum leuchtendsten Rot alles aufbot, werde ich nie vergessen. Zur Straße am Vogelsangpass wären es nur noch 400 Meter. Doch dorthin wollen wir ja überhaupt nicht. Wir haben an dieser Stelle den entferntesten Punkt unserer Wanderung erreicht. Deshalb wenden wir uns scharf nach links auf den „Finsterdobelweg". Das ist ein breiter und sehr bequem zu gehender Waldweg. In riesengroßen Schleifen, immer im Wald bleibend, schlängelt er sich auf nahezu gleichbleibender Höhe am Hang entlang. Dort wo Licht auf den Waldboden fällt, zeigt sich üppige Vegetation, an den dunkleren Stellen ist der Bewuchs mager. Aber zu schauen gibt es immer etwas. Schon im März blüht an einigen Stellen das blaue Leberblümchen. Ihm folgt dann im April und Mai die Waldschlüsselblume, die wiederum im folgenden Monat vom Waldmeister und vom sattgrünen Wald-Bingelkraut abgelöst wird. An einer großen Kreuzung, an der viele Wegzeichen stehen, orientieren wir uns neu. Rechts zweigt ein Weg nach Oberbergen ab. Doch dorthin wollen wir ja nicht. Also bleiben wir unserer Richtung mit der Markierung Nummer 2 geradeaus treu. Schön wandert es sich auf diesem breiten Waldweg. Ab und zu haben Holzfäller ihre Holzstöße sorgfältig am Wegrand aufgesetzt. Nachdem wir vor 40 Minuten das Vogelsangeck verlassen haben, mündet unser Weg in die asphaltierte Vogelsangstraße ein. Keine Angst, da gibt es keinen Autoverkehr. Die Straße ist der Holzabfuhr und dem Lieferverkehr zum Fernsehturm vorbehalten. Noch 15 Minuten wandern wir auf dieser Straße abwärts, dann sind wir wieder am Ausgangspunkt beim Wanderparkplatz Kunzenbuck.

Dort sind wir vor rund vier Stunden losgegangen. Bei dieser Wanderung haben wir alle Zonen des botanisch und geologisch so artenreichen Kaiserstuhls kennen gelernt. Abgesehen vom Gipfel droben auf Neunlinden sind wir wenig Menschen begegnet. Dafür haben wir die Ruhe dieser Landschaft genossen, die ganz in der Nähe der Großstadt Freiburg liegt. Sicher werden wir wieder kommen, denn von diesem Wanderparkplatz hoch oben am Kunzenbuck gehen noch weitere schöne Rundwege aus. Als kleiner Tipp sei gesagt, dass sich das Frühjahr und der Herbst für diese Wanderungen besonders anbieten. Im Frühjahr ist es das lindgrüne Erwachen der Natur, dagegen tobt sich der Herbst in einer Fülle von bunten Farben aus. Oft werden wir freundliche Menschen antreffen, die in den Reben arbeiten. Sie sind jederzeit zu einem Schwätzle bereit, ja von ihnen erfahren wir eine Menge interessante Dinge über Land und Leute.

Ein aussichtsreicher Spaziergang durch die Reben

Oberrotweil Schwimmbad – Kunzenbuck – durch die Reben

Markierung:	Ab Kunzenbuck runde Scheibe mit Nummer 4 blau
Länge:	2,2 Kilometer; Steigung mäßig
Hinfahrt:	Mit Fahrrad oder Pkw oder Schmitt-Linienbus ab FR-Landwasser, Endstation Linie 1, bis Oberrotweil Schwimmbad

Für die heutige Wanderung, die eigentlich mehr ein Spaziergang ist, genügen gewöhnliche Straßenschuhe, denn der vorgesehene Rundweg verläuft überall auf befestigten Rebstraßen. Wenn wir mit dem Kaiserstuhlbus der Firma Schmitt ankommen, dann steigen wir am Schwimmbad in Oberrotweil aus (Fahrplan siehe Endstation Freiburg-Landwasser oder Bahnhof Bötzingen). Gleich über der Straße steht eine Tafel, die uns auf das ansteigende Rebsträßle hinauf zum 1000 Meter entfernten Ausgangspunkt am Kunzenbuck hinweist. Kommen wir mit dem Pkw oder mit dem Fahrrad, dann biegen wir auch beim Schwimmbad ab und fahren auf die Höhe. Dort oben gibt es nicht nur genügend Parkplätze, nein, den Besucher erwartet ein phantastischer Ausblick. Tief unter uns liegt Oberrotweil, und dort wo der Kaiserstuhl in die Rheinebene übergeht, gibt uns die mächtige Ruine des „Lazarus von Schwendi Schlosses" zu erkennen, dass jene Ortschaft Burkheim ist. Am Horizont bilden die Hochvogesen den Abschluss der „Oberrheinischen Ebene". Es gibt viele Leute, die nur hier herauffahren, um den herrlichen Ausblick zu genießen und um sich zu erholen. Ein Pavillon, viele Bänkle und Tische und eine Feuerstelle laden zum rasten ein. Genau für diese Besucher ist der heutige Rundweg wie geschaffen. Er ist kurzweilig und kann ohne große Anstrengung bewältigt werden.

Gleich am Parkplatz zeigt uns die Nummer 4 auf der runden Scheibe an, dass es leicht bergab in Richtung Reben geht. Schon nach hundert Metern biegen wir nach rechts ab. So weit wir schauen können bedeckt das satte Grün der Reben die Landschaft. Rechts von unserem Wanderweg erhebt sich eine hohe Böschung. Robinien – eigentlich Pseudoakazien – bewahren mit ihren Wurzeln die Erde vor

Nr. 14
Oberrotweil Kunzenbuck
Spaziergang durch die Reben
Nummer 4 blau auf runder Scheibe
2,2 Kilometer, Steigung mäßig

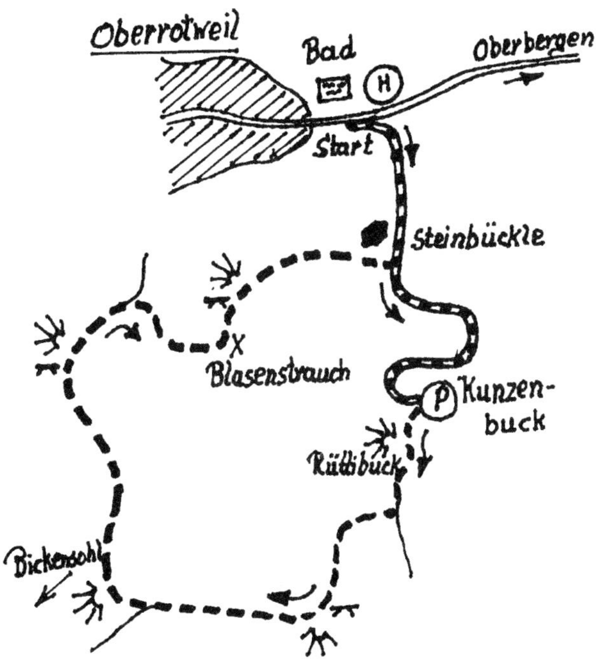

dem Abrutschen. Mindestens zehn Monate im Jahr blüht hier immer etwas. An heißen Sommertagen steigt die Turmschnecke an den Grashalmen hoch. Oft finden wir sie auch an den bis ein Meter hohen Stängeln des Beifuß (Artemisia vulgaris). Er ist absolut winterhart, denn seine Rhizomen (Erneuerungsknospen) liegen geschützt

unter der Erde. Diese uralte Heil- und Gewürzpflanze wird heute noch zum Würzen von Gänse- oder Wildbraten verwendet. Daher auch ihr botanischer Name, der auf die Jagdgöttin Artemis hinweist. Allerdings gehört der Beifuß auch zu den Heuschnupfenerregern.

Etwa 500 Meter nach dem Ausgangspunkt biegt die Straße scharf nach rechts ab. Die Häuser links unten im Tal gehören zu Bickensohl. Immer wieder lassen wir uns von der wunderschönen Fernsicht einfangen. Die Böschungen rechts vom Weg werden immer höher. Sie sind bei der großen Rebumlegung in den Jahren um 1970 entstanden. Sollten wir ein Pflanzenbuch dabei haben, dann können wir ohne Mühe einen ganz seltenen Strauch bestimmen. Es handelt sich um den „Blasenstrauch". Er gehört zu den Schmetterlingsblütlern und blüht im Juli goldgelb. Die Fiederblätter erinnern an die Akazien. Seinen Namen haben ihm die ballonartig aufgeblasen Früchte mit der umgebogenen Spitze am unteren Ende eingebracht. Der Weg verliert immer mehr an Höhe. Ganz nebenbei gibt es botanisch viel zu schauen. Nachdem der Weg flacher geworden ist, mündet er in die Straße ein, die wir vorhin herauf gekommen sind. Auf dem Natursteinbrocken an der Kreuzung steht „Steinbückle". Wir folgen der Straße gut 400 Meter bergwärts und schon sind wir wieder am Ausgangspunkt oben am Kunzenbuck. Von dort aus können wir noch einmal die ganze Landschaft überblicken, die sich uns bei dem heutigen Spaziergang so wunderschön erschlossen hat. Ein Wandertipp sei noch gegeben. Wer diese Wanderung im goldenen Oktober einplant, wenn das Weinlaub in allen Farben erstrahlt, der erlebt vom Montag bis zum Samstag die Winzer beim Herbsten. Sie ernten dann das, was die Natur im Sommer hat wachsen lassen. Neben der schweren Arbeit her sind sie jederzeit zu einem freundlichen Gespräch bereit, und ohne lange zu bitten geben sie uns auch ein Versucherle von dem was später zu köstlichen Wein werden wird.

Bitte vormerken: Ein Ausflug in eine wunderschöne Landschaft, der sich zu jeder Jahreszeit, sogar im Winter lohnt.

Rund um den Steingrubenberg

Oberrotweil Kirche – Eisentalstraße – Schule – Hohlweg – Wegkreuz – Rundweg

Markierung: Scheibe mit Nr. 1
Länge: Ab Kirche 3 Kilometer; Steigung leicht
Hinfahrt: Mit Schmitt-Linienbus, mit Pkw oder mit dem Fahrrad

Oft sucht der Wanderer nur einen bequemen Weg, um am Nachmittag einen Spaziergang zu machen. Dieses Vorhaben soll mit der heutigen Rundwanderung, die uns mitten in die Reblandschaft des Kaiserstuhls führen wird, erfüllt werden. Ausgangspunkt ist die Kirche in Oberrotweil. Die erreicht man bequem mit dem Linienbus der Firma Schmitt-Reisen. (Fahrplan siehe Endstation Freiburg-Landwasser oder Bahnhof Bötzingen) Gleich neben der Kirche biegen wir in die Eisentalstraße ein und wandern, vorbei an der Schule und an der Festhalle, 300 Meter weit bergauf zum Wanderparkplatz. Wer mit dem Fahrrad oder mit dem Pkw kommt, der fährt das Stück durch die Eisentalstraße hinauf und findet oberhalb der Festhalle einen günstigen Parkplatz. An diesem Ort sind wir bereits mitten in der freien Natur.

Unser Wegzeichen ist eine runde Scheibe mit der Nummer 1. Gleich hinter der Hinweistafel biegen wir halblinks in den leicht ansteigenden Hohlweg ein. Es gibt nicht mehr viele solcher „Hohlgassen", denn bei der großen Flurbereinigung in den Jahren um 1970 hat man die meisten eingeebnet. Deshalb sollten wir aufmerksam das Leben in einem solchen eigenständigen Lebensraum beobachten. Besonders in diesem Hohlweg herrscht noch eine völlige Übereinstimmung zwischen Pflanzen- und Tierwelt. Das ganze Jahr über gibt es etwas zu schauen. Schon im zeitigen Frühjahr blühen die Veilchen, um daneben krabbeln Käfer und Spinnen. Wenn dann die ersten Sonnenstrahlen den Löß erwärmen, zeigen sich die flinken Eidechsen. Zunächst scheinen sie scheu zu sein, doch nach wenigen Minuten bleiben sie still sitzen und schauen uns wunderfitzig an. Das Interessante an so einem Hohlweg ist die Tatsache, dass die beiden Steilwände gleichzeitig zweierlei Jahreszeiten anzeigen. Es

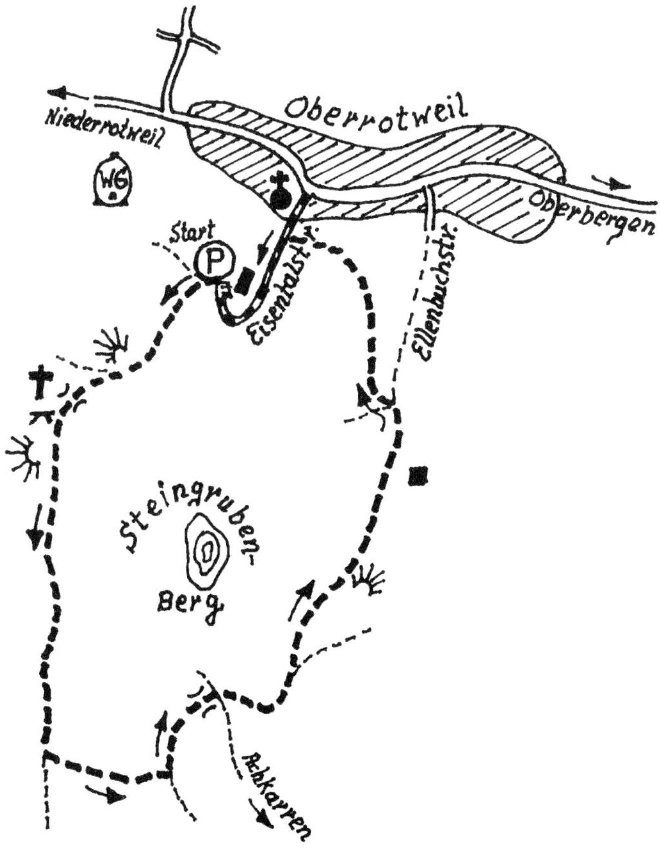

Nr. 15
Kirche in Oberrotweil
Rund um den Steingrubenberg
Nr. 1 auf runder Scheibe
3 Kilometer, Steigung leicht

gibt eine heiße Seite, auf der sich eine völlig andere Vegetation ausgebildet hat wie auf der schattigen oder kühleren Seite. Wir wollen deshalb in dem anhängenden Sonderartikel das Leben in einem echten Kaiserstuhl-Hohlweg genauer kennen lernen.

Nach 300 Metern hört der Hohlweg auf und wir kommen ins Rebgelände. Abzweigende Wege interessieren uns nicht. Wir wandern weiter aufwärts und erreichen auf einer kleinen Passhöhe rechts auf der Böschung ein Wegkreuz, das von einem Bänkchen umgeben ist. Ab jetzt fällt der Weg leicht ab. Zum Teil wachsen an der einen Seite kleine Bäume und Sträucher. Sie bieten den Singvögeln einen behaglichen Aufenthaltsort, doch dem Winzer ist das zur Zeit der Traubenreife nicht so recht. Sie fallen dann in die Reben ein und bedienen sich kostenlos an den süßen Beeren. Fast auf der Talsohle biegt unser Weg scharf nach links ab. Wir müssen gut aufpassen, denn es kann vorkommen, dass die Hinweisscheibe mit der Nummer 1 vom Weinlaub leicht verdeckt ist. So wandern wir gut 300 Meter weiter, bis wir wieder scharf nach links abbiegen, um erneut eine kleine Passhöhe zu erreichen. Da zweigt nach rechts ein Weg ab nach Achkarren. Doch der interessiert uns heute nicht. Wir haben an dieser Stelle den entferntesten Punkt erreicht und wandern ab jetzt nur noch bergab. Nach einer großen Linksschleife kommen wir auf die andere Talseite und streben so dem Ausgangspunkt in Oberrotweil zu. Bald sehen wir weit vor uns auch schon die Spitze des Kirchturms. Die Rebflächen werden jetzt abgelöst durch gepflegte Obstanlagen. Noch bevor wir in die Ellenbuchstraße einbiegen halten wir uns leicht halblinks. Ab jetzt ist es nicht mehr weit bis zur Kirche in Oberrotweil. Das Wegzeichen zeigt uns dort an, dass wir noch 200 Meter nach links ansteigen müssen, um – vorbei an der Schule – wieder zum Parkplatz am Ausgangspunkt zu kommen.

Insgesamt waren wir bei diesem Spaziergang nur eine Stunde lang unterwegs gewesen. Doch wir haben dabei eine typische Kaiserstuhllandschaft kennen gelernt mit einer Hohlgasse, wie sie nur noch selten vorkommt. Da alle Wege in einem guten Zustand sind, können wir bei dieser Wanderung sogar auf extra feste Schuhe verzichten. Nicht vergessen sollten wir ein Pflanzenbuch. Damit wird der Weg noch kurzweiliger.

Der typische Kaiserstühler Hohlweg

Noch in den dreißiger Jahren des 20. Jahrhunderts konnte man in Veröffentlichungen über den Kaiserstuhl erfahren, dass man sich in der „Vielzahl der Hohlgassen", welche das Rebgelände durchziehen, regelrecht verirren könne. Das hat sich vierzig Jahre später, nämlich in den siebziger Jahren, gründlich geändert. Damals sorgte eine riesige Armada von schweren Maschinen dafür, dass die Kaiserstuhllandschaft ein neues Gesicht bekam. Man nannte diesen umwälzenden Vorgang im Fachjargon „Flurbereinigung". Zum guten Glück wurden nicht alle Hohlwege eingeebnet, und so dürfen wir uns glücklich schätzen, bei der Rundwanderung um den „Steingrubenberg" gleich am Anfang eine typische „Kaiserstühler Hohlgasse" vorzufinden.

Die Entstehung der schluchtartigen Hohlwege verdanken wir dem Löß. Der Name ist – glaubt man dem deutschen Geologen von Leonhardt – von dem Wort „Lösch" abgeleitet, das in der alemannischen Mundart soviel wie „locker" bedeutet. Trotzdem weist dieses Mineral, das über Jahrmillionen hinweg als Gesteinsstaub angeweht wurde, eine hohe Standfestigkeit auf. Es waren die Menschen, die Jahrhunderte lang mit ihren Fuhrwerken immer die selbe Spur fuhren, und so zur Entstehung der tiefen Hohlwege beitrugen. Sie lockerten mit den Rädern die fest gepresste Oberfläche im Löß auf, und der nächste Regen schwemmte das gelöste Material weg. So sanken die Fahrspuren immer tiefer ein, und mit der Zeit war der Hohlweg fertig. An den Steilwänden dieser Gassen entwickelte sich mit der Zeit eine ganz eigenständige Tier- und Pflanzenwelt. Dabei muss man scharf zwischen der sonnenbeschienenen und der schattigen Seite unterscheiden. Wo wenig Licht einfällt, da färben bräunliche bis schwarze Algen die Lößoberfläche ein. Hier wachsen auch Moose und Flechten. Das ganze Jahr über blüht etwas. So fand ich wenige Tage vor Weihnachten die strahlend blauen Blüten des „Persischen Ehrenpreis". Nicht weit davon blühte in einem Rebstück in der zweiten Januarwoche die wilde „Ringelblume" (Calendula officinalis). Ihre ursprüngliche Heimat ist das Mittelmeergebiet.

Eigentlich blüht das ganze Jahr über etwas. Ende Februar schlüpfen an der warmen Oberkante der Böschung gelbe Schlüsselblumen aus dem noch fahlgelben dürren Gras. Ihnen folgen bald die tiefblauen Traubenhyazinthen, die der Volksmund liebevoll „Taubenkröpfle“ nennt. Wenn dann das Gras anfängt zu wachsen, zwängen sich dazwischen die weißen großblütigen Kaiserstuhl-Anemonen hervor. Im April erscheint die Zypressen-Wolfsmilch, und je weiter das Jahr fortschreitet, desto fülliger bietet sich die Natur an. Besonders reichhaltig ist die Buschvegetation. Weißdorn, Sauerkirsche, Liguster, Berberitze und Pfaffenhütchen schlängeln ihre Wurzeln tief in den Löß und machen mit ihren überhängenden Zweigen den Hohlweg oft zu einem Tunnel. Eidechsen, Spinnen, Käfer, Kreuzottern und Schlingnattern leben nebeneinander. An heißen Tagen steigt die „Große Turmschnecke“ (Zebrina detrita) bis in die Spitzen der Grashalme hinauf. Ihr spiraliges rechtsgewundenes Schneckenhaus wird bis zu drei Zentimeter lang. Sie gehört zur Familie der Vielfraßschnecken. Schmetterlinge taumeln durch die Mittagshitze, und die Hecken bieten den Vögeln ideale Nist- und Brutplätze. Betrachtet man es richtig, dann bilden Pflanzen und Tiere im Kaiserstühler Hohlweg eine intakte Lebensgemeinschaft. Wer sich für so etwas interessiert, der nimmt ein Pflanzen- oder Tierbestimmungsbuch mit und erschließt sich so einen Mikrokosmos, der begeisternd schön ist.

Auf dem Lehrpfad hinauf zur Mondhalde

Oberrotweil Winzergenossenschaft – Eichbergstraße – Parkplatz am Friedhof – Badenberg – Lehrpfad – Mondhalde

Markierung:	Hinweistafeln Lehrpfad
Länge:	Hin und zurück 5 Kilometer; Steigung leicht
Hinfahrt:	Mit Fahrrad oder Pkw, mit Schmitt-Linienbus ab FR-Landwasser, Endstation Linie 1, bis Oberrotweil Winzergenossenschaft

Rückblickend auf gelungene Rebflurbereinigungen früherer Jahre, entschloss man sich 1973 die mächtigen Hänge des Badenberges nördlich von Oberrotweil bis hinauf zur Mondhalde für die Winzer neu zu gestalten. Dazu musste man der Landschaft ein völlig verändertes Gesicht geben. Aus kleinen und oft schwer zugänglichen Rebstückchen wurden große Terrassen, die mit modernen Maschinen auf breiten Wegen und Rebstraßen seither gut zu erreichen sind. Im Jahre 1988 richtete man für den interessierten Wanderer und Naturfreund zusätzlich einen Lehrpfad ein, auf dem der Besucher auf übersichtlich gestalteten Tafeln Wissenswertes über den Weinbau, über die Geschichte dieser Landschaft, über die Geologie und über Heilpflanzen unserer Heimat erfährt. Wir wollen bei unserer heutigen Wanderung diesen Lehrpfad kennen lernen, der in 370 Metern Höhe auf der aussichtsreichen Kuppe der Mondhalde endet.

Ausgangspunkt für diese Wanderung ist bei der Winzergenossenschaft am westlichen Ende von Oberrotweil. Dort findet der Autofahrer sicher einen Parkplatz. Diejenigen, die mit dem Linienbus der Firma Schmitt anreisen, steigen bei der Haltestelle „Post“ aus. Wer den Lehrpfad richtig erleben möchte, der kauft sich im Büro der WG das handliche und preiswerte Büchle zum Lehrpfad, das der Kaiserstühler Winzerverein herausgegeben hat. Das ist ein ausgezeichneter Führer, der für die vorgesehene Wanderung eine Bereicherung darstellt. Gleich unterhalb der WG überqueren wir die Ortsdurchgangsstraße und gelangen schräg gegenüber bei der Verkehrsinsel in die Eichbergstraße. Hier steht schon groß und deutlich die Hinweistafel zum „Weinlehrpfad Oberrotweil“ – Aussichtsplatz

Nr. 16
WG in Oberrotweil
Lehrpfad zur Mondhalde
Tafeln Lehrpfad
5 Kilometer, Steigung mäßig

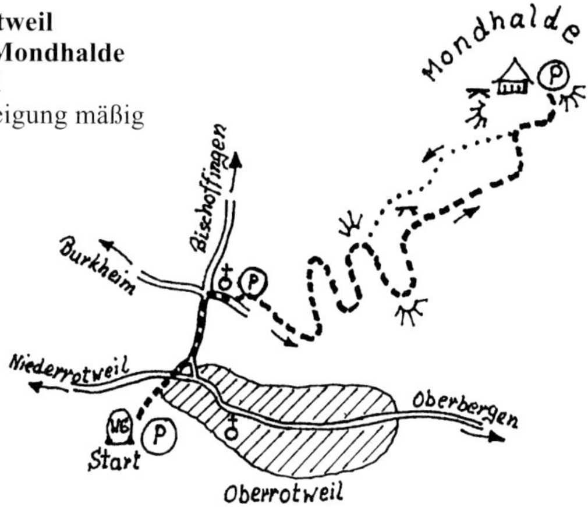

Mondhalde. Am Ende der Eichbergstraße, das ist am Fuße des Badenberges, beginnt der eigentliche Lehrpfad. Im Jahre 1993 hat man auf einer leicht erhöhten Terrasse eine Einsegnungshalle für den Friedhof gebaut. Nachdenklich wird uns der Spruch machen, den wir auf der modernen Sonnenuhr ablesen: „*Alles hat seine Zeit*“. In großen Schleifen windet sich nun der Lehrpfad auf einer befestigten Rebstraße bergauf. Es kann sein, dass ab und zu ein Auto vorbei fährt, doch das stört uns nicht. Wir werden schon bald von der Schönheit der Landschaft eingefangen. Zudem unterrichten uns in regelmäßigen Abständen die gut verständlichen Tafeln über Rebsorten und deren Qualitätsstufen, über Heilpflanzen und über landschaftliche Charakteristiken. Ab und zu laden Bänkle zum Verweilen ein. Je höher wir kommen, desto schöner wird die Aussicht. Bei klarem Wetter erscheinen im Westen die Vogesen zum Greifen nahe. Dazwischen sucht sich in der Ebene der Rhein seinen Weg nach Norden. Ohne Mühe wandern wir bergauf. Sind wir im September oder Oktober unterwegs, dann kann es sein, dass wir den Winzern beim Herbsten – das ist die Weinlese – begegnen. Wir sollten uns die Zeit nehmen und mit den freundlichen Menschen sprechen. Aus ihrem berufenen Munde erfahren wir noch viel mehr als das, was auf den Tafeln abzulesen ist. Und sicher geben sie uns bereitwillig ein „Probiererli" von dem, was später zu köstlichem Wein werden wird. Der Endpunkt unserer Wanderung ist droben bei dem Pavillon auf der Mondhalde. Das ist mit einer der schönsten Aussichtsplätze im gesamten Kaiserstuhl. Zwei mächtige Findlinge aus vulkanischem Verwitterungsgestein erinnern an die Flurbereinigung am Badenberg im Jahre 1973. Wir genießen hier in einer Höhe von 370 Metern ü.M. die Aussicht in das benachbarte Elsaß mit den Vogesen im Hintergrund. Im Südwesten, dort wo die Berge des Kaiserstuhls auslaufen, taucht Breisach mit dem doppeltürmigen Münster auf dem Berg auf. Auf der anderen Seite vom Oberrotweiler Tal erhebt sich auf der höchsten Erhebung dieses Gebirges der Fernsehturm auf dem 557 Meter hohen Totenkopf. Tief unten erkennen wir drei Kirchen. Zu Oberrotweil gehört die Dorfkirche St. Johann. Fast am Talende lehnt sich an den Gegenhang die Wallfahrtskirche St. Pantaleon an. Die Perle jedoch ist die Kirche St. Michael in Niederrotweil mit dem berühmten Holzschnitzaltar des unbekannten Meisters *„HL"*, der auch den Altar im Münster zu Breisach geschnitzt hat. Diesem sehenswerten Kunstwerk aus den Jahren um 1520/30 sollten wir im Anschluss an diese Wanderung unbedingt noch einen Besuch abstatten. Es ist von Oberrotweil aus selbst zu Fuß nur ein Katzensprung von 20 Minuten bis nach Niederrotweil. Da wir auf der Höhe der Mondhalde sicher etwas verweilen werden, könnte uns die Geschichte der im Moment tief unter uns liegenden Gemeinde Oberrotweil interessieren, die ja heute ein Ortsteil der Stadt *„Vogtsburg im Kaiserstuhl"* ist. Werfen wir also einen Blick in das Geschichtsbuch dieser Gemeinde.

Wie aus Rothweil einst Oberrotweil wurde

Direkt aus dem Herzen des Kaiserstuhls heraus fließt ein armseliges Bächlein, der „Krottenbach". Nur nach schweren Gewitterregen füllt sich das Bachbett für kurze Zeit ausgiebig mit Wasser. Links und rechts seines Laufes stehen die Häuser der

Gemeinde Oberrotweil, die seit 1975 zur größten Stadt des Kaiserstuhls gehört, nämlich zu „Vogtsburg im Kaiserstuhl". Die ganze Gemarkung ist reich an ur- und frühgeschichtlichen Funden, die bis in die jüngere Steinzeit reichen, also bis vor etwa 2000 Jahren vor Christus. In dieser Zeit vollzog sich für den Menschen eine ganz wichtige Entwicklung. Das war der kulturelle Übergang vom reinen Jägertum zum Ackerbau und zur Viehzucht. Als sich die Römer in Breisach festsetzten, entstand eine mit Kies befestigte Straße über das Gebiet der heutigen Gemeinden Oberrotweil und Bischoffingen bis nach Riegel. Rund 500 Jahre nach den Römern hinterließen die Alemannen am westlichen Ausgang von Oberrotweil ihre Spuren. Das heutige Oberrotweil wird in mehrfach veränderter Schreibweise schon vor über 1000 Jahren erwähnt. Im 12. Jahrhundert nannte sich nach dem Weiler Rotweil ein Niederadelsgeschlecht mit Namen *„Berinherus de Rotwile"* Im 13. Jahrhundert findet sich ein Mönch aus dem Kloster Tennenbach mit Namen *„Hugo de Rotwil.* Sein Nachfolger trug sich als *„Bruder Heinrich von Rotwyl" und Schaffner von Adelhausen* in das Klosterbuch ein. Einen Anteil von Rotweil besaß auch die markgräfliche Linie Hachberg. Diese verkauften ihre Habe im Jahre 1330 an Herzog Otto von Habsburg. Somit gehörte Rotweil genau wie Freiburg zu Vorderösterreich. Dieser Zustand änderte sich erst 1806 als man das Großherzogtum Baden errichtete. In den Jahren 1805/06 baute sich Josef Karl von Fahnenberg in Rothweil ein Schloss. Den Namen Fahnenberg hatte er von seinem Vorfahr Franz Ferdinand Mayer erblich übernommen. Dieser hatte am 1. November 1713 als Unterhändler mit großem Verhandlungsgeschick die Stadt Freiburg vor der Zerstörung durch die Franzosen bewahrt. Für diese Tat wurde er von Kaiser Karl VI in den Adelsstand erhoben und mit dem Namen *„von Fahnenberg"* geehrt (Siehe nachfolgende Beschreibung der Kirche St. Michael in Niederrotweil). Da es immer wieder zu Namensverwechslungen mit der Stadt Rottweil in Württemberg kam, benannte man Rothweil im Jahre 1906 in Oberrotweil um. Dem tiefer gelegenen Ortsteil gab man die Bezeichnung Niederrotweil. Die Eigenständigkeit von Oberrotweil endete 1975. Damals vereinigte man sieben Kaiserstuhlgemeinden zu der Stadt „Vogtsburg im Kaiserstuhl". Das waren Burkheim, Bischoffingen, Schelingen, Oberbergen, Bickensohl, Achkarren, und Oberrotweil. Burkheim steuerte die Stadtrechte bei, von dem Weiler Vogtsburg am Vogelsangpass übernahm man den Namen für die neue Stadt. Seither residiert im Fahnenbergischen Schloss in Oberrotweil die Stadtverwaltung der sieben ehemaligen Gemeinden.

Es ist anzunehmen, dass wir die Geschichte von Oberrotweil, auf einer Bank auf der Mondhalde sitzend, in diesem Büchle lesen werden. Danach wollen wir uns auf den Rückweg machen. Dafür müssen wir die 158 Höhenmeter wieder absteigen, die wir vorhin nach oben überwunden haben. Das sollte uns nicht betrüben, denn schnell werden wir erkennen, dass wir jetzt die Landschaft von einer ganz anderen Seite erleben werden. Alles im Leben hat seine zwei Seiten, auch ein Wanderweg. Zumindest im oberen Drittel können wir die Alternative über den „Dreiländerweg" für den Abstieg wählen. Er ist gut zu gehen und liegt abseits der Rebstraße. Wenn wir dann wieder unten im Krottenbachtal sind, sollten wir uns daran erinnern, dass wir – sofern es die Zeit erlaubt – noch einen Abstecher in die St. Michaelskirche nach Niederrotweil einplanen wollten. Es wird sich garantiert lohnen (Siehe nachfolgender Artikel). Natürlich kann man in der Winzergenossenschaft auch die Weinsorten probieren und sogar kaufen, die uns unterwegs so einleuchtend erklärt worden sind.

St. Michael in Niederrotweil, ein Kleinod unserer Heimat
Bei Niederrotweil fließt der aus dem Herzen des Kaiserstuhls kommende Krottenbach wie durch ein riesiges Tor in die Oberrheinische Ebene hinaus. Auf der Südseite gibt ihm der Phonolithstock des Kirchberges den Weg frei, nördlich der Straße ist die letzte Bastion der Sporn des auslaufenden Kaiserstuhls mit der erhöht stehenden Michaelskirche. Noch bevor der Rhein

nach den Plänen von „Tulla“ reguliert worden war, überschwemmten seine in regelmäßigen Abständen auftretenden Hochwässer die Ebene bis nach Niederrotweil. Das war sicher auch der Grund dafür, weshalb Niederrotweil eine kleine Ansiedlung blieb, denn jedes Mal wenn das Wasser kam, flüchteten die Menschen talaufwärts in Richtung Oberrotweil. Ihre Pfarrkirche und den Friedhof bauten sie auf die kleine Anhöhe, wo das Wasser sie nicht erreichen konnte.

Zusammen mit der St.Michaelskirche in Riegel, die ebenfalls auf einer Anhöhe steht, zählt die St. Michaelskirche in Niederrotweil zu den ältesten sakralen Bauwerken des Breisgaus. Sie ist in ihrem Kern ein frühromanischer Bau, der um 1350 gotisch umgestaltet wurde. Um mit der Zeit zu gehen, ließ man 1730 Teile des Innenraumes barockisieren. Wenn wir uns zu einer Besichtigung entschließen, dann sollten wir zwei Dinge im Auge behalten. Erstens natürlich den Innenraum mit seinen Fresken und seinem weltbekannten holzgeschnitzten Altar, und zweitens den historisch so aussagekräftigen Friedhof. Höhepunkt im Innern der Kirche ist der Choraltar, um dessen Entstehungsgeschichte zu enträtseln sich die bedeutendsten Kunsthistoriker bemühen. Heute scheint fest zu stehen, dass das mit **„HL“** signierte Kunstwerk von dem Holzschnitzer „Hans Loi“ stammt, der um 1520/30 auch den Altar in Breisach geschaffen hat. Hauptbild und zugleich ein Meisterwerk der Holzschnitzkunst ist der Mittelteil des Choraltars mit der Figurengruppe der Marienkrönung. Der Künstler leimte fünf aufrecht stehende und im Innern ausgehöhlte Lindenholzstämme so zusammen, dass er das ganze Bild aus einem Guss schnitzen konnte. In der Mitte sitzt die Himmelskönigin Maria, die mit verschränkten Armen und ausgestreckten Fingern auf Gottvater und den Sohn Jesu deutet. Beide halten über Mariens Haupt die Krone. Eine solche Krönung ist die höchste Ehre, die einem Menschen zuteil werden konnte. Es könnte sein, dass sich HL die Idee für diese Darstellung am Altar des Freiburger Münsters, dem Werk des Hans Baldung Grien, geholt hat. Eingerahmt wird die Fünfergruppe von dem Patron der Kirche, dem St. Michael und von Johannes dem

Täufer, dem zweiten Patron. Unter dem Hauptbild ist in der Predella die Darstellung der zwölf Apostel, die sich um ihren Herrn ranken. Auch die Seitenflügel sind Kunstwerke von höchster Aussagekraft. In vier einzelnen Bildern zeigen sie uns den Michael mit der Seelenwaage, Die Enthauptung des Johannes mit der tanzenden Salome, die Taufe Jesu im Jordan und den Engelsturz. Von höchstem künstlerischen Wert sind die Fresken an den Wänden und im Gewölbe. Zur Vertiefung des Gesehenen sei empfohlen, den kleinen Kunstführer in der Kirche zu kaufen. Nach der Besichtigung der Kirche sollten wir uns auch noch dem Friedhof zuwenden.

Gleich nachdem wir die steile Treppe herauf gekommen sind, biegen wir nach links ab. Dort in der Ecke stehen zwei Grabsteine mit dem Fahnenbergwappen und eine Grabplatte. Wir lesen: *„Hier ruhen Anton Maria Freiherr von Fahnenberg, 1793-1861, und sein Sohn Philipp Freiherr von Fahnenberg, 1829-1898. Die Fahnenbergs waren Nachfahren des Stadtschreibers Dr. Franz Ferdinand Mayer, 1679-1741, der am 1.11.1713 als Unterhändler durch großes Verhandlungsgeschick die Stadt Freiburg vor dem Ansturm der Französischen Belagerungsarmee gerettet hat. Für diese tapfere Tat erhob ihn Kaiser Karl VI in den stiftsmäßigen Adelsstand und verlieh ihm den Freiherrentitel „von Fahnenberg". Die Stadt Freiburg ehrte ihn durch Verleihung des erblichen Ehrenbürgerrechts. Sie pflegt dieses Grab bis heute. Anton Maria und Philipp von Fahnenberg waren die letzten Grundherren der Herrschaft Burkheim. Nach der Zerstörung des Burkheimer Schlosses durch die Franzosen im Jahre 1672 verlegte die Herrschaft ihren Stammsitz nach Rottweil, wo sie 1805 das „Neue Schloss"(heutiges Rathaus in Oberrotweil) erbaute".*

In Freiburg gibt es übrigens noch heute den Fahnenbergplatz. Nach diesem Ausflug in das Herz des Kaiserstuhls haben wir die Naturschönheiten und die historischen Kunstwerke zu einer harmonischen Einheit werden lassen. Wir werden diese Erlebnisse noch lange in unserer Erinnerung behalten.

Hoch droben durch Wald und Reben

Bischoffingen Friedhof – Rosenkranzweg – Waldparkplatz Maiengrund – Mondhalde – Querweg – Maiengrund – Abstecher zum Steinbuck

Markierung:	Holzpfeil mit Nummer 3
Länge:	3,8 Kilometer; Steigung mäßig
Hinfahrt:	Mit Schmitt Linienbus ab FR-Landwasser, mit Fahrrad oder mit Pkw

Bischoffingen liegt am Westrand des Kaiserstuhls und ist ein Stadtteil von „Vogtsburg im Kaiserstuhl". Unsere für heute vorgesehene Wanderung beginnt eigentlich erst ganz oben am Berg beim Waldparkplatz Maiengrund. Um dorthin zu gelangen, biegen wir in Bischoffingen beim Rathaus, genau zwischen dem Weingut Schmidt und der Gaststätte Rebstock, in die Bergstraße ein. Schon nach 30 Metern weisen uns Tafeln mit der Aufschrift „Waldparkplatz Maiengrund" nach links in den Hüttenbergweg. Dem folgen wir 200 Meter weit, und dann sind wir an der Ecke des Friedhofs. Da biegt für uns nach rechts der Rosenkranzweg ab. Wer mit dem Auto oder dem Fahrrad ankommt, der wird sein Gefährt wohl bis zur Hütte droben am Maiengrund mitnehmen. Natürlich kann man auch beim Friedhof parken und wie die Fußwanderer die zwei Kilometer auf der aussichtsreichen Rebstraße ansteigen. Je höher wir kommen, desto prächtiger ist der Blick in die Senke hinunter, in der die Häuser von Bischoffingen liegen. Droben am Maiengrund erwartet uns eine Hütte und eine weitläufige Spielwiese. Der Platz ist so schön, dass manche Leute nur der Aussicht und der Ruhe wegen hier herauf kommen. Die setzen sich dann einfach in einen bequemen Stuhl oder auf eine Bank und genießen die Schönheit dieser Landschaft. Wir wollen jedoch wandern. Als Markierung soll uns der Weg Nummer 3 leiten. Er beginnt genau an der Hütte. Große Holzpfeile mit der eingravierten Zahl 3 sind nicht zu übersehen. Obwohl wir uns nicht auf eine Hochtour begeben werden, sollten wir trotzdem stabile Schuhe und zünftige Wanderkleidung vorsehen. An einigen wenigen Stellen könnte der Weg steinig oder rutschig sein.

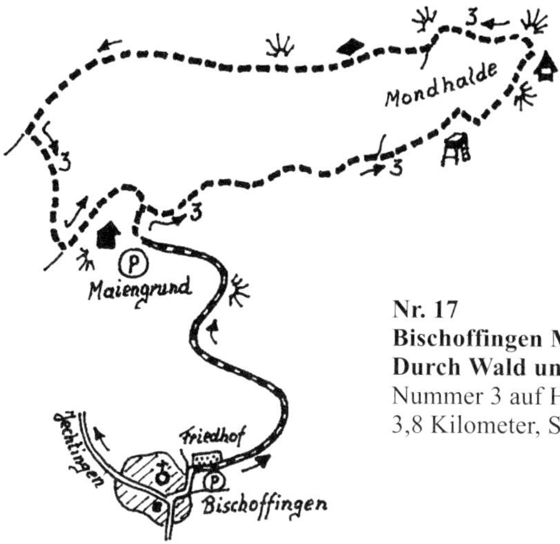

Nr. 17
Bischoffingen Maiengrund
Durch Wald und Reben
Nummer 3 auf Holzpfeil
3,8 Kilometer, Steigung mäßig

Von der Maiengrundhütte aus wandern wir knapp hundert Meter weit bergauf, dann wenden wir uns auf dem breiten Waldweg nach rechts. Er umrundet in großem Bogen den unter uns liegenden Rastplatz. Gleich umgibt uns schattenspendender Laubwald, durch den wir rechterhand in geringem Abstand die Reben erahnen können. Ab und zu öffnen sich Lücken zwischen den Bäumen und geben den Blick in die Ebene frei. Dort unten fließt der Rhein, und ganz weit draußen im Westen erheben sich wie eine blaue Wand die Vogesen. Wir wandern immer in der selben Richtung mal leicht ansteigend, mal leicht abfallend. Abzweigende Stichwege sollen uns nicht interessieren. Plötzlich verliert unser Waldweg stark an Höhe. Rechts steht ein mächtiger Hochsitz. An dieser Stelle müssen wir auf einer Länge von 40 Metern auf einem schmalem Pfad entlang einer Böschung hinab zu den Reben steigen. Rechts erstrecken sich ausgedehnte Weinberge, links über der hohen Böschung wächst niedriger Wald. Schon nach wenigen hundert Metern erwartet uns ein kleiner

Rastplatz. Bänke und Steintische erinnern an die Flurbereinigung am Mittelberg aus den Jahren von 1967 bis 1971. Das Vesper sollten wir aber noch stecken lassen, denn es ist nicht mehr weit bis zur Mondhalde. Um dorthin zu kommen folgen wir dem breiten von Birken gesäumten Weg nach halblinks bergauf. Schon nach der ersten Linkskurve haben wir die Höhe der Mondhalde erreicht. Auf der Aussichtsplattform steht ein kleiner Pavillon. Staunend schauen wir hinaus in die herrliche Landschaft. Das gibt es von keinem anderen Punkt aus mehr, dass man so typisch den inneren Kaiserstuhl präsentiert bekommt. Uns gegenüber steht auf dem Totenkopf der mächtige Umsetzer. Harmonisch wechseln sich Wald und Reben ab. Man sollte diesen Ausblick zu den verschiedensten Jahreszeiten erleben. Im Frühjahr fasziniert uns das helle Grün, im Herbst sind es die bunten Farben, mit denen sich die Natur verabschiedet. Wir werden sicher längere Zeit verweilen und getreu dem Titel dieses Büchles viel „schauen und erleben".

Bevor wir weiter wandern, sollten wir uns orientieren. Der Pfeil mit der Nummer 3 weist uns auf den Weg mit der roten Raute im gelben Feld. Vom Pavillon auf der Mondhalde aus steigen wir über einige künstlich angelegte Treppchen an und befinden uns jetzt auf dem „Rhein-Kaiserstuhl-Schwarzwald Querweg". Der ist zunächst recht schmal. Nach dem schönen von einem Zaun umgebenen Häuschen linkerhand wird er bald breiter. Da sind wir so richtig auf einem Kammweg. Im Frühsommer blüht an den Böschungen roter Mohn. Im Hochsommer sorgen der Ziest, die Schafgarbe und die bunte Kronwicke für eine farbenfrohe Blumenvielfalt. Wir bleiben immer am Waldrand. Von den in den Reben arbeitenden Winzern erfahren wir, dass der bewaldete Bergkamm extra gepflegt wird, um die kalten Ostwinde aufzufangen. Das bekommt den dahinter liegenden Reben von Bischoffingen besonders gut. So wird uns praktisch vor Augen geführt welch großen Erfolg der Mensch erzielen kann, wenn er sich mit der Natur engagiert. Rechts unten im Tal erkennen wir Oberbergen mit seiner Kirche, deren Turmdach mit glasierten Ziegeln gedeckt ist. Bei nassem Wetter ist der einfache Anstieg – bedingt durch den Lößboden – oft schmierig. Das liebt natürlich die Weinbergschnecke, der wir hier auf Schritt und Tritt begegnen können. Allerdings nicht zu jeder Jahrszeit. In den Monaten, die ein **r** in ihrem Namen tragen, zieht sie sich zurück und deckelt ihren Eingang mit einer Kalkscheibe ab. So übersteht sie selbst den strengsten Winter, sofern nicht kulinarische Liebhaber sie aufspüren und in den Kochtopf wandern lassen. Ihnen sei gesagt, dass dies nicht mehr erlaubt ist. An der Stelle, an der die Werbetafel der Hausbrennerei „Friedolin Baumgartner" rechts neben den Reben steht, beginnt die Waldzone. Nun liegt noch ein kurzer Anstieg vor uns. Bei einer Bank haben wir den höchsten Punkt erreicht, dann geht es bequem bergab. Nach 400 Metern biegt in einem Sattel – gleich nach einem Hochsitz mit einer grünen Metallleiter – unser Wanderweg scharf nach links ab. Für ein kurzes Stück wird der Abstieg etwas steiler. Dann treffen wir wieder bei einem Hochsitz auf einen breiten Weg, dem wir für fünf Minuten nach links folgen. Und siehe da, wir sind wieder am Ausgangspunkt am Waldparkplatz Maiengrund. Bei dieser Wanderung haben wir den Kaiserstuhl mit all seinen Schönheiten erleben dürfen. Während wir uns talwärts begeben, fällt uns hinter Bischoffingen eine kleine bewaldete Erhebung auf. Das ist der Steinbuck. Er hält nicht nur die eisigen Südwestwinde ab, nein, wie eine Krone steht auf ihm die „Weinstube Steinbuck". Ihr sollten wir noch einen Besuch abstatten, denn von da aus können wir den Weg, den wir heute zurück gelegt haben, bei einem Viertele oder einer Portion Kaffe auf einen Blick erkennen und nachvollziehen. Doch halt! Vorher bietet sich ein Abstecher von wenigen Metern zur Kirche an. Das sollten wir uns nicht entgehen lassen.

Der Weltenbaum in der Pfarrkirche von Bischoffingen
Leicht erhöht liegt am Nordrand von Bischoffingen die Kirche. Sie ist vom ummauerten ehemaligen Friedhofsbezirk umgeben. Zwischen dem Gasthaus Rebstock und dem Haus Nummer 1 kommen wir über eine Treppe und durch einen Torbogen auf den Kirchplatz. Er ist nicht besonders groß, und doch bietet er Platz für eine mächtige Linde und eine ausladende Kastanie. Beide Bäume vermitteln den Eindruck, als wollten sie die Kirche beschützen. Der wuchtige Kirchturm ist durch eine Reihe

von Schießscharten verstärkt. Die Erklärung dafür ist recht einfach: In den Kriegszeiten früherer Jahrhunderte flohen die Menschen bei einer Belagerung in die Kirche. Versuchte der Feind sie dort anzugreifen, dann wehrten sie sich durch die Scharten mit den Mitteln ihrer Zeit. Zum ersten Mal spricht man in Bischoffingen von einer Pfarrkirche im Jahre 1139. Lange Zeit waren die Bischöfe von Basel die Oberherren. Zu dem sehr alten Turm und dem spätgotischen Chor wurde 1742 ein neues Langhaus gebaut. Im Innern des Chores entdeckte man bei Restaurierungsarbeiten im Jahre 1909 Fresken, die man ins 14./15. Jahrhundert zurück datieren konnte. Unter ihnen ist vor allem die Szene aus der Barlaam- und Josaphatlegende mit dem **Weltenbaum** hervorzuheben. An seinen Wurzeln nagen eine weiße und eine schwarze Maus. Die Geschichte weiß zu berichten:
Die Geschichte von Barlaam und Josaphat geht auf eine indische Buddha-Legende zurück. Sie ist vor allem durch ein Epos des „Rudolf von Ems" (um 1200) und die „Legenda aurea" populär geworden. Darin erzählt der Eremit Barlaam dem Königssohn Josaphat folgende Parabel: „Ein Mann flieht vor einem Einhorn (Tod) und fällt in einen tiefen Abgrund (Welt). Er kann sich an einem Strauch (Leben) festhalten, erblickt aber zu seinem Schrecken eine weiße und eine schwarze Maus (die Stunden des Tages und der Nacht), die an der Wurzel knabbern. Unter ihm lauert ein Drachen (Höllenschlund). Da sieht er ein Tröpfchen Honig von den Zweigen des Strauches rinnen und nascht daran". Diese Geschichte ist als Warnung davor gemeint, den sinnlichen Lüsten (dem Honig) nachzugehen, die Seele aber zu vernachlässigen. Auf bildlichen Darstellungen wird der Mann meist in einem Baum sitzend gezeigt.
Großartig sind auch die anderen Wandbilder. Da fällt besonders bei der Kreuzigungsszene auf, dass Maria ihr Buch zu Boden fallen lässt (der alte Bund ist zu Ende), und Johannes sein Buch fest in den Händen hält (dem neuen Bund gehört die Zukunft). Sollte die Kirche abgeschlossen sein, dann bekommt man den Schlüssel im Pfarrhaus, das sich gleich unterhalb befindet.

Den Reben das Wasser, den Menschen den Wein

Bischoffingen Friedhof – Geologisch-botanischer Weinlehrpfad – Rosenkranz – Hungertal – Ameisental

Markierung: Tafel mit Pfeil – Weinlehrpfad
Länge: 2,8 Kilometer, Steigung mäßig
Hinfahrt: Mit Schmitt-Linienbus ab FR-Landwasser, mit Fahrrad oder mit Pkw

Dort, wo die Hänge der 442 Meter hohen Mondhalde nach Westen hin abfallen, liegt eingebettet in fast endlose Rebberge das Winzerdorf Bischoffingen. Von hier aus wollen wir heute eine an Aussicht kaum noch zu übertreffende Wanderung auf dem geologisch-botanischen Weinlehrpfad unternehmen. In der Ortsmitte wo die Straße eine scharfe Kurve macht, beginnt gegenüber vom Rathaus, zwischen dem Weingut Bühler und dem Gasthaus Rebstock die Bergstraße. Wir folgen nur 30 Meter weit dieser Bergstraße, dann weisen uns Tafeln nach links auf den Hüttenbergweg in Richtung Weinlehrpfad und Friedhof, den wir 200 Meter weiter erreichen. Wer mit dem Pkw angereist ist, der kann am Friedhof parken. Hier an der Ecke der Friedhofsmauer beginnt auch schon der geologisch-botanische Weinlehrpfad. Auf der ersten Tafel wird der Besucher freundlich begrüßt. Dort heißt es: „*Lieber Wein- und Naturfreund! Willkommen auf dem Bischoffinger Weinlehrpfad. Hier erfahren Sie Interessantes und Informatives rund um die Reben und den Wein. Unser Weinlehrpfad hat eine Länge von 2,8 Kilometer und führt Sie mit 22 Informationstafeln mitten in die Rebberge von Bischoffingen*". Also machen wir uns auf den Weg, der 50 Meter weiter nach links in die Hüttenbergstirne abbiegt. Wir steigen leicht an und erreichen eine Bank, von wo aus wir einen wunderschönen Blick auf Bischoffingen und seine Umgebung haben. An dieser Bank werden wir mit einem verständlichen Text in die Geschichte von Bischoffingen eingeweiht. Wir lesen:

Der Weinort Bischoffingen

„Bischoffingen wurde unter dem Namen Piscofinga im Jahre 1008 erstmals urkundlich nachgewiesen. Aus dieser Zeit stammt auch die

Nr. 18
Bischoffingen Friedhofsmauer
Geologisch-botanischer Weinlehrpfad
Tafel mit Pfeil, Weinlehrpfad
2,8 Kilometer, Steigung mäßig

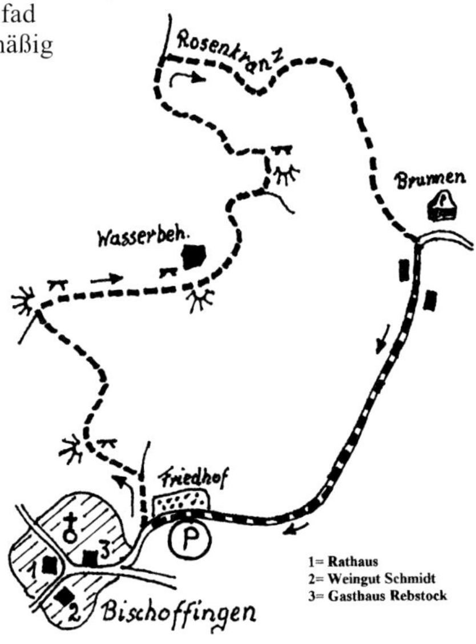

Bezeichnung des Gutes Piscofigin, welches als Fronhof im Besitz des Bischofs von Basel war. Auf diese Besitzverhältnisse ist der heutige Name zurückzuführen. Es gab auch einen badischen Dienstadel mit dem Namen „Hermann von Bischoffingen“. Nach mehreren Herrschafts- und Besitzstreitereien kam Bischoffingen schließlich in den Besitz von Baden-Hachberg.

Wenn auch die urkundliche Erwähnung aus dem Jahre 1008 stammt, so ist diese Siedlung doch einige Jahrhunderte älter und dürfte zu den ältesten Ansiedlungen am Kaiserstuhl gehören. Dies beweisen zahlreiche Gräberfunde aus den verschiedensten Zeit-

epochen. Die alte Dorfkirche mit ihren Schießscharten zeugt von der einstigen Wehrkirche. Die ältesten Mauerteile sowie die Fresken im spätgotischen Chor stammen noch aus dem 14. Jahrhundert.
In den Nöten des 30-jährigen Krieges wurde das Dorf völlig verlassen. Bei der Wiederbesiedelung kehrte nur ein Teil der alt eingesessenen Bewohner wieder zurück. Die heutige Bevölkerung besteht fast ausnahmslos aus Nachkommen späterer Einwanderer, die meisten aus der alemannischen Schweiz. Viele der heutigen Einwohner sind noch als Winzer tätig.

Nachdem wir die Tafel gelesen und die herrliche Aussicht genossen haben, wandern wir weiter. Stetig geht es bergauf, doch durch die immer schöner werdenden Ausblicke bemerken wir den Anstieg kaum. Genau hinter Bischoffingen erhebt sich der bewaldete Steinbuck, auf dessen Gipfel das gleichnamige Cafe steht. Nach einer großen Rechtsschleife kommen wir zu einem von Birken eingerahmten Wasserschlössle. Jetzt liegt die gesamte „Oberrheinische Ebene" unter uns. Vom Bänkle aus genießen wir den überwältigenden Eindruck, den uns die Landschaft zu bieten hat. Im Süden schauen wir hinaus bis in die Burgunder Pforte hinter Basel, im Nordwesten laufen nach der Hohkönigsburg die Vogesen langsam zur Zaberner Senke hin aus. Wenig später informiert uns eine Tafel über den Arbeitskalender des Winzers. Erstaunt stellen wir fest, dass es im Weinberg das ganze Jahr über etwas zu tun gibt.

Kaum sind im November die letzten Trauben geherbstet, beginnt im Januar der neue Rebschnitt. Das letztjährige Holz muss bis auf eine oder zwei junge Ruten ausgeschnitten werden. Dazu ist viel Fachkenntnis erforderlich. Noch vor dem Austrieb im März und April muss das Tragholz gebogen und an den Drähten befestigt werden, damit die Augen gleichmäßig austreiben können. Als im Jahre 1922 die erste Reblaus am Kaiserstuhl entdeckt wurde, glich das einer Katastrophe. Theoretisch kann eine einzige Reblaus im Jahr bis zu 720 Millionen Nachkommen haben. Neue Erkenntnisse lassen den Gifteinsatz in den Reben drastisch sinken. Duftbeutel, sogenannte Pheromone, die man an den Drähten aufhängt, verwirren das Sexualleben der Schädlinge und verhindern so die Entstehung von Nachkommen. Obwohl die Reben in Monokultur angebaut werden, sind sie doch Glied einer großen botanischen Lebensgemeinschaft. Schon im Februar blühen in dichten Polster die kleinen weißen Sternchen der Vogelmiere. Dazwischen leuchtet das Blau des „Persischen Ehrenpreises", im Volksmund auch Katzenäugle genannt. Leider verschwinden die blauen Traubenhyazinthen (Dubekröpfli) und der strahlend schöne Milchstern immer mehr. Ihre Zwiebeln werden von den Fräsmaschinen zerstört. Auch der Weinberglauch, früher fast ein Unkraut, ist vom Aussterben bedroht. Wie schnelllebig die Zeit geworden ist, das bemerken wir dann, wenn wir die alten Maße lesen, die unseren Großeltern noch geläufig waren. So weiß man heute kaum noch, dass 1 „Ohm" gleich 150 Liter sind und dass in ein „Maß" 1,45 Liter gehen. Ein „Jauchert" umfasste 36 ar, und die 4,5 ar, die ein einziger Mensch an einem Tag von Hand bearbeiten konnte, war eine „Mannshauet". Heute muss das alles viel schneller gehen.

Nach rechts zweigt steil ein Weg ins Hungertal ab. Wir machen uns Gedanken darüber, wie es wohl zu diesem Namen gekommen sein möge. Ein Stück weit bleiben wir noch auf der Höhe und lassen uns über den Vulkanismus im Kaiserstuhl informieren. Bei der Abzweigung „Rosenkranz" biegen wir nach rechts ab ins Ameisental. Schnell führt uns der Weg durch gepflegte Rebanlagen hinunter ins Tal. Dort treffen wir auf das Sträßle, das von Bischoffingen aus hinauf zum Waldparkplatz Maiengrund führt. In der Kurve steht ein Brunnen, auf dessen Sandsteinblock an die Flurbereinigung in Bischoffingen im Jahre 1973 erinnert wird. Der Hinweis „Den Reben das Wasser, den Menschen den Wein" sollte uns eine ernste Mahnung sein. Nur wenn wir es schaffen unser kostbarstes Gut, das Wasser, rein zu erhalten, dann werden wir auch weiterhin köstlichen

Wein trinken können. Ab jetzt wandern wir auf der fast autofreien Straße zurück nach Bischoffingen. Nach einem Kilometer sind wir wieder am Ausgangsort. Und weil wir auf dem Weinlehrpfad so viel aus der Theorie des Weines erfahren haben, wird es höchste Zeit zur Praxis zu schreiten. Also! Zum Wohl beim nächsten Viertele, „s'därf ruhig ebbis Guets sii".

Burkheim und Lazarus von Schwendi

Burkheim – Schlossrain – Rheinaueweg – Ruine Sponeck – Humberg – Schlossberg – Kirchberg – Stadtrundgang

Markierung:	Blauer Punkt, roter Punkt
Länge:	5,5 Kilometer; Steigung eben bis mäßig
Hinfahrt:	Mit Fahrrad oder Pkw bis Burkheim Ayle; oder mit Schmitt-Linienbus ab FR-Landwasser; oder mit Breisgau S-Bahn über Breisach

Lazarus von Schwendi, der kaiserliche General
Schon im Jahre 762 nach Christus wird auf der abgesplitterten Scholle im Westen des Kaiserstuhls der Ort Burkheim als Besitz des Klosters Einsiedeln erwähnt. Die Burg (Castrum Burcheim) wird zum ersten Mal im Jahre 1230 genannt. Als erste Besitzer vermutet man die Markgrafen. Genau hundert Jahre später, im Jahre 1330, kauften die Habsburger das gesamte Anwesen. In jener Zeit bildete sich neben den ständigen Erweiterungen auf der Burg auch eine geschlossene Stadtanlage heraus. Die erste Stadtrechtsbestätigung erließ Kaiser Karl IV im Januar 1348, nachdem er kurz zuvor Burkheim besucht hatte. Der Magistrat bestand aus zwei Bürgermeistern und vier Ratsmännern, die neben der Überwachung der Rheinüberfahrt auch die Polizeigerichtsbarkeit ausübten. Karl V erneuerte die umfangreichen Stadtprivilegien im Jahre 1521. Kriege und häufige Wechsel der Besitzer machten aus der Burg mit der Zeit eine unbewohnbare Ruine. Da tauchte 1560 der kaiserliche General und Burgvogt von Breisach, „Lazarus von Schwendi“ auf. Er war der Abkomme eines ostschwäbischen Rittergeschlechtes. Von seinen Feldzügen, die er besonders in Ostungarn bestritt, brachte er viel Geld mit. Um es langfristig anzulegen, begann er in Burkheim ein großartiges Schloss zu bauen. Als Standort wählte er den bisherigen Burgberg, und er verwendete auch gleich die Grundmauern der vorigen Anlage mit. So bekamen die Menschen in der Stadt Arbeit und guten Verdienst, was sie in die Lage ver-

setzte, stabile Häuser für sich selbst zu bauen. Zehn Jahre, von 1561 bis 1571 dauerte es, bis das Schloss fertig war. Daneben förderte Schwendi die Einrichtung eines Spitals und einer Schule. Unter seiner Anleitung machte die Landwirtschaft riesige Fortschritte. Noch heute ist man davon überzeugt, dass Schwendi es war, der die Tokayer-Rebe aus Ungarn mitgebracht hat. Obwohl er mit rauen Sitten stets seinen Willen durchsetzte, war er beim Volk sehr beliebt. Neben Burkheim baute er noch ein Schloss in Kirchhofen auf der Südseite des Schönbergs. Dort starb er im Jahre 1584. Beerdigt wurde er allerdings im Elsaß bei den Clarissen zu Kientzheim. Ganz in der Nähe hatte er seine umfangreichsten Besitzungen. So gehörte ihm die in der Vorbergzone der Vogesen gelegene Burg „Hohenlandsberg". Sie gilt noch heute als die einstmals größte Burganlage im Elsaß. Seit jener Zeit nannte sich Schwendi „Freiherr von Landspurg". Doch zurück nach Burkheim: Schwendis Schloss wurde nur hundert Jahre alt. Im Jahre 1672 zerstörten es die Franzosen. Seither verkünden nur noch mächtige Giebel von der vergangenen Pracht. Im Jahre 1975 fand ein Zusammenschluss aus sieben Kaiserstuhlgemeinden zur heutigen Stadt „Vogtsburg im Kaiserstuhl" statt. Burkheim brachte dabei sein seit 627 Jahren bestehendes Stadtrecht ein.

Und jetzt wird gewandert

In diesem geschichtsträchtigen Städtchen, das heute einer der sieben Stadtteile von „Vogtsburg im Kaiserstuhl" ist, wollen wir unsere Wanderung beginnen. Ausgangspunkt ist der Parkplatz „Ayle" im Unterstädtle. Ganz in der Nähe hält auch der Linienbus. Zunächst sollten wir einen Abstecher zum Burkheimer Kräuterhof einplanen. Was wir dort zu sehen und zu riechen bekommen, ist ein einmaliges Erlebnis. Vom Parkplatz aus sind es auf gut markiertem Weg nur zwei Minuten. Wir können uns ohne Kaufverpflichtung einfach nur umsehen. Doch wer kann bei so einem Angebot mit leeren Händen gehen? Danach wandern wir durch schmale Gässchen hinauf ins historische Mittelstädtle. Schmucke Fachwerkhäuser, die im Som-

Nr. 19
Burkheim am Parkplatz Ayle
Lazarus von Schwendi
Blauer Punkt, roter Punkt
5,5 Kilometer, Steigung mäßig

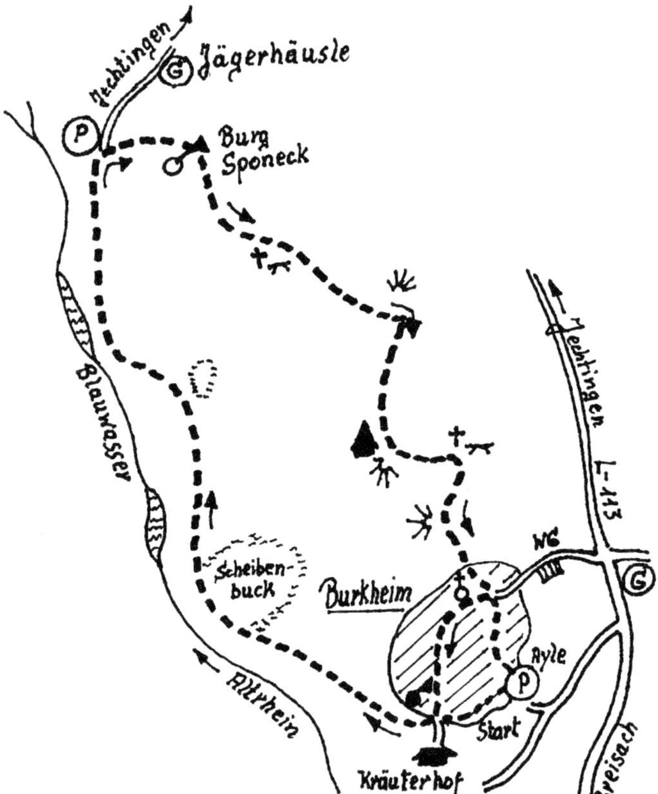

mer vom überquellenden Blumenschmuck fast zugedeckt werden, säumen die gepflasterte Straße. Geschäfte, die vom Lebensnotwendigen bis zu den Antiquitäten alles zu bieten haben, wechseln mit urigen und vornehmen Speiselokalen. Einmalig schön präsentiert sich dem Besucher das Rathaus mit seinen schräg ansteigenden Fenstern im Treppenturm. Über dem Eingang steht die Jahreszahl 1604. Am Ende des Städtchens wandern wir auf der schmalen Lazarus von Schwendi-Straße an der Schlossmauer entlang hinab. Dabei sollten wir unbedingt den massiven Stützmauern des Schlosses unsere Aufmerksamkeit schenken, denn da haben sich in den feinsten Steinritzen eine große Zahl von Pflanzen angesiedelt. Bei den niedrigen ehemaligen Fischerhäusern erreichen wir die Ebene. Am Haus Nummer 3, vor dem eine Linde angenehmen Schatten spendet, beginnt nach rechts unser Wanderweg. Doch vorher sollten wir noch an der hohen Schlossmauer empor schauen. Dort oben springt ein prächtiger Altan aus dem Gemäuer hervor. Diente er einstmals als Ausguck nach Feinden, oder stand dort das junge und hübsche Burgfräulein und wartete auf ihren Freier?

Auf den ersten 200 Metern ist der Weg recht sonnig. Nach rechts steigt steil die Burghalde auf, die im Volksmund auch Scheibenbuck (Schiibebuck) genannt wird. Im extremen Trockenrasen scheint im Sommer bei plus 60 Grad die Luft zu glühen. Dementsprechend hat sich eine ganz besondere Pflanzenwelt angesiedelt. Im März läuten die kleinen Glöckchen der Traubenhyazinthe (Muscari racemosum) den Frühling ein. Gelbe Schlüsselblumen gesellen sich dazu. Ab April blüht der Milchstern (Ornithogalum umbellatum,) und im Juni findet der Kenner das sehr seltene Federgras (Stipa pennata.) Links unten begleitet uns stellenweise der klare Bach eines Altrheinarmes. Pappelwälder, von Menschenhand gepflanzt, sowie Hecken aller Art bieten den Singvögeln Schutz und Aufenthaltsort. Am frühen Abend, aber auch dann, wenn schwüle Mailuft ein Gewitter ankündigt, singt (schlägt) die Nachtigall in höchsten Tönen alle ihre Strophen. Dieser etwa sperlingsgroße Zugvogel kommt im April zu uns, brütet am Boden zwischen Laub und Gras vier bis sechs Eier aus, und anfangs September verlässt er uns wieder. Unser Weg wird gesäumt von hohen Eschen und Robinien (Pseudoakazie.) Plötzlich lichtet sich der Wald und linkerhand erkennen wir einen breiten See. Hier verweilt das klare aber kalte Wasser des Altrheins einen Moment, um bald wieder unter überhängenden Büschen und Bäumen weiter zu fließen. Diese Blauwasser sind ein idealer Brutplatz für Schwäne und Enten.

Nachdem wir Burkheim vor etwa 40 Minuten verlassen haben, sind wir am Fuße der Burg Sponeck angelangt. Da parken jene Autos, die von Jechtingen her anfahren. Hier haben wir die Hälfte unserer Wanderung erreicht. Ab jetzt wird der rote Punkt unser Wegweiser zurück nach Burkheim sein. Wir wenden uns nach rechts auf den zunächst noch asphaltierten Weg bergauf. Die Burg Sponeck kann man nicht mehr betreten, denn sie ist im Privatbesitz. Man kann sich jedoch voranmelden, dann ist der freundliche Burgherr bereit eine Führung anzubieten. Oberhalb, in einer kleinen Ausbuchtung am Wanderweg, klärt uns eine gut gestaltete Tafel über die Geschichte dieser Anlage auf.(Eine Beschreibung der Burg findet sich in diesem Büchle bei der Wanderung Nummer 7. War der Weg bisher nur eben, so müssen wir jetzt kleine Anstiege hinnehmen. Sie sind jedoch gut zu bewältigen, zumal immer wieder ebene Passagen dazwischen liegen. Kurz vor einer Lichtung können wir auf einer Bank verweilen, daneben steht ein Kreuz, das im Jahre 1888 ein Jakob Ehrlacher errichtet hat. Dann überqueren wir zwischen Reben und Ackerfeld geradeaus die Lichtung. Schauen wir jetzt zurück, dann sehen wir draußen den bewaldeten Limberg, auf dem einst die sagenumwobene Limburg stand. Auch dorthin führt uns eine Wanderung die in diesem Büchle beschrieben ist. Am Ende der Lichtung biegen wir nach rechts ab. Unser Weg verschwindet im Wald und steigt mäßig an. Am höchsten Punkt steht ein Pavillon. Der jetzt vor uns liegende Höhenweg über den Humberg bietet eine sagenhafte Aussicht über den Rhein hinweg bis zu den Vogesen. Bei gutem Wetter kann man von der Burgunder Pforte im Süden bis zur Hohkönigsburg im Norden sehen. Nach diesem Plateau führt unser Weg durch die Reben abwärts. Vielleicht erspähen wir an einer Weggabel linkerhand die Bank, vor der ein Kruzifix steht. Auf dem Steinsockel lesen wir:

DIESES CREITZ HAT HER LAURENTZIUS JAEGER
GEWESTER BURGERMEISTER ZUR EHRE GOTTES
ANHER SETZEN LASEN – 1776

Bei dem stattlichen roten Haus oberhalb vom Friedhof, das als ehemalige Zehnttrotte der Universität Freiburg im Jahre 1804 erbaut wurde, erreichen wir den Kirchberg von Burkheim. An einer Mauer ist eine Tafel angebracht, auf der die Geschichte dieser Stadt nachgelesen werden kann. Rechterhand steht die Pfarrkirche. Auf die Erdgeschosshalle mit gotischen Netzgewölbe im Turm, hat man 1740 einen Neubau gesetzt. Die mit hohem Abstand vom Boden angebrachten Fenster zeigen uns an, dass wir es mit einer Wehrkirche zu tun haben, in der die Menschen in Kriegszeiten Schutz gesucht haben. Beim Stadttor kommen wir wieder ins Mittelstädtle und unser Kreis schließt sich. Hinter uns liegt eine Wanderung in die Geschichte einer Landschaft, die unglaublich viel zu bieten hat. Besonders schön ist dieser Rundweg mit der Dauer von etwa 1 ½ Sunden am frühen Abend, wenn die Hitze des Tages verflogen und überall Ruhe eingekehrt ist. Was könnte dann einen solchen Tag besser abrunden als ein Viertele Burkheimer und ein Stück Flammenkuchen.

Rund um den Hochbuck bei Achkarren

Achkarren – Kastelberghütte – Blick zum Blankenhornsberg – Hochbuck – Wilde Steige

Markierung: Grüner Punkt und blaue Raute
Länge: 4 Kilometer; Steigung mäßig, ganz kurz steil
Hinfahrt: Mit Fahrrad oder Pkw; mit Bus oder Zug, siehe Fahrplan

Es gibt nicht viele Wanderwege, auf denen man zu jeder Jahreszeit wandern kann. Der für heute vorgesehene Rundweg eignet sich jedoch ganz besonders für ein solches Vorhaben. Ausgangspunkt ist in der Ortsmitte von Achkarren beim Gasthaus und Hotel Krone. Dort befindet sich auch das sehenswerte „Kaiserstühler Weinbaumuseum". Genau gegenüber der Krone biegen wir in die Hinterkirchstraße ein, der wir bergwärts folgen. Schon nach hundert Metern steht linkerhand die katholische St. Georgskirche. Danach steigt die Straße etwas an und mündet in den Parkplatz bei der Castellberghütte.(Kastelberghütte) Dieses große Freizeitgebäude liegt auf einer Hochterrasse. Sollten wir nicht schon unten in Achkarren das Fahrrad oder das Auto abgestellt haben, dann bieten sich hier genügend Parkplätze an. Neben der geräumigen Hütte mit vielen Spielmöglichkeiten gibt es Grillstellen und Sitzmöglichkeiten für Familien und Gruppen. Für uns ist der Wanderweg interessant, der uns die Landschaft rund um den „Hochbuck" erschließt.

Der eigentliche Wanderweg beginnt unterhalb der Kastelberghütte beim „Sie- und Er-Häuschen". Der grüne Punkt zeigt uns an, dass wir in einer großen Rechtsschleife auf dem Waldweg schnell oberhalb der Hütte sind. Je nach Windrichtung dringt der Geruch eines auf dem Grill schmorenden Schnitzels den Hang herauf. Kaum sind wir fünf Minuten unterwegs, umfängt uns einsame Stille. Hohe Bäume spenden im heißen Sommer wohltuenden Schatten, lassen jedoch an klaren Wintertagen die spärlichen Sonnenstrahlen durch den kahlen Wald scheinen. Der Waldboden ist mit Efeu bedeckt, das selbst im Winter grün ist. Ab und zu bietet sich nach rechts hinab ein Blick auf das Winzerdorf Achkarren. Besonders dann, wenn die

Bäume ohne Laub sind, erhebt sich auf der anderen Talseite der rebenbedeckte „Achkarrer Schlossberg“. Auch dorthin führt uns in diesem Wanderführer eine hochinteressante Wanderung. Nach etwa zwanzig Minuten Wanderzeit vereinigt sich der grüne Punkt mit der blauen Raute. Wir biegen zunächst nach halblinks ab. Unser Weg führt uns 40 Meter weit bergab. Dann öffnet sich vor uns ein großes Wannental, das ganz mit Reben bepflanzt ist. Nicht weit entfernt sehen wir die Gebäude des Staatlichen Versuchs- und Lehrgutes „Blankenhornsberg“. Hier verlassen wir den grünen Punkt und folgen nur noch der blauen Raute. Sie zeigt uns an, dass wir scharf nach links abbiegen müssen. Auf dem Wegweiser steht „Neunlinden und Kreuzbuck“. Links, an der steilen Böschung, stehen auf den verbackenen Lößschollen einige bizarre Wachholderbüsche. Es lohnt sich, diesen eigenartigen Strauch näher anzuschauen. Er stellt ja an den Boden keinerlei Ansprüche, und strengste Winterkälte schadet ihm so wenig wie glühende Sommerhitze. Seine stachelspitzen Nadeln stehen in Dreiergruppen beisammen. In den Achseln der letztjährigen Nadeln wachsen die Wachholderbeeren, die erst im fortgeschrittenen Herbst ihre tiefblaue Farbe annehmen. Wir sollten uns einige fürs Sauerkraut mitnehmen. Der Weg wird jetzt für ein kurzes Stück etwas steiler. Er führt hinauf zum 375 Meter hohen „Hochbuck“, den wir umrunden wollen. Rechts von uns ist der ganze Talkessel eine einzige Rebfläche. Da dominiert der Weinbau. Wenn im strahlenden Spätsommer die Sonne rechtwinklig auf das grüne Meer der Rebblätter prallt, dann meint man zu spüren, dass darunter der edle Traubensaft förmlich zur höchsten Reife gekocht wird. Hier wachsen die Weine, die den Kenner und den Genießer zu poetischen Versen verleiten. Doch wer kann schon ermessen wie viele Arbeitsstunden und Schweißtropfen notwendig sind, bis alles im Fass ist, wo es dann mit Gefühl, Ausdauer und Geschick zu dem wird, was ein gutes Tröpfle ausmacht. Weit draußen im dunstigen Hintergrund zeichnet sich markant die geschwungene Silhouette der Schwarzwaldberge ab. Links erkennen wir den tiefen Einschnitt des Höllentales. Lassen wir unseren Blick nach rechts wandern, dann streifen wir den Schauinsland, das Wiedener Eck, die kahle Kuppe des Belchen und enden ganz rechts am Hochblauen.

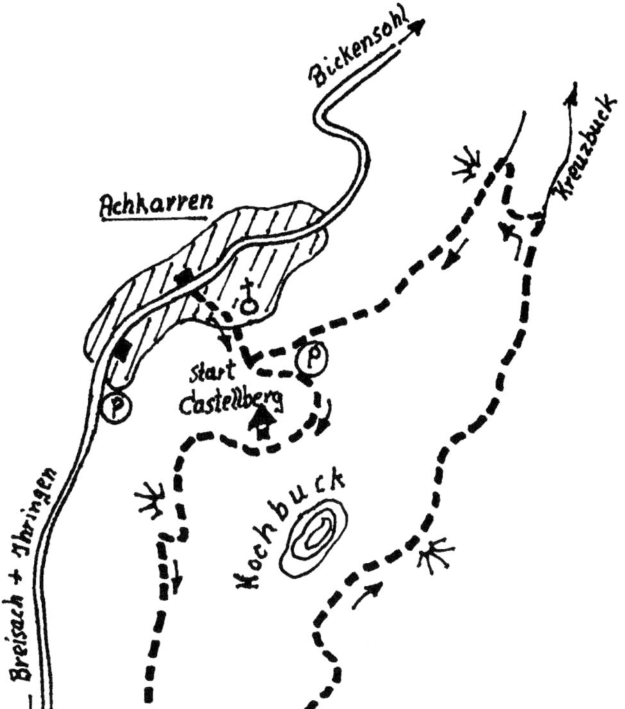

Nr. 20
Gasthaus Krone in Achkarren
Um den Hochbuck
Grüner Punkt und blaue Raute
4 Kilometer, Steigung mäßig

Nachdem wir den Hochbuck umrundet haben, führt der Weg bergab. Noch ein Stück weit begleitet uns der Wald, dann stehen rechts wieder Reben. Direkt vor uns, hoch über den Baumwipfeln, ragt der Sendeturm auf dem Totenkopf heraus. Bei der nächsten Kreuzung, genannt „die wilde Steige", führt ein Weg rechts nach Ihringen. Wir wenden uns jedoch nach links und folgen jetzt wieder dem grünen Punkt auf dem befestigten Sträßchen abwärts durch den Wald in Richtung Achkarren. Bald hört auch dieser Wald auf. Jetzt sind wir im Weinanbaugebiet der Achkarrer Winzer. Genau da, wo wir die Rebzone erreichen, biegen wir scharf nach links ab. Eine ebene Landwirtschaftsstraße bringt uns autofrei zurück zum Ausgangspunkt bei der Kastelberghütte. Haben wir noch Zeit und Interesse an der Geschichte des Weinbaus, dann sollten wir in Achkarren, am Platz beim Gasthaus und Hotel Krone das „Kaiserstühler Weinbaumuseum" besuchen. (Siehe folgender Sonderartikel) Die totale Abrundung des Wandertages erfahren wir natürlich erst, wenn wir ein Viertele des hervorragenden Achkarrer Weines genossen haben.

Das Kaiserstühler Weinbaumuseum

Achkarren ist ein Ortsteil der Stadt „Vogtsburg im Kaiserstuhl", die im Jahre 1975 durch den Zusammenschluss der sieben malerischen Winzergemeinden Achkarren, Bickensohl, Bischoffingen, Burkheim, Oberbergen, Oberrotweil und Schelingen entstanden ist. Hier hat man ein sehenswertes Weinbaumuseum eingerichtet. Aus dem informativen Prospekt erfahren wir über die Geschichte des Gebäudes historisch interessante Neuigkeiten. Dort steht zu lesen:

„Am 11. Juni 1315 erwarb die Johanniterkommende zu Freiburg durch Tausch aus den Händen des Kluniazenserklosters St. Ulrich dessen Klosterhof in Achkarren, genannt der Dinghof, mit allem Zugehör an Reben, Äckern, Matten, Obstgärten, Weiden, Wasserläufen, Fischteichen, Häusern und Wäldern, sowie den Kirchenpatronat mit dem Zehntrecht. Als im 15. Jahrhundert die Komturei Heitersheim selbständig wurde, erhielt letztere von der Mutterkommende Besitz und Rechte in Achkarren zu-

gestanden. Das gefürstete Johanniterhaus war somit Zehntherr bis zu seiner Aufhebung im Jahre 1806. Die „Sant Johanser trotten" wird 1384 erstmals erwähnt. Am Tor des Zehntgebäudes ist heute noch das Johanniterkreuz zu sehen. 1979 hat die Stadt Vogtsburg das ehemalige Zehntgebäude (Zehntscheuer) renoviert und zum „Kaiserstühler Weinbaumuseum" ausgebaut. Mit vielen Leihgaben und Stiftungen von Mitbürgern und Gönnern wurde es ausgestattet".

So sehen wir die Geräte, die man früher zur Traubenverarbeitung und zur Bodenaufbereitung benützte. Gut verständlich wird dem Besucher die Geologie des Kaiserstuhls erklärt. Urkunden und Dokumente berichten aus der vergangenen Zeit. Vor dem Gebäude wachsen in einer kleinen Schauanlage die verschiedenen Rebensorten, die am Kaiserstuhl angebaut werden.

Geöffnet ist das Museum vom Palmsonntag bis Allerheiligen dienstags bis freitags von 14.00 bis 17.00 Uhr. Am Samstag und am Sonntag empfängt man die Besucher zwischen 11.00 und 17.00 Uhr. Wer mit Gruppen kommen möchte, sollte das vorher telefonisch unter 07662/ 812-43 vereinbaren.

Geologischer Weinlehrpfad Achkarren-Schlossberg

Achkarren-Winzergenossenschaft – Lehrpfad – Abstecher zur Schlossruine Höhingen

Markierung:	Lehrpfadtafeln; Steigung mäßig
Länge:	3,5 Kilometer plus 1 Kilometer für Abstecher zum Schlossberg
Hinfahrt:	Mit Fahrrad oder Pkw; mit Bus oder Zug, siehe Fahrplan

So wie man am Dialekt eines Menschen erkennt aus welcher Gegend er stammt, so kann man auch die jeweiligen Bodenerzeugnisse ganz typischen Landstrichen zuordnen. Auf diese Weise sind der Name Kaiserstuhl und der Begriff Weinbau zu einer Einheit geworden. Was früher auf Erfahrung beruhte, wird heute durch fundierte Forschung ständig verbessert. Die Ergebnisse jahrelanger theoretischer Versuche, verbunden mit praktischer Arbeit, werden uns an den Hängen des Schlossbergs oberhalb von Achkarren mustergültig aufgezeigt. Natürlich waren schon immer Spezialisten und Tüftler bereit neue Erkenntnisse zu gewinnen. So verdanken wir es dem Ihringer Arzt Georg Lythin, dass die Edelrebe auf dem Vulkangestein sesshaft gemacht werden konnte. Seine geglückten Versuche aus dem Jahr 1815 ermutigten schon vier Jahre später die Winzer in Achkarren es ihm nach zu machen. Heute wächst der beste Wein am Ort auf Vulkangestein. Um alles das behalten zu können, was auf den gut gestalteten Lehrtafeln steht, kaufen wir uns in der WG, im Weinbaumuseum oder in einem Gasthaus für wenig Geld das sehr gut aufgemachte Heftchen „Geologischer Weinlehrpfad Achkarren/ Kaiserstuhl“. Es wird uns ein wertvoller Begleiter auf der kurzweiligen Wanderung sein.

Unser Wanderweg beginnt bei der Winzergenossenschaft in Achkarren. Wir überqueren die Straße, und schon empfangen uns die ersten Lehrtafeln. Über 30 solcher Schilder werden uns in den näch-

Nr. 21
WG Achkarren
Weinlehrpfad am Schlossberg
Lehrpfadtafeln
3,5 Kilometer, Steigung mäßig

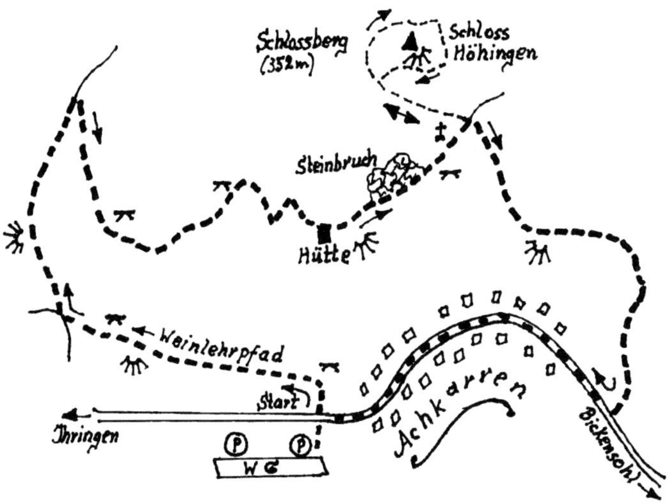

sten Wanderstunden begleiten. Dabei muss hervorgehoben werden, dass sich die Träger dieser Idee nicht nur mit dem Wein und dem Boden abgaben, nein, sie wollten uns auch einen Eindruck von der Geschichte dieser Landschaft und deren Kultur vermitteln. Oft werden mit wenigen Worten Anhaltspunkte gegeben, die den Wanderer motivieren aus eigenem Antrieb heraus weiter zu forschen. Sehr viel erfahren wir, wenn wir die Leute ansprechen, die in den Reben arbeiten. Ihr Wissen basiert auf der Erfahrung vieler Generationen. Ich lernte bei meiner Wanderung nur freundliche Menschen kennen, die jederzeit zu einem Gespräch bereit waren. Zunächst ver-

läuft der Weg fast parallel zur Straße drunten in der Ebene. Linkerhand steht die Winzergenossenschaft, in welcher der Segen dieser Landschaft verarbeitet und ausgebaut wird. Nach etwa 800 Metern, gleich nach der Tafel, auf der uns der Lavastrom erklärt wird, zweigen wir nach rechts ab. Es geht leicht bergauf, und nach weiteren 150 Metern sollten wir eine kleine Rast einlegen. Da steht unter zwei Weiden eine Bank, von der aus wir weit in die Rheinebene hinaus schauen können. Zum Greifen nahe erhebt sich auf einem massiven Hügel das Breisacher Münster, und in der Ferne bauen sich die Vogesen wie eine blaue Wand auf. Je höher wir dann steigen, desto schöner wird der Blick nach Westen. Am Wegrand blüht das ganze Jahr über etwas. Besonders die Pflanzenwelt an den Böschungen erweckt unsere Aufmerksamkeit. Im Juni und August prangt da großblütig und goldgelb die „Zweijährige Nachtkerze" (Oenothera biennis). Niedriger und mit kleinen blasslila Blüten, behauptet sich selbst bei größter Hitze das „Gewöhnliche Eisenkraut" (Verbena officinalis). Wenn wir dann die Waldgrenze erreichen, müssen wir spitzwinklig nach rechts abbiegen, denn geradeaus geht es zum Waldlehrpfad am Büchsenberg. Jetzt steigt unser Wirtschaftsweg für ein kurzes Stück etwas stärker an, doch wir lassen uns immer wieder von dem schönen Ausblick nach rechts ablenken.

Fachleute aller Sparten am Schlossberg

Wie interessant und vielseitig die Landschaft an der Südwestecke des Schlossberges ist, beweist der ständige Besuch durch Wissenschaftler und Forscher. Unerschöpflich sind die Risse und Fugen sowohl in den Rebmauern als auch in den gewachsenen Böden, die von einer unterschiedlich dicken Lößschicht bedeckt sind. Da sonnt sich zwischen den verschiedenen Arten des Mauerpfeffers auf dem warmen Untergrund die seltene Smaragdeidechse. An einer Weißdornhecke sitzt gut getarnt im milden Spätsommer die grüne Gottesanbeterin, eine zu den Raubinsekten gehörende Fangheuschrecke. Sowohl die Botaniker als auch die Insektenkundler (Entomologen) finden einen reich gedeckten Tisch an Sehenswertem aus ihrem speziellen Fachgebiet. Direkt selbstverständlich ist es, dass sich hier die Geologen und die Mineralogen in ihrem Element fühlen. Das vulkanische Gestein am Schlossberg enthält Augit und Magnetit. Daneben zeigt sich Quarz und Feldspat. Der Mineraloge sucht und findet auch Granat und Turmalin. Durch den Wegebau wurde eher zufällig ein mächtiger „Monchiquit-Gang“ frei gelegt, in dem die Kenner größere Augite finden. Der „Önologe“, das ist der Fachmann für den Wein, bereichert sein Wissen an den Texten auf den vielen Lehrpfadtafeln.

An einer besonders von der Sonne verwöhnten Hanglage wird uns auf einer Tafel der edle Gewürztraminer vorgestellt. Diese kleine und etwas rotbraune Beere ist zuckersüß und hat ein besonders würziges Bukett. Sie wächst nur in den sonnenreichsten Lagen. Gleich nach dieser Tafel müssen wir gut auf den Weg aufpassen, denn wenige Meter weiter biegt er scharf nach links bergauf ab. Sofort kommen wir an den von den Wissenschaftlern begehrten und schon genannten „Monchiquit-Gang“. Der Anstieg ist nur kurz, dann geht es nach rechts weiter zu einem Rebhäusle. Es hängt wie ein Falkennest am Steilhang. Den Winzern dient es als Unterschlupf und Aufenthaltsraum bei ihrer Arbeit, wir schätzen es seiner tollen Aussicht wegen, den wir vom Balkon aus haben. Tief unter uns liegt Achkarren, auf der anderen Talseite steigt der meist bewaldete Castellberg auf. Auch dort wird in diesem Büchle eine wunderschöne Rundwanderung beschrieben. An der Vorderfront der Hütte lesen wir auf einem Fassboden den Spruch:

Drei Dinge sind’s, die geben Wein,
die Rebe, die Erde, der Sonnenschein.
Doch wenn die Arbeit des Winzers nicht wär,
dann blieb der schönste Becher leer.

Wenige Meter nach der Hütte entdecken wir linkerhand einen Steinbruch. Noch bis ins letzte Jahrhundert hinein hat man hier das Material geholt mit dem man die Stützmauern für die Rebterrassen an den steilen Hängen baute. Aber auch bei den Häusern in Achkarren finden wir diese Steine noch heute in den Hausfundamenten und an den Gartenmauern. Im Umfeld des Steinbruchs sind es besonders im Herbst die fruchttragenden Hecken, die unsere Aufmerksamkeit erregen. Da gibt es:

Liguster mit schwarzen Beerentrauben
Schlehe oder Schwarzdorn mit dunkelblauen Früchten
Heckenrose mit roten Hagebutten
Heckenrose mit scharlachroten Hagebutten
Wolliger Schneeball mit schwarzen Früchten
Gewöhnlicher Schneeball mit roten Früchten
Roter Hartriegel mit blauschwarzen Früchten
Sauerdorn oder Berberitze mit roten Früchten
Waldrebe oder Clematis mit Silberbärten
Geißblatt oder Jelängerjelieber mit roten Früchten

Bald nach dem Steinbruch kommen wir zu einer großen Wegkreuzung. Links an der Böschung steht ein weißes Kreuz, das ein Johann Geppert im Jahre 1854 zur Ehre Gottes erstellt hat. Unser Weinlehrpfad biegt hier scharf nach rechts ab und strebt hinunter ins Dorf nach Achkarren. Wir sollten jedoch unbedingt nach links einen Abstecher hinauf zum Gipfel des Schlossberges einplanen. Der Weg ist bequem, lediglich die letzten 30 Meter sind etwas steiler. In längstens 15 Minuten sind wir droben bei den spärlichen Resten der ehemaligen stolzen Burg „Höhingen". Wir lesen auf der Tafel in Kurzform die Geschichte (Siehe Artikel am Ende dieser Wegbeschreibung). Ein weiter Rundblick belohnt uns dafür, dass wir uns für den Aufstieg entschieden haben.

Der Abstieg führt uns hinter dem Gipfel auf einem schmalen und etwas steilen Weg 60 Meter bergab. Dann stehen wir rechterhand vor einer kleinen Grotte mit einer Madonna. Dort halten wir uns scharf rechts und erreichen, entlang der Reben, wieder den Weg, auf dem wir aufgestiegen sind. Der ganze Abstecher über den Schlossberg nimmt höchstens vierzig Minuten in Anspruch. Dort bei dem weißen Kreuz, wo wir vorhin den Lehrpfad verlassen haben, treffen wir wieder auf den Hauptweg. Ihm folgen wir nur noch abwärts. Der Lehrpfad endet im Oberdorf von Achkarren. Da wir aber am unteren Ende bei der Winzergenossenschaft eingestiegen sind, bekommen wir so die Möglichkeit auf voller Länge durch das hübsche Dorf zu wandern. Der Anblick der schön gestalteten Häuser mit den vielen Weinsprüchen an den Fassaden rundet unseren Tag erst richtig ab. Spätestens jetzt wird uns klar, dass die Kultur dieser Landschaft eine geglückte Einheit zwischen den Menschen und der von ihnen gestalteten Landschaft darstellt.

Burg Höhingen auf dem Schlossberg bei Achkarren
Im Mittelalter war das Gebiet des Kaiserstuhls ein verkleinertes Abbild des Reiches. Da gab es Städte, Dörfer, Höfe und Burgen die dem Reich, andere wieder der Kirche gehörten. Am meisten begütert waren damals am Kaiserstuhl die Herren von Üsenberg. Ihre Stammburg, Schloss Üsenberg, lag eine viertel Stunde unterhalb der Stadt Breisach auf dem „Eisenberg". Dieser Berg war zu jener Zeit noch vom Rhein umflossen.
In einer Höhe von 352 Meter über dem Meer liegt der Achkarrer Schlossberg, der uns mit seiner Geschichte, aber auch mit seiner prächtigen Aussicht anlockt. Auf dem höchsten Punkt steht eine Informationstafel, auf der nach einem Kupferstich von Matthäus Merian (1593-1650) die einstige Gestalt der Burg Höhingen dargestellt wird. Das war eine mächtige Anlage, die im Jahre 1259 ihre erste urkundliche Erwähnung findet. Doch da muss sie schon fertig gewesen sein. Im 13. und 14. Jahrhundert waren die Üsenberger die Besitzer, die ihre Stammburg auf dem Ysenberg, einer kleinen Erhebung auf einer Rheininsel unterhalb von Breisach hatten. Sie verkauften die Burg Höhingen 1415 an den Markgraf von Baden. In den folgenden Jahren beeinträchtigten immer wieder Kriege und Raubzüge die Bevölkerung von Achkarren. Als 1525 in unserer Heimat die Bauern zum Aufstand gegen ihre Unterdrücker aufriefen, wurde auch Schloss Höhingen angezündet und zerstört. Fast hundert Jahre lang wuchs über die Trümmer das Gras. Zu Beginn des „Dreißigjährigen Krieges", im Jahre 1620 entsann sich Markgraf Georg Friedrich

von Baden Durlach an die strategisch günstige Lage hoch droben auf dem Schlossberg. Um den Rheinübergang bei Breisach besser sperren zu können, ließ er Höhingen wieder aufbauen und mit einer militärischen Besatzung versehen. Der Bevölkerung von Achkarren wurde erlaubt, ihre Habe im neuen Schloss vor feindlichen Plünderungen in Sicherheit zu bringen. Trotzdem gelang es den Schweden sich 1632 für ein Jahr lang einzunisten. Dann wurden sie von den Kaiserlichen aus Breisach wieder verjagt. Das absolute Ende von Schloss Höhingen leiteten die kaiserlichen Truppen im Jahre 1638 selbst ein. Bevor sie sich nach Breisach zurück zogen, zündeten sie das Schloss an und rissen die Mauern ein. Doch noch einmal sollten die Mauersteine der Burg Geschichte machen, denn 1671 schlossen Markgraf Friedrich VI von Baden und der französische Staatsmann und Kardinal „Mazarin" einen Vertrag. Darin stand, dass die Steine von Schloss Höhingen nach Frankreich verkauft werden sollen. Der Festungsbauer „Vauban" brauchte sie dringend, um die Festung Neubreisach ausbauen zu können. Was übrig blieb, und das war nicht wenig, holten sich die Bewohner von Achkarren. Sie mauerten damit die Fundamente ihrer Häuser auf. Noch heute stekken in den Kellern mancher alter Häuser die Steine aus dem ehemaligen Schloss Höhingen.

Flaumeiche und Diptam am Büchsenberg

Rundweg über den Büchsenberg

Markierung: Botanische und geologische Tafeln sowie roter Pfeil
Länge: 3 Kilometer; Steigung mäßig
Hinfahrt: Mit Fahrrad oder Pkw bis Parkplatz Büchsenberg

Fährt man von Achkarren nach Niederrotweil, dann benützt man das schmale und wenig befahrene Sträßchen entlang der Schienen der Kaiserstuhlbahn in der Ebene. Dabei erreicht man auf halbem Weg zwischen den beiden Orten am Fuße des steilen und bewaldeten Hanges den Parkplatz des Naturschutzgebietes „Büchsenberg". Der Büchsenberg ist die westlichste Erhebung des Kaiserstuhlmassivs. Mit seiner Höhe von 281 Metern ragt er genau hundert Meter über die sich unmittelbar zu seinen Füßen ausbreitende Ebene empor. Diese Ebene war früher der ständigen Überflutung durch den nicht weit entfernt fließenden Rhein ausgesetzt. Der Boden konnte fast nie völlig austrocknen. Er war deshalb versumpft, roch modrig, und die Landwirtschaft konnte ihn nicht nutzen. Es siedelte sich eine ganz eigene Pflanzenwelt an, wobei die Ried- und Sauergräser dominierten. Im Volksmund nannte man die feuchte Niederung nur „d' fuul Woog" (die faule Waage). Über diese Niederung blickt man von einigen Aussichtspunkten auf der Höhe des Büchsenberges hinweg. An seiner Ostseite ist der Büchsenberg durch eine schmale Landbrücke mit dem Schlossberg bei Achkarren und damit mit dem gesamten Kaiserstuhlmassiv verbunden. Steinbrüche ziehen die Geologen hierher, Bäume Sträucher und Kräuter locken die Botaniker an. Man findet in Süddeutschland kein größeres geschlossenes Flaumeichenvorkommen wie hier im Naturschutzgebiet Büchsenberg. Diese Baumart, die eigentlich in der submediterranen Zone ihre Heimat hat, findet an diesem Hang die von ihr bevorzugte trockenheiße Lage. Dort, wo der Wald noch lichte Stellen aufweist, hält sich konstant der „Diptam" (Dictamnus albus). Allerdings sind Pflegemaßnahmen, wie zum Beispiel gezielte Ausholzungen notwendig, um dieser seltenen und geschützten Pflanze das Weiterkommen zu ermöglichen. Die nachfolgende Wegbeschreibung führt uns in eine von Ruhe und Beschaulichkeit geprägte Landschaft, wie wir sie nicht mehr oft vorfinden. Das mag u.a. auch den Dachs dazu bewogen haben, sich an den weniger steilen Hängen seine Gänge anzulegen.

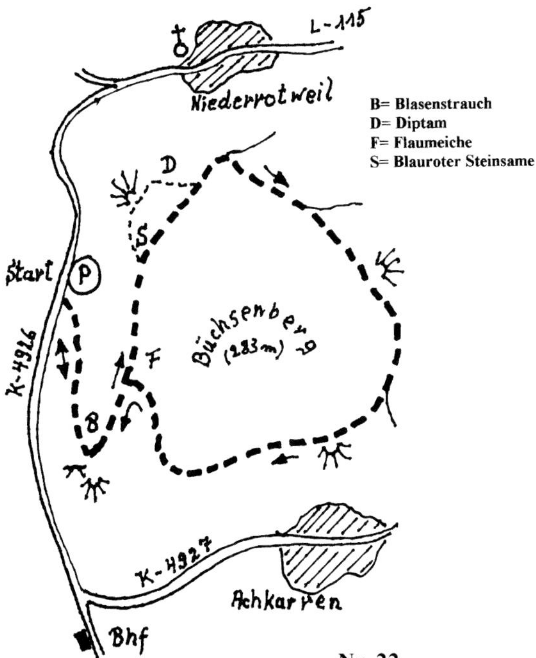

Nr. 22
Am Fuße des Büchsenberges
Flaumeiche und Diptam
Lehrpfad und roter Pfeil
3 Kilometer, Steigung mäßig

Weißer Diptam
Dictamnus albus

Von Weißdornhecken umrankt, informiert uns eine Holztafel über zwei Rundwege. Wir wollen den Weg mit der roten Markierung um das Naturschutzgebiet Büchsenberg aussuchen. Rein von der Gehzeit her lässt sich der Rundweg in einer Stunde erwandern. Das wird sich jedoch ändern, wenn wir auf die vielen informativen Tafeln eingehen, welche die „Bezirksstelle für Naturschutz und Landschaftspflege" sehr übersichtlich angebracht hat. Sind wir zudem in einer botanisch interessanten Jahreszeit unterwegs, dann ist der Zeit keine Grenze gesetzt. Die ersten 400 Meter steigt der Weg zügig – aber nicht anstrengend – an. Am linken Böschungsrand hat man kleine Nischen in den Berg gegraben, um dem Wanderer die geologischen Bodenschichten am Westabfall des Kaiserstuhls zu zeigen. Drei Horizonte sind deutlich zu erkennen:

1. Der oben liegende dunkelbraune Humus
2. Die mittlere verlehmte hellbraune Schicht
3. Das tiefere weißgraue vulkanische Ausgangsgestein

Schnell gewinnen wir an Höhe. Nach etwa 500 Metern kommen wir zu einem Aussichtspunkt mit einer Bank. Unter uns fließt das Tal von Achkarren bei den paar Häusern im Gewann Kreuzmatten in die Ebene hinein. Dort ist auch der Bahnhof von Achkarren. Draußen erhebt sich auf einer Anhöhe die Stadt Breisach. Hinter der Bank wächst im Gebüsch der Blasenstrauch (Colutea arborescens). Seine goldgelben Schmetterlingsblüten erscheinen im Mai, und die dick aufgeblasenen Hülsen schmücken die Zweige bis in den November hinein. Bei dieser Bank biegen wir scharf nach links ab. Wenn wir im Mai unterwegs sind, dann blüht an den lichten Saumstellen der steilen Böschung der Diptam. Dieser Standort gehört zu den bedeutendsten Vorkommen in Baden Württemberg. Die bis zu einem Meter hoch werdende Pflanze wird der Familie der Zitrusgewächse zugeordnet. Der Duft der rosa dunkel geaderten Blüten erinnert uns an die Orange, leicht vermengt mit Zimt. Der Diptam war früher auch in Bauern- und Klostergärten heimisch. Heute finden wir noch wunderschöne Exemplare im Privatgarten bei der Burg Sponeck. Bei der Tafel, auf der die „Strauchkronwicke" (Coronilla emerus) beschrieben wird, teilt sich der Weg. Wir wandern auf dem sehr schmal werdenden Pfad geradeaus weiter. Jetzt sind wir im Gebiet der Flaumeiche (Siehe Beschreibung am Ende dieses Wanderberichtes). Bald durchquert der Weg eine kleine Senke. Da habe ich im Herbst 2001 nur wenige Meter links unten am Hang im Umkreis von etwa 60 Metern acht mächtige Dachsausgänge gezählt. Einer davon ist der Haupteingang, alle anderen sind sogenannte Fluchtwege. In diesem Revier blüht im Mai der recht seltene „Blaurote Steinsame" (Lithospermum purpurocaeruleum). Die Pflanze bevorzugt diese sommerwarmen niedrigen Eichen-Hainbuchen-Mischwälder. Zuerst blüht sie rotviolett auf, dann verwandeln sich die Blüten in ein tiefes Blau. An manchen Stellen zweigen schmale Trampelpfade nach links in den Hang hinein ab. Ein Sperrzaun zeigt uns an, dass dahinter die Felsen des Steinbruchs liegen, der nur von unten her zugänglich ist.

Das ist ein Aufschluss von Tephrit-Tuffbreccien, die zu den Absatzgesteinen vulkanischer Herkunft gehören. Sie bestehen aus groben, eckigen Stückchen, die durch ein natürliches Bindemittel miteinander verkittet sind. Als Baustein fand dieses Material Verwendung am Münster in Breisach und am ehemaligen Möbelhaus Scherer in Freiburg, schräg gegenüber vom Friedrichsbau. Bei der Tafel mit der Beschreibung der Rotbuche wandern wir noch 80 Meter geradeaus weiter, um dann beim Schild „Schwarzer Holunder" rechts abzubiegen. Drei Sorten von Ahorn finden wir unterwegs. Das sind der Spitzahorn, der Feldahorn und der Bergahorn. Wenn wir die

Bergahorn **Feldahorn** **Spitzahorn**

Blätter aller drei Bäume einsammeln und zum Vergleich nebeneinander legen, werden wir sie für alle Zeiten unterscheiden können. Im Juni und Juli findet der Orchideenfreund in dieser Waldregion das Zweiblatt, die Vogelnestwurz und die Purpurorchis, um nur einige zu nennen. Da unser Weg immer wieder nach rechts schwenkt, umrunden wir den Büchsenberg ohne es groß zu merken. Plötzlich hört der Wald auf. Vor uns breitet sich die „Oberrheinische Ebene" aus. Rechts am Hang werden wir darüber informiert, dass es nirgendwo in Deutschland so mächtige Lössschichten gibt wie am Kaiserstuhl. Hier werden wir sicher längere Zeit verweilen und den herrlichen Blick in die helle Landschaft genießen. Im Sommer brennt die Sonne mit aller Macht in die sich am Hang hinschmiegenden Weinberge und lässt das reifen, was wir später als Müller-Thurgau oder gar als Spätburgunder im Glas so schätzen. Schließlich mündet unser Rundweg bei der Tafel mit der Beschreibung der Strauchkronwicke wieder dort, wo wir vorhin zu den Flaumeichen gelangt waren. Wir haben lediglich noch den Abstieg zum Parkplatz vor uns. Dieser Weg eignet sich auch an schneefreien Wintertagen für eine schöne Wanderung. Da dann die Bäume ohne Laub sind, erwartet uns eine herrliche Aussicht hinunter in die Ebene. Diese wird eingerahmt vom erhöht liegenden Breisach zur Linken und vom Schloss des Lazarus von Schwendi in Burkheim zur Rechten. Sollte der Tag noch nicht ganz ausgefüllt sein, dann sei ein Abstecher nach Niederrotweil empfohlen. Dort wird uns dann in der berühmten St.Michaelskirche der Holzschnitzaltar des Künstlers „HL" begeistern (Beschreibung bei der Wanderung Nr.16).

Die Flaumeiche ist selten geworden

Zwei Pflanzen haben wir es zu verdanken, dass man im Jahre 1955 den Büchsenberg bei Achkarren zum Naturschutzgebiet erklärte. Das sind die **Flaumeiche** und der **Diptam.** Beide bevorzugen den trockenwarmen Boden, wie wir ihn zum Beispiel am steilen Westabfall des Büchsenbergs haben. Die Flaumeiche ist ein Baum, der in der submediterranen Zone, also in Südeuropa, seine eigentliche Heimat hat. Dort erreicht sie eine Höhe von 20 Metern und kann bis zu 500 Jahre alt werden. Bei uns sind die wenigen Vorkommen meist strauchförmig. Am Büchsenberg, wo der wohl größte Standort von Baden Württemberg zu verzeichnen ist, gibt es jedoch Bäume, die gut zwölf Meter hoch sind. Ihren Namen verdankt die Flaumeiche den jungen Trieben im Frühjahr. Diese sind mit einem grauen und filzigen Flaum überzogen. Auch die ganz jungen Blätter sind anfangs an der Oberseite behaart, verkahlen aber schon im Frühsommer. Trotzdem lassen sich die Bäume auch im Sommer bestimmen, denn die Fruchtbecher haben anliegende, filzig behaarte Schuppen. Die Blütezeit ist von Ende April bis Ende Mai. Die männlichen und die weiblichen Blüten entfalten sich gleichzeitig. Da im selben Zeitraum auch die anderen Eichen, z. B. die Traubeneiche und die Stieleiche blühen, kann es in den Tochtergenerationen oft zu Einkreuzungen, also zu Bastardbildungen, kommen. Die echte Flaumeiche wird in Baden-Württemberg in der „Roten Liste" mit dem Gefährdungsgrad 3 geführt. Ihr Schutz ist deshalb besonders wichtig, weil sich in ihrem lichten Unterholz der geschützte Diptam – ebenfalls Gefährdungsgrad 3 – wohl fühlt.

Kelten, Römer und Alemannen am Limberg
Wandern auf dem wissenschaftlichen Lehrpfad

Sasbach – Schiffslände – Limburg – Keltischer Wall – Römerlager – Alte Limburg – Lützelberg – Alemannengräber – Rheinwald

Markierung: Lehrpfadtafeln mit Sasbacher Löwen
Länge: 6,2 Kilometer; Steigung mäßig, kurz steil
Hinfahrt: Mit Zug bis Sasbach, mit Pkw oder mit dem Fahrrad bis Schiffslände

Blicken wir bei einer Wanderung vom nördlichen Kaiserstuhl aus hinaus in die Rheinebene, dann fällt uns im Westen ein langgezogener Höhenrücken auf, der sich völlig isoliert aus der Landschaft erhebt. Das ist der Limberg nördlich von Sasbach mit seinem etwas niedrigeren Anhängsel, dem Lützelberg. Beide gehören zu einer ganzen Reihe von Erhebungen, die sich als Vorberge des Kaiserstuhls am Rhein entlang hinziehen. Heute wollen wir den Limberg und den Lützelberg auf einer unglaublich interessanten Wanderung kennen lernen. Reisen wir mit dem Zug an, dann beginnt unser Wanderweg direkt am Bahnhof in Sasbach. Bei der Bürgerstube biegen wir nach links ab und folgen knapp 400 Meter weit der Hauptstraße. An einer großen Kreuzung umrunden wir das Gasthaus Löwen. Dort weist uns eine Tafel auf den wissenschaftlichen Lehrpfad hin. Durch die Marckolsheimer Straße kommen wir vor zum Damm, wo wir nach rechts abbiegen. Schon nach 100 Metern beginnt links unterhalb der Straße der markierte Lehrpfad. Fahren wir mit dem Fahrrad oder dem Pkw an, dann parken wir direkt am Rhein bei der Schiffslände. Dort erwarten uns im Hinterwasser des Flusslaufes schon die ewig hungrigen Schwäne. Gleich über der Straße beginnt der „Wissenschaftliche Lehrpfad". Das Wort „wissenschaftlich" sollte uns nicht abschrecken. Alle 90 Tafeln, die uns jetzt dann führen werden, sind sehr verständlich geschrieben. Den Lehrpfad selbst kann man in drei Interessengebiete aufteilen:

1. Die Botanik des Waldes und des Weines
2. Die Geschichte von der Frühzeit bis heute
3. Die Geologie und die Mineralogie

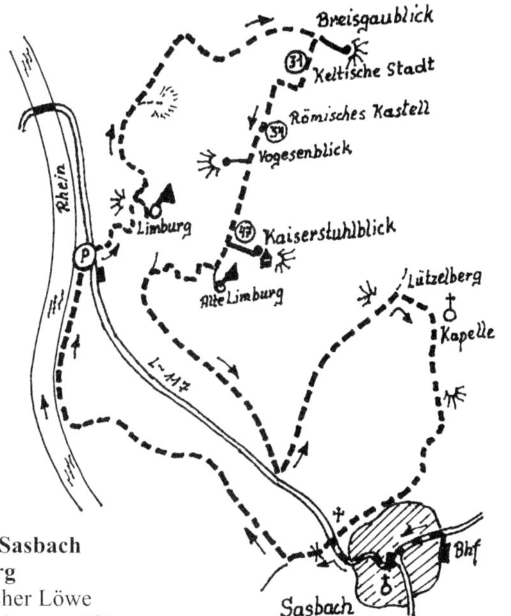

Nr. 23
Schiffslände bei Sasbach
Über die Limburg
Tafeln mit Sasbacher Löwe
6,2 Kilometer, Steigung mäßig

Als man diesen Weg im Jahre 1977 anlegte, erschloss man sowohl dem Wissenschaftler als auch dem Amateur ein Stück Heimat, wie es vorher mit einer solchen Sorgfalt noch nie geschehen war. Ein Verfehlen der richtigen Route ist nicht möglich. Alle Tafeln ziert ein stilisierter Löwe, das Wappentier der Gemeinde Sasbach.

Vom Parkplatz aus steigen wir auf einem serpentinenartig gewundenen Weg zur Ruine Limburg hinauf. Diese 200 Meter sind die einzige anstrengende Wegstrecke, die uns erwartet. Doch schlimm ist es nicht, denn im Weg hat man aus alten Eisenbahnschwellen schöne Stufen eingelassen. Zudem ist der Aufstieg kurzweilig. Schon im März blühen ganze Polster von Veilchen in den Farben blau, lila und weiß. Im April ist es dann der Schwarzdorn (Schlehe), dessen

Blütenmeer den Weg einrahmt. Würziger Duft zeigt uns im Mai das Blühen der wärmeliebenden Robinien an. Das sind die Bäume, die wir auch fälschlicherweise als Akazien bezeichnen. Ihre vielen Stockausschläge befestigen zudem den steilen Hang. Die erste Rast werden wir bestimmt auf dem Sporn einlegen, auf dem sich die Ruinenreste der ehemaligen stolzen „Limburg" erheben.

Auf der Limburg wurde Rudolf von Habsburg geboren
Es ist schade, dass wir heute nur noch kümmerliche Überreste dieser einstmals stolzen Burg vorfinden. Noch unsere Großeltern konnten mehr davon sehen, doch im Jahre 1945, am Ende des Zweiten Weltkrieges, wurden große Teile durch Artilleriebeschuss für immer zerstört. Nun stehen wir oben auf der Aussichtskanzel, bewundern den tollen Blick über den Rhein nach Westen, und lassen unsere Gedanken in die Geschichte dieses heutigen Naturdenkmals gleiten. In ihrer Blütezeit war diese Burg 80 Meter lang und 40 Meter breit. Wann man sie erbaute ist geschichtlich nicht genau zu klären. Auf jeden Fall hatte sie eine Vorgängerburg oben auf dem Hochplateau des Limbergs, an der wir bei unserer Wanderung noch vorbei kommen werden. Ihre Entstehung soll bis ins sechste Jahrhundert zurück reichen. Auch wenn in vielen wissenschaftlichen Veröffentlichungen steht, dass Bertold I, der Vorgänger der Herzöge von Zähringen, am 5. November 1078 auf der Limburg gestorben ist, dann stimmt zwar der Name „Limburg", gemeint ist jedoch die andere Limburg, nämlich die bei Weilheim-Teck im Schwäbischen. Sein Leichnam wurde in das Kloster Hirsau gebracht. Später überführte man ihn nach St. Peter im Schwarzwald, der Grablege fast aller Zähringer. Lediglich Herzog Bertold V wurde im Münster in Freiburg beigesetzt. Im Jahre 1215 befand sich die Limburg am Rhein im Besitz der Habsburger. Man erzählt sich, dass hier im Jahre 1218 Rudolf von Habsburg geboren worden sein soll. Die Nachfolger der Habsburger waren gegen Ende des 13. Jahrhunderts für kurze Zeit die Grafen von Freiburg. Doch deren Anwesenheit war nicht von langer Dauer. Sie stritten sich oft mit den

zahlreichen Nachkommen der Habsburger. Als die Grafen von Freiburg 1457 ausstarben, ging die Burg wieder in den Besitz der Habsburger über. Den Bauernkrieg im Jahre 1525 überstand die Burg deshalb, weil die Besitzer mit den aufständischen Bauern einen geschickten Vertrag geschlossen hatten. Gegen Ende des 30-jährigen Krieges, man schrieb das Jahr 1645, übernahm der kaiserliche Kriegsrat „Franz Girardi von Castell" die Burg. Ob sie bald darauf zerstört wurde, das ist nicht exakt belegt. Es ist anzunehmen, dass sie den Krieg nicht überdauerte. Noch heute wird uns klar, dass die jeweiligen Besitzer auch die Beherrscher des Rheinüberganges am Fuße der Burg waren. Nichts ging herüber oder hinüber, es sei denn man erkaufte sich die Weiterfahrt beim Burgherrn.

Nur 30 Meter unterhalb der Plattform verlassen wir die Burg durch einen Torbogen in der dicken Mauer. Wir steigen hinab in den ehemaligen Ringgraben, an dessen Fuß wir scharf nach links abbiegen. Der Lehrpfad verliert jetzt leicht an Höhe. Am Wegrand liegen dikke Brocken des „Limburgits", jenes Gesteins, das nach diesem Standort seinen Namen bekommen hat. Der Botaniker freut sich über seltene Kostbarkeiten. Vom Januar bis in den April blühen am Wegrand die auffallend hellgrünen Büschel der „Stinkenden Nieswurz" (Helleborus fortidus). Diese stark giftige Rosettenpflanze gehört zu den Hahnenfußgewächsen. Ihre Giftwirkung war schon im Altertum bekannt. So wird berichtet, dass der athenische Staatsmann und Dichter „Solon" im Jahre 600 vor Christus als Kriegslist einen Bach mit zerkleinerten Helleborus-Rhizomen vergiftete und damit den Feind, der aus dem Bach trank, kampfunfähig machte. Fast schon wieder auf der Talsohle treffen wir auf einen breiten Weg, dem wir nach rechts bergauf folgen. Der Geologe wird natürlich den Stichweg in den rechterhand sich auftuenden Steinbruch nutzen, um in das Innerste der Erde zu schauen. Wenn er Glück hat, dann findet er in dem grobblasigen Gestein kleine Drusen (Hohlräume), in denen sich die wunderschönen Kristallnadeln des Aragonits millimeterhoch auftürmen. Oft ist auch Phillipsit, Kalkspat oder Hyalit einge-

lagert. In mehreren Schleifen zieht sich unser Weg nach oben. Noch einmal wird sich der Botaniker im April und Mai freuen, wenn er die sich ganz eng an den Boden anschmiegende Haselwurz (Asarum europaeum) entdeckt. Oft sind die glockenartigen Blüten unter dem Laub verborgen. Riechen wir an einem zerriebenen Blattstiel, dann strömt uns pfefferartiger Geruch entgegen. Bald erreichen wir das Hochplateau des Limbergs. Diese Region gehört dem Weinbau. Als man 1971/72 große Flurbereinigungsmaßnahmen durchführte, stieß man auf die längst vergessenen Mauerreste einer keltischen Stadt. Der Standort war von den damaligen Erbauern wohl überlegt gewählt, hatte man doch von hier oben aus einen strategisch äußerst geschickten Blick auf den nördlichen Breisgau. Dort lag bei Riegel an der wichtigsten Straßenkreuzung der damaligen Zeit eine weitere keltische Siedlung. Die europäische Nord-Südverbindung traf hier auf die vom Rhein in den Schwarzwald führende West-Osttrasse. Wer diesen Knotenpunkt beherrschte, der war gegen alle feindlichen Übergriffe bestens gewappnet.

Die nächsten zwanzig Minuten bleibt unser Weg auf der Hochfläche des Limbergs. Ein kleiner Abstecher nach Westen führt uns zum Vogesenblick. Ein Stichweg am Ende des Höhenrückens weist uns nach links zum Kaiserstuhlblick. Hier hat man eine massive Schutzhütte mit vielen Bänken gebaut, die mindestens 25 Personen die Möglichkeit zu einer Rast bietet. Ach, ist von hier aus der Weitblick schön. Direkt unter uns liegt der Lützelberg mit der Kapelle, den wir ja nachher noch überqueren wollen. Sowohl dieser Lützelberg als auch der Limberg wurden noch vor wenigen hundert Jahren vom ungebändigten Rhein bei Hochwasser beidseits umspült. Das geschah jedes Jahr, wenn in den Alpen der Schnee schmolz. Erst nachdem der Ingenieur Tulla den wilden Strom in sein heutiges Bett gezwungen hat, fließt sein Wasser in aller Seeelenruhe in weitem Bogen durch die Ebene westlich des Limbergs nach Norden. Die Steine für diese Korrektur holte er sich übrigens am Limberg, was eine Erklärung für die vielen offenen Steinbrüche ist. Schauen wir hinüber zum Kaiserstuhl, dann erkennen wir am Sendemast den höchsten Berg, den 557 Meter hohen Totenkopf. Nach diesem Aussichtspunkt wandern wir die hundert Meter wieder zurück zum Hauptweg. Unmittelbar vor uns liegt der Steinbruch Nummer VII, auf dessen Kuppe die alte Limburg stand. Leider brach bei einer Rebumlegung im Jahre 1983 ein Stück des Steinbruchs und mit ihm der Ruine ein, so dass wir heute nur noch die Hälfte des ehemaligen Rundturmes vorfinden. Das Betreten dieser Zone ist sehr gefährlich, weshalb man eine Absperrung angebracht hat. Bei der Tafel Nummer 47 wird uns erklärt, dass an diesem Ort schon vor über viertausend Jahren ein befestigtes Steinzeitdorf gestanden hat. Unwillkürlich stellt man sich die Frage, wie unsere Heimat damals wohl ausgesehen haben mag. Das war geologisch gesehen die „späte Wärmezeit" (subboreal), in der es keine Alpengletscher gab. Also brachte auch der Rhein im Sommer keine überlaufenden Schmelzwasser. Demnach war in der Ebene Ackerbau möglich.

Ganz in Gedanken folgen wir rechts schwenkend unserem Weg abwärts. In diesem Wald stehen noch Flaumeichen. Sie lieben die Wärme, und die bekommen sie an den westlichen Hängen des Limbergs in großer Fülle. Immer weiter den Lehrpfadtafeln folgend, verlieren wir schnell an Höhe, und kommen wieder in die Rebenzone. An den Böschungen blüht im Mai der „Färberwaid" (Isatis tinctoria).

Aus Färberwaid gewinnt man Indigo

Im Mai blüht an den warmen Böschungen des westlichen Kaiserstuhls der Färberwaid. Diese Pflanze kann bis zu 1.20 Meter hoch werden. Weithin leuchten die gelben Kreuzblüten. Ein dünner Wachsüberzug lässt die Blätter blau bereift erscheinen. Der Färberwaid gehört zu unseren ältesten Kulturpflanzen. Aus dieser Pflanze gewann man schon vor über 2 000 Jahren den begehrten blauen Farbstoff „Indigo", mit dem man Leinenstoffe einfärbte. Im Mittelalter baute man riesige Flächen mit Färberwaid an, doch als man im 16. Jahrhundert den Seeweg nach Ostindien erschloss, ging bei uns der Anbau zurück. Die Seefahrer brachten von ihrer Reise eine bessere Qualität des Indigos mit; zudem war der Preis bedeutend niedriger. Mit der synthetischen Herstellung von Indigo im Jahre 1880 verschwand schließlich auch der natürliche Indigo vom Markt. Wenn wir die gelben Staubgefäße und die Blütenblätter zwischen den schweißfeuchten Fingern zerreiben, dann bildet sich ein bläulicher Saft.

Färberwaid
Isatis tinctoria

Etwa hundert Meter nach der Tafel Nummer 60 bekommen wir rechts Kontakt mit der Landstraße. An dieser Stelle biegen wir auf die befestigte Rebstraße nach links ab. In der flachen Talmulde wohnten schon vor 2 100 Jahren keltische Fischer. Sie hatten sich diesen Ort für ihr Dorf sehr wohl ausgesucht, denn dort unten wo heute die Landstraße verläuft, da floss damals der Rhein vorbei. Da er sich in viele Nebenarme verzweigte, war seine Fließgeschwindigkeit gering, was dem Fischfang entgegen kam. Um den Absatz ihrer Beute brauchten sie sich keine Gedanken zu machen, denn nur dreißig Wegminuten entfernt, droben auf dem Limberg, befand sich ja eine bevölkerungsreiche keltische Siedlung. Als sich dann im ersten Jahrhundert nach Christus die Römer nieder ließen, wussten auch diese den frischen Rheinfisch zu schätzen und heuerten die Bewohner als Lieferanten für ihr Kastell auf dem Berg an. Erst als im 5. Jahrhundert nach Christus die Alemannen auf dem Gelände der heutigen Gemeinde Sasbach ein großes Dorf erbauten und selbst dem Fischfang nach gingen, verlor diese ehemals keltische Gründung ihre Bedeutung. Nachdem wir uns etwa 300 Meter weit von der Straße entfernt haben, biegen wir scharf nach rechts auf einen Weg quer durch die Reben ab, und erreichen über einige Treppenstufen die Lützelbergkapelle.

Die Wallfahrtskapelle auf dem Lützelberg
Eingebettet in ein wunderschönes Landschaftsbild liegt auf der kleinen Anhöhe des Lützelberges die gleichnamige Wallfahrtskapelle. Nachdem wir die Treppenstufen hoch gestiegen sind, stehen wir direkt vor dem Portal. Der Anblick ist imponierend. Über dem Eingang empfängt uns eine in rotem Sandstein gearbeitete Muttergottes. Sie ist eingerahmt von Weintrauben und auf ihrem Schoß trägt sie das Jesuskind. Rechts von der Kapelle steht die mächtige „Kriegsheimkehrerlinde" aus dem Jahre 1871. Eine solche Linde kann bequem 800 Jahre alt werden. Früher zierten diese Bäume den Mittelpunkt im Dorf, und dort war ein beliebter Treffpunkt für Liebespaare. Aber auch der Dorfrichter sprach an so einem Ort seine Urteile. Wir lassen uns auf der Rundumbank nieder und genießen die Ruhe, welche dieses Fleckchen Erde ausstrahlt. In dem Park gleich neben der Kapelle stehen herrliche Bäume. Alle sind als Naturdenkmal eingetragen. An diesem beschaulichen Ort können wir uns auch über den Namen „Lützelberg" Gedanken machen. Im Volksmund heißt er nämlich „Litzelberg". Da er ein sehr kleiner Berg ist, wird sein Name aller Voraussicht nach aus der alemannischen Sprache abgeleitet sein. Da spricht man nämlich von einem „Litzeli", wenn man etwas Kleines meint. Die verhältnismäßig große Kapelle ist der schmerzhaften Mutter Gottes geweiht. Im Innenraum beherbergt sie eine spätmittelalterliche Schmerzensmadonna, die seit „ewiger Zeit" als Gnadenbild verehrt wird. Am Bücherstand in der Kapelle können wir den „Schnell-Kunstführer Nr. 2149" erwerben, aus welchem wir die gesamte Geschichte dieser Kapelle erfahren werden.

Zum Wallfahrtsheiligtum gehört seit über hundert Jahren ein Stationenweg, der seinen Ausgang bei einer kleinen Kapelle am Ortsrand von Sasbach nimmt. Diesem Stationenweg folgen wir beim Verlassen der Lützelbergkapelle. Auf einem schönen Weg wandern wir durch die sattelartige Einbuchtung auf dem Lützelberg. Noch einmal versetzt uns ein geologischer Hinweis auf der Tafel Nummer

70 in Erstaunen. Da erfahren wir, dass das hier anstehende Lavagestein einst aus 50 Kilometer Tiefe heraus geschleudert worden ist. Die Bauern suchten die grobkörnigen Brocken zusammen und bauten stabile Rebmauern daraus. Zügig geht es jetzt hinab zu den Häusern von Sasbach. Bei der Limburgstraße, dort wo das Kruzifix am Straßenrand steht, überqueren wir die Landstraße. Das ist die Stelle, an welcher der Lehrpfad für diejenigen Wanderer beginnt und endet, die mit dem Zug angereist sind. Bis zum Bahnhof sind es genau 800 Meter. Über der Straße drüben befinden wir uns im Rheinauewald. Wir folgen weiter den Lehrpfadtafeln nach rechts. Vorbei an einer Kläranlage und über den Hochwasserdamm kommen wir zum Rheinufer. Von da aus ist es nach rechts nicht mehr weit bis zur Schiffslände. Dort sind wir vorhin zur Ruine Limburg angestiegen. Doch was heißt vorhin? Haben wir diesen Lehrpfad mit all seinen Schönheiten und interessanten Sehenswürdigkeiten aufmerksam verfolgt, dann waren wir mehrere Stunden lang unterwegs gewesen. Eigentlich sollten wir zu einer anderen Jahreszeit wieder kommen, denn dann werden wir diese Wanderung völlig neu erleben.

Wollen wir uns genauer informieren, dann können wir das reich bebilderte Büchlein kaufen, das den Titel trägt: „Naturschutzgebiet Limberg am Kaiserstuhl“, Begleiter zum wissenschaftlichen Lehrpfad bei Sasbach am Rhein. Es wird herausgegeben von der Landesanstalt für Umweltschutz Baden-Württemberg, Institut für Ökologie und Naturschutz in Karlsruhe. Diese Schrift ist außer in den Buchhandlungen auch im Rathaus in Sasbach zu bekommen. Wie der damalige Landrat Dr. Lothar Meyer sagte, soll es ein Studierbuch für den Alltagsgebrauch sein, das es allen möglich macht über unsere Umwelt, besonders über die Besonderheiten des Limbergs das zu erfahren, was bisher nur einem kleinen Kreis von Experten zugänglich gewesen war.

Zum Baggersee im Rheinauewald

Sasbach – Schiffslände – Rheinuferweg – Lehrpfad – Baggersee

Markierung: Weg Nr. 2 blau
Länge: 3 Kilometer, völlig eben und bequem
Hinfahrt: Mit Zug bis Sasbach, mit Pkw oder mit dem Fahrrad bis Schiffslände

Für heute haben wir uns einen Wanderweg im Rheinauewald ausgesucht. Er ist völlig eben und bequem zu gehen. Trotzdem sollten wir stabile Schuhe anziehen, denn die Waldwege können ab und zu feucht oder aufgewühlt sein. Fahren wir mit dem Zug an, dann steigen wir in Sasbach aus. Bei der Bürgerstube biegen wir nach links in die Hauptstraße ab, der wir etwa 400 Meter weit bis zur großen Kreuzung beim Gasthaus Löwen folgen. Diese Wirtschaft umrunden wir nach rechts, gehen entlang der Marckolsheimer Straße bis zum Damm, und biegen dort wieder rechts ab. Schon nach 100 Metern verlassen wir die Straße nach links auf dem Dammweg. Wir überqueren einen kleinen Steg, und schon entdecken wir am Baum die blaue Markierung Nr.2. Kommen wir mit dem Pkw oder mit dem Fahrrad, dann biegen wir in Sasbach ebenfalls beim Löwen ab und fahren hinaus zum Rheinufer, wo wir bei der Schiffslände einen großen Parkplatz vorfinden. Immer wieder muss man feststellen, dass die Wanderwege am Kaiserstuhl im Hochsommer um die Mittagszeit zu heiß sind, um erholsame Spaziergänge zu unternehmen. Das trifft auf unseren heutigen Weg nicht zu. Er ist auf seiner ganzen Länge schattig, und die Bodenbeschaffenheit ist so richtig auf ein geruhsames Wandern ausgerichtet. Über die Hälfte der Route führt entlang von Wasserläufen. In den Altrheinarmen, deren klares Wasser nur langsam fließt, schlängeln sich wenige Zentimeter unter der Wasseroberfläche die bis zu zwei Meter langen strähnigen Blätter des Wasser-Hahnenfußes. In den Monaten Juni und Juli bedecken sie mit ihren strahlend weißen Blüten ganze Flächen des Baches. Wo sich die Altrheinarme zu kleinen Seen ausweiten, da scheint das Wasser still zu stehen. Hier haben sich die Wasserlinsen angesie-

Nr. 24
Schiffslände bei Sasbach
Zum Baggersee im Rheinauewald
Weg Nr. 2 blau
3 Kilometer, völlig eben

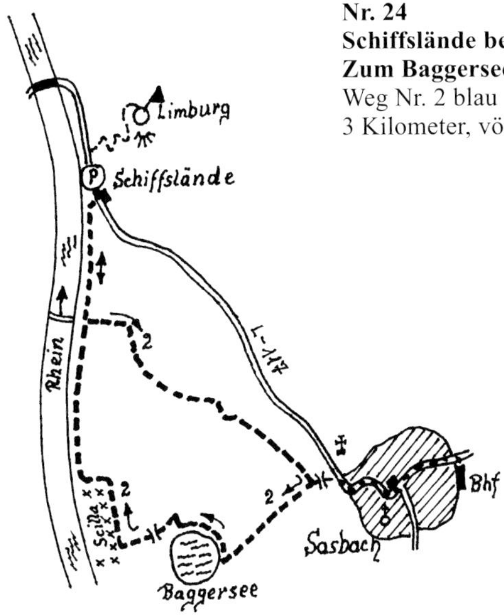

delt. Da wir öfters über Stege die Ufer wechseln, bieten sich ausgezeichnete Beobachtungsstandorte.

Unser Wanderweg beginnt genau gegenüber vom Gasthaus Limburg unter den Kastanienbäumen. Die blaue Nummer 2 wird uns führen. Zunächst überqueren wir auf einem nach unten gezogenen Damm einen Wasserlauf. Dann kommen wir ans Rheinufer. Hier verläuft der Rheinaueweg von Basel nach Kehl. Er heißt auch „Leinpfad“. Als es noch keine Motorschiffe gab, da zogen Menschen die Schiffe an langen Leinen den Fluss hinauf. Wir bleiben auf diesem Weg nur 300 Meter weit. Kurz vor der festen Schwelle im Rhein biegen wir nach links auf den breiten Waldweg ab. Er ist ein Teil des wissenschaftlichen Lehrpfades. Der uns linkerhand begleitende Wasserlauf ist kein Altrheinarm, sondern der Sasbacher Dorfbach. Ihm hat man ein ganz eigenes Bett zugewiesen. Da er auch das Wasser aus dem Klärwerk aufnimmt, darf er nicht in die sauberen Altrheinarme fließen. Nachdem wir einen Steg überquert haben, kommen wir an ein solches Klärwerk. An den Böschungen blühen im August das rote indische Springkraut (Impatiens glandulifera) und die gelbe Goldrute. Nach dem Klärwerk begleitet uns linkerhand wieder der Dorfbach. Etwa fünf Minuten nachdem wir am Klärwerk vorbei sind, sehen wir hinter den Hecken und Bäumen links drüben einige Häuser von Sasbach. Dort ist auch wieder ein Steg, den wir jedoch links liegen lassen. An dieser Stelle treffen wir auf die Wanderer, die vom Bahnhof Sasbach zu Fuß ankommen. Jetzt verlassen wir den Lehrpfad und biegen scharf nach rechts ab. Dieser Waldweg führt uns geradeaus zu einem fast kreisrunden Baggersee. Manchmal müssen wir die blaue Nummer zwei suchen, denn junge Äste verdecken sie. Diesen See umrunden wir zur Hälfte nach rechts. Hier kann man wunderschön lagern. Ganz egal wo die Sonne auch steht, wir finden immer ein schattiges Plätzchen. Drüben am nordwestlichen Ufer steht eine Bank. Da verlassen wir den See nach rechts. Doch schon nach zwanzig Meter biegen wir wieder nach links ab und kommen zum Hochwasserdamm. Den überqueren wir und folgen drüben dem Weg, der uns auf einem kleinen Steg über einen Altrheinarm bringt. Zweihundert Meter nach diesem Brückle treffen wir auf einen Querweg. Wir biegen nach rechts ab, um hundert Meter weiter auf den Stichweg nach links einzuschwenken. An dieser Stelle sollte der Blumenfreund so um den 20. März herum genau in den Wald schauen. Da blüht zu dieser Zeit der zweiblättrige Blaustern (Scilla bifolia), den man im Volksmund gerne auch Sternhyazinthe oder Meerzwiebel nennt. Schon sind wir am Rheinufer. Folgen wir dem Leinpfad flussabwärts, dann führt er uns wieder zu unserem Ausgangspunkt zurück. Obwohl dieser Rundweg bequem in 45 Minuten zu machen ist, gibt es unterwegs sehr viel zu schauen. Er zeigt uns alle Schönheiten, die so eine typische Rheinauenlandschaft zu bieten hat. Sind wir wieder an der Schiffslände, dann bietet sich noch ein zehnminütiger Abstecher hinauf zur Ruine der ehemaligen Limburg an. Doch der Weg ist steil, ganz im Gegensatz zu dem, den wir vorhin gewandert sind. Dieser Zusatz ist aber schon alleine seiner herrlichen Aussicht wegen sehr zu empfehlen. Eine Beschreibung der Limburg bekommen wir im Text bei der Wanderung Nummer 23.

Indisches Springkraut und Goldrute

Seit einigen Jahrzehnten hat sich an Wasserläufen und an feuchten Böschungen das indische Springkraut eingenistet. Seine ursprüngliche Heimat ist Ostindien, von wo seine Samen bestimmt im Kot der Zugvögel zu uns getragen wurden. Fachleute nennen diese Pflanze deshalb „Neophyt“ (Neubürger oder Einwanderer). Die Pflanze wird bis zu 2,50 Meter hoch, und die hellgrünen Stängel können einen Durchmesser von bis zu fünf Zentimeter erreichen. Die Blüten sind karminrot und werden hauptsächlich von Hummeln besucht. An den Blattstielen sitzen kleine Drüsen, weshalb man auch vom „Drüsigen Springkraut“ spricht. Da man in den Kiesgruben, an deren Ränder sich diese Pflanze auch ausgebreitet hat, Material für den Straßenbau im Schwarzwald holt, wurden die Samen bis an die Ufer der Gebirgsbäche verschleppt. Ihre Springfrüchte schleudern die Samenkerne bis zu fünf Meter weit von sich. Zu Hause pflegen wir übrigens einen Verwandten als Zimmerpflanze und sagen „Fleißiges Liesele“ dazu.

Die Goldrute (Solidago canadensis) sucht sich trockenere Standorte aus. Auch sie ist ein Neophyt, doch sie wurde von den Menschen aus Nordamerika als Zierpflanze eingeführt. Sie ist ein gelber Korbblütler, und ihre Samen hängen an silberhellen Schirmchen. Schon der leiseste Windhauch trägt die Flugsamen über riesige Entfernungen an einen neuen Standort. Hat sie einmal einen Platz erobert, dann pflanzt sie sich auch durch ihre fast einen Meter langen unterirdischen Wurzelausläufer fort. Auf diese Art kann sie andere Pflanzen verdrängen und somit das ökologische Gleichgewicht verändern, weshalb ihrer Ausbreitung oft Grenzen gesetzt werden müssen. Neuerdings wird das Kraut der Goldrute arzneilich als harntreibendes Mittel verwendet.

Zwischen Limburg und Sponeck

Sasbach – Schiffslände – Rheinuferweg – Burg Sponeck – selben Weg zurück – Ruine Limburg

Markierung:	Weiße Raute mit blauen Wellen, roter Punkt
Länge:	9,5 Kilometer hin und zurück; sehr bequem
Hinfahrt:	Mit Zug bis Sasbach, mit Pkw oder mit dem Fahrrad bis Schiffslände

Wenn wir mit dem Zug bis zum Bahnhof in Sasbach fahren, dann wandern wir entlang der Hauptstraße bis zur großen Kreuzung beim Löwen. Dort weist uns eine Tafel zur Schiffslände hin. Wir umrunden das Gasthaus und folgen zunächst der Marckolsheimer Straße und dann der Straße am Damm nach rechts. Genau 1,5 Kilometer nach dem Bahnhof sind wir am Fuße der Ruine Limburg am Rhein. Wer mit dem Pkw oder mit dem Fahrrad anfährt, der biegt ebenfalls beim Löwen in der Ortsmitte von Sasbach ab und kommt so auf den großen Parkplatz bei der Schiffslände. Hier stand früher ein Zollhaus und die Autos mussten über eine rumpelnde Pontonbrücke den Fluss überqueren.

Der Ausgangspunkt unserer Wanderung ist genau gegenüber vom Gasthaus Limburg. Wir überqueren auf dem abgesenkten Damm einen Wasserlauf und schon sind wir am Rheinufer, wo wir uns nach links wenden. Der vor uns liegende Weg hat eigentlich zwei Namen. Einmal ist es der „Rheinaueweg“, der von Basel bis Kehl durchgehend mit einer weißen Raute mit blauen Wellen markiert ist. Aber er heißt auch noch „Leinpfad“. Diesen Namen hat er in jener Zeit erhalten, als auf dem Rhein noch keine Motorschiffe verkehrten. Um die damaligen Kähne rheinaufwärts zu transportieren, zog man sie vom Ufer aus an langen Leinen mit Menschenkraft. Manchmal spannte man auch Ochsen ein. Das war unglaublich mühselig, doch man schaffte pro Tag immerhin bis zu 20 Kilometer. Wir wandern heute mühelos auf dem gut ausgebauten Uferweg. Dabei haben wir viel Zeit alles das zu beobachten was sich links und rechts von uns abspielt.

Nr. 25
Schiffslände bei Sasbach
Zwischen Limburg und Sponeck
Weiße Raute mit blauen Wellen,
roter Punkt
9,5 Kilometer, bequem

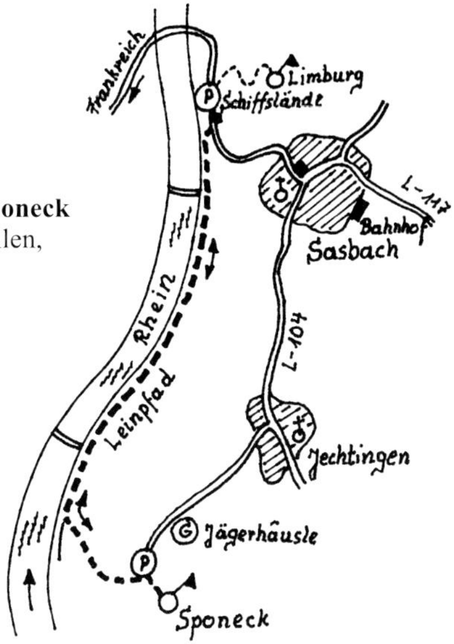

Nicht jede Jahreszeit ist für diese Wanderung gleich gut geeignet. Am schönsten ist es im Frühjahr und im Herbst. Im Sommer brennt die Sonne oft unbarmherzig herab, und im Winter fegt manchmal ein eiskalter Wind am Ufer entlang. Der Vogelkenner wird den März und den Oktober bevorzugen. Dann schwimmen tausende durchziehende Blesshühner in den strömungsarmen Uferzonen und in den Hinterwassern. Sie haben ihren Namen nach der weißen Blesse, die sie auf der Stirn tragen. Der Botaniker freut sich auf das späte Frühjahr und auf den frühen Herbst. Im Mai blüht es in allen Farben an den Rändern der Auwaldzone und an den Böschungen. Der gelbe und rote Klee wird von Schmetterlingen besucht. Die bunte Kronwicke bildet ganze Polster, und gleich daneben macht ihr in der Intensität der Farben der blutrote Storchschnabel Konkurrenz. Ganz am Waldrand versteckt sich im Schutze einer Hecke das weiße Waldvögelein, eine heimische Orchidee. Wo der Boden etwas nährstoffreicher ist, da blüht im Juni der gelbe Wiesenbocksbart, im Volksmund auch „Habermark“ genannt. Ganz anders dagegen die Vegetation im Herbst. Jetzt stehen direkt am Weg ganze Polster des wilden Thymians, auch Quendel genannt. Diese Pflanze wird von Bienen bestäubt, und die Samen verbreiten die Ameisen. Zerreiben wir ein Ästchen zwischen den Fingern, dann entfaltet sich sofort ein wunderbarer Duft. Der Name Thymian kommt aus dem Griechischen. Dort sagt man „thyein“, was übersetzt „opfern“ heißt. Die Pflanze wurde wegen ihres Duftes in Opferfeuern verbrannt. Die Kräuterfee weiß, dass sich aus den ledrigen Blättern ein linderndes Hustenmittel brauen lässt. In der Uferzone wächst das Schilf bis zu drei Meter hoch. Es bietet einer Vielzahl von Vögeln, Fröschen und anderen Tieren Unterschlupf und Aufenthaltsort. Es soll auch nicht unerwähnt bleiben, dass sich unsere Vorfahren mit dem Schilf ganze Häuser bauten.

Beobachten wir so die Welt um uns herum, dann merken wir überhaupt nicht, wie kurzweilig der Weg ist. Im Nu haben wir die ersten vier Kilometer hinter uns. Jetzt müssen wir gut aufpassen, denn plötzlich zweigt bei einer Schranke nach links ein breiter Weg ab. Auf der Holztafel steht: „Zur Sponeck 700 Meter“. Das ist ein Stück des Kaiserstühler Radwanderweges, der zusätzlich vom roten Punkt markiert wird. Da geht es auch zum Cafe Jägerhäusle. An dieser Stelle verlassen wir den Rheinaueweg und streben der Burg Sponeck zu. Nach zehn Minuten taucht sie auf einer Anhöhe vor uns auf. Zunächst sehen wir den mächtigen Turm. Der Rhein umspülte früher den steil abfallen Berghang. Diese strategisch wichtige Stelle bewog schon die Römer oben auf der Anhöhe ein Kastell zu bauen. Wir wandern auf der befestigten Straße die 200 Meter nach oben. Vielleicht wird gerade eine Führung angeboten, dann sollten wir uns anschließen. Die Aussicht vom obersten Turmzimmer ist phantastisch. Wollen wir mehr aus der bewegten Vergangenheit dieser

Burg erfahren, dann steigen wir nach dem Eingang noch 30 Meter weiter an. Dort informiert uns eine gut gestaltete Tafel über die gesamte Geschichte dieses Ortes. Auch in diesem Wanderbuch gibt es bei der Wanderung Nummer 7 einen Artikel über die Burg Sponeck.

Wir haben jetzt die Hälfte der Wanderung hinter uns. Also kehren wir einfach um und wandern den gleichen Weg in umgekehrter Richtung zurück. Dabei werden wir bald feststellen, dass jeder Weg zwei Gesichter hat. Lag vorhin vor uns ständig die weitläufige Uferlandschaft des Rheins, so ergibt sich jetzt ein völlig anderes Bild. Ganz in der Ferne erhebt sich der Limberg mit seinen Steinbrüchen, in denen Tulla das Material für die Rheinkorrektion holte. Auch der Eindruck von der gesamten Uferlandschaft, hervorgerufen durch die anderen Lichtverhältnisse, ist verändert. Man kann es fast nicht glauben, dass wir diesen Weg vor kaum einer Stunde schon einmal gegangen sind. Standen diese mächtigen Bäume schon vorhin am Wegesrand? Weshalb fällt uns erst jetzt der große Reisighorst des Kormorans hoch oben in der Baumkrone auf? Schnell erkennen wir, dass der Rückweg so kurzweilig wie der Hinweg ist. Da dieser Uferweg immer eben verläuft, ist er auch ein heißer Tipp für die Radwanderer. Mit etwas Rücksichtnahme kommen sowohl die Fußgänger als auch die Radfahrer aneinander vorbei.

Die eigentliche Wanderung endet wieder bei der Schiffslände am Rhein außerhalb von Sasbach. Sollten wir noch etwas Zeit und Kraft haben, dann wäre ein Aufstieg zur Ruine Limburg sehr zu empfehlen. Der serpentinenartig ausgebaute Weg ist in zehn Minuten zu bewältigen. Auf der Plattform ganz oben erwartet uns ein überwältigender Weitblick. Es gibt zwar noch alte Stiche von dieser Anlage, doch wie die Burg einst ausgesehen haben mag, kann niemand mehr mit Sicherheit sagen. Glauben wir einer alten mündlichen Überlieferung, dann soll auf dieser Burg im Jahre 1218 Rudolf von Habsburg geboren worden sein. Leider hat man im Jahre 1940 im „Zweiten Weltkrieg" in den Burgmauern einen Beobachtungsposten eingerichtet. Der zog aus dem Nachbarland Artilleriebeschuss auf sich, was zur Folge hatte, dass die historischen Reste der Limburg fast total zerstört wurden. Eine nähere Beschreibung der Limburg ist bei der Wanderung Nummer 23 zu finden.

Von Sasbach über Jechtingen nach Burkheim

Bahnhof Sasbach – Eichert – Maria in den Reben – Jechtingen – Weingut Burkhart – Toter Baum – Burg Sponeck – Schlossberg – Burkheim – Bahnhof Burkheim/ Bischoffingen

Markierung: Grüner Punkt, roter Punkt
Länge: 10 Kilometer, Steigung mäßig
Hinfahrt: Mit Zug bis Sasbach

Bei der heutigen Wanderung wird unser Weg über weite Strecken ganz genau am Rande zwischen der Vorbergzone des Kaiserstuhls und der Rheinebene verlaufen. Wir werden dabei einmal zwischen Sasbach und Jechtingen und dann auch zwischen der Burg Sponeck und Burkheim kleine Anhöhen überqueren, die uns einen phantastischen Blick hinüber zu den Vogesen erschließen. Weit unter uns breitet sich dann die oberrheinische Ebene aus. An diesem Wandertag lassen wir das Auto zu Hause. Die Anfahrt erfolgt mit der Kaiserstuhlbahn bis Sasbach. Zur Rückfahrt steigen wir im Bahnhof Burkheim/Bischoffingen ein. Diese Bahnlinie, die alle Randgemeinden des Kaiserstuhls erschließt, hat man schon im Jahre 1895 gebaut. Für die Bewohner war das besonders wichtig, denn ab jetzt konnten sie ihre landwirtschaftlichen Erzeugnisse bequem nach Freiburg auf den Wochenmarkt bringen.

Direkt am Bahnhof in Sasbach beginnt die Wanderung. Zunächst wird uns über Jechtingen bis zur Burg Sponeck der grüne Punkt den Weg zeigen. Mal ist er durch Täfelchen gekennzeichnet, mal finden wir ihn aufgemalt auf Pfosten. Hinter dem Bahnhof sperrt eine Schranke den Weg ab. Wir sind also sicher, dass uns kein Auto begegnet. Schon nach 200 Metern kommen wir an eine Straße. Dort überqueren wir die Schienen und wandern direkt neben den Geleisen weiter in Richtung Anhöhe. Wo der Weg leicht ansteigt, umgehen wir das Haus „Eichert Nr.3“ mit einem kurzen Schwenk nach links. Doch schon wenige Meter weiter geht es rechts wieder bergauf. Hier sollten wir stehen bleiben und zurück schauen. Unter uns liegt Sasbach und dahinter der Limberg und der Lützelberg. Auch dort gibt es schöne Wanderwege, die in diesem Büchle unter der

Nr. 26
Sasbach am Bahnhof
Von Sasbach nach Burkheim
Grüner und roter Punkt
10 Kilometer, Steigung mäßig

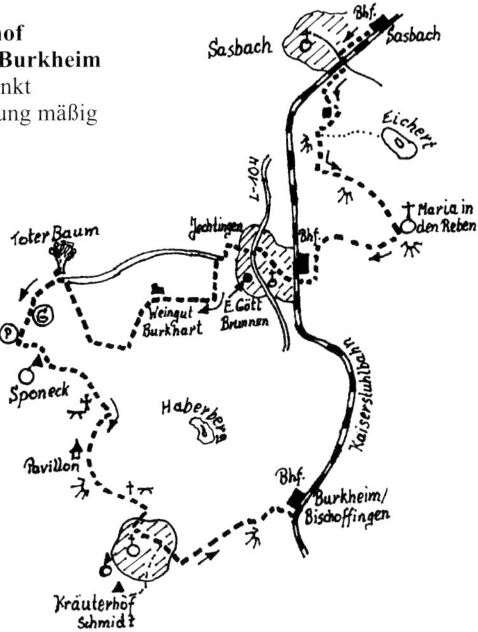

Nummer 23 beschrieben sind. Unser Ziel ist der Waldrand droben auf der Höhe. Diesen 267 Meter hohen Buckel nennt man „Eichert". Der niedrige Waldgürtel ist nur schmal, doch erfüllt er einen wichtigen Zweck. Er schützt die Sasbacher Rebhänge vor dem Einfall kalter Winde aus dem Westen. Deshalb hat man die Bäume bei der Flurbereinigung auch stehen lassen. Nach diesem Waldstreifen beginnen wieder die Rebhänge. Links führt ein steiler Weg hinauf zum Gipfel des Eichert, doch den lassen wir aus. Von unserem erhöhten Standort aus haben wir einen phantastischen Blick über die Rheinebene bis zu den Vogesen. Im Monat Mai ist das besonders interessant, denn dann verwandeln die vielen gelben Rapsfelder in der Ebene die Landschaft in einen bunten Flickenteppich. Wir wandern eben bis leicht abfallend geradeaus ins Rebgelände hinein. Weit vor uns tauchen etwas tiefer gelegen die Häuser von Jechtingen auf. In einer großen buchtartigen Linksschleife umrunden wir das Dorf oberhalb bis zur Kapelle „Maria in den Reben“. Sie wurde 1952 erbaut. Wir sollten hinein schauen. Drinnen erwartet uns am Altar eine Marienfigur, die mit dem rechten Fuß auf der Mondsichel steht. Mit dem linken Fuß tritt sie einer Schlange auf den Hals, welche den Apfel der Verführung zwischen den Lippen hat. Doch schon ist sie besiegt, und der Apfel fällt ihr aus dem Maul. Schön ist es hier, an diesem Ort der Stille, der die Menschen zur Andacht einlädt.

Nach der Kapelle wandern wir zügig hinab nach Jechtingen, wo wir die Häuser nahe der Bahnlinie erreichen. Die erste Abzweigung nach rechts lassen wir aus. Unser Ziel ist der Bahnhof. Nach den Schienen biegen wir halbrechts in die Rosenstraße ein und folgen dieser bis zur Hauptstraße. Drüben geht es in der Rheinstraße weiter. Doch halt! Vorher sollten wir etwa 80 Meter weit einen Abstecher auf der Hauptstraße nach links einplanen. Dort steht der „Emil Gött-Brunnen. Den hat die Gemeinde Jechtingen im Jahre 1956 neu errichtet. Er erinnert an den Dichter Emil Gött, der hier im Jahre 1864 geboren wurde (Siehe dazu den Sonderartikel am Ende dieser Wanderbeschreibung). Jetzt heißt es genau auf den Weg aufpassen, denn der grüne Punkt führt uns im Zickzack durch die Straßen von Jechtingen. Der Rheinstraße folgen wir nur für etwa hundert Meter. Dann biegen wir nach links in die Gartenstraße ein. Diese verlassen wir am Ende, nämlich dort wo die Nummer 11 an einer Hauswand steht wieder nach rechts. Schon dreißig Meter weiter biegen wir nach links in den Humbergweg ein. Damit haben wir den Hürdenlauf durch Jechtingen hinter uns. Bald kommen wir zu einem Wegkreuz. Dort weist uns der grüne Punkt nach rechts in Richtung Weingut Burkhart im Gewann Rutzen. Wir wandern an dem Gebäude vorbei. An der nächsten Kreuzung, wo von links ein breiter Weg herunter kommt, biegen wir nach rechts ab und sind nach 600 Metern vorne an der Straße zur Sponeck. Die restlichen 500 Meter müssen wir nun am Rande der Straße bleiben. Doch das ist nicht schlimm, denn es gibt nur ganz wenig Autoverkehr. An einem abgestorbenen Baum erklärt uns eine große Tafel mit interessanten Hinweisen das Leben in einem solchen „Totholz". Gleich taucht links das Gasthaus Jägerhäusle auf, und dann sind wir am Fuße der Burg Sponeck. Hier hören alle Straßen auf. Wir wollen jedoch noch weiter nach Burkheim. Dafür gibt es zwei Wege.

1. Entweder wir folgen weiterhin dem grünen Punkt, der uns völlig eben entlang eines Altrheinarmes und durch den Auwald an den Fuß der Burgruine in Burkheim bringt, oder
2. wir wenden uns dem roten Punkt zu, der den Weg über den Burgberg wählt. Hier müssen wir zwar leicht ansteigen, aber ich rate in jedem Fall zu dieser Route, denn sie ist von einmaliger Schönheit und auf keinen Fall anstrengend. Beide Weg sind übrigens gleich lang.

Nehmen wir an, die Wanderer folgen dem gut gemeinten Rat des Autors und wählen die Variante 2, dann steigen wir zunächst hundert Meter weit auf dem befestigten Sträßle hinauf zur Burg. Sie ist im Privatbesitz, und der Zugang ist demnach nicht gestattet. Es kann natürlich sein, dass der Burgherr gerade anwesend ist und eine Führung anbietet, dann sollten wir uns unbedingt anschließen. Eine Führung nach Voranmeldung ist auch möglich. Von der Turmspitze aus gleitet der Blick weit über die Baumwipfel des Auwaldes in die schier endlose Ebene der Oberrheinischen Ebene. Hier oben wohnte und wirkte bis zu seinem Tod der Maler Hans Adolf Bühler, der das Anwesen im Jahre 1917 erworben hatte (Ein Blick in die Geschichte dieser Burg findet sich in diesem Büchle bei der Wanderbeschreibung Nummer 7). Stehen wir vor verschlossenen Türen, dann ist das auch nicht so schlimm, denn wenige Meter oberhalb des Einganges, steht in einer Nische rechts vom Wanderweg eine gut gestaltete Tafel, auf der wir die gesamte Geschichte der Sponeck ablesen können. Zudem haben wir von dieser Stelle aus noch einen wunderbaren Blick auf das Gebäude. Dann wandern wir, mäßig ansteigend, auf dem schönen Waldweg weiter. Im März bedecken die weißen Sterne der vielen tausend Buschwindröschen den Boden. An heißen Sommertagen ist der Wald ein wohltuender Schattenspender. Kurz bevor der Wald für ein kleines Stückchen unterbrochen wird können wir auf einer Bank unter einem Kreuz rasten.

Dieses Kreuz hat im Jahre 1888 Jakob Erlacher errichtet. Ob er damals schon wusste, dass dieses Jahr als das „Dreikaiserjahr" in die deutsche Geschichte eingehen sollte? Nach dem Erlacher Kreuz überqueren wir zwischen Reben und Ackerland geradeaus die Lichtung, biegen an deren Ende rechts ab und sind in fünf Minuten am höchsten Punkt unserer Wanderung. Dort steht ein Pavillon. Von da aus hatte man früher, als die Bäume noch niedriger waren, einen herrlichen Ausblick nach Westen. Doch das soll uns nicht kümmern. Kaum sind wir dreißig Meter weiter, werden wir voll entschädigt. Jetzt ist das Blickfeld frei, und bei gutem Wetter sieht man von der Burgunder Pforte im Süden bis zur Hohkönigsburg im Norden den gesamten Kamm der Vogesen und davor die Oberrheinebene. Schön lässt es sich auf diesem Passweg wandern. Bald verlieren wir an Höhe und vor uns taucht die Ruine des Schlosses von Burkheim auf. Das „Castrum Burcheim" wird zum ersten Mal im Jahre 1230 genannt. Als frühe Besitzer vermutet man die Markgrafen von Baden. Von 1561 bis 1571 baute sich der damalige kaiserliche General „Lazarus von Schwendi" das Schloss nach seinen Plänen völlig neu. Allerdings stand die stolze Anlage nur rund hundert Jahre, denn 1672 fiel der gewaltige Bau auf dem Bergsporn der Zerstörung durch die Franzosen zum Opfer (eine genaue geschichtliche Beschreibung gibt es in diesem Büchle bei der Wanderung Nummer 19). Burkheim erreichen wir beim Friedhof. Von dort aus geht es an der Kirche vorbei ins Städtle. Ja, Burkheim bekam schon im Januar 1384 von Kaiser Karl IV die Stadtrechtsurkunde. Im Jahre 1975 fand im Rahmen einer Gemeindereform der Zusammenschluss aus sieben Kaiserstuhlgemeinden statt. Burkheim brachte zwar das Stadtrecht ein, doch ist es heute nur noch ein Ortsteil der neu gebildeten Stadt „Vogtsburg im Kaiserstuhl".

In Burkheim selbst darf man nicht einfach nur durchgehen. Das wäre eine Sünde. Prachtvolle Häuser, eine noch mit Katzenkopfsteinen gepflasterte Hauptstraße mit dem historischen Rathaus und eine vielseitige Gastronomie laden zum längeren Schauen und Verweilen ein. Wer sein Wissen über Kräuter, Gewürze und Teesorten aus aller Welt erweitern möchte, der macht einen Abstecher ins Unterstädtle zum Kräuterhof Schmidt. Der Weg ist gut zu finden, denn schon aus vielen Metern Entfernung liegt der feine Duft wie aus „Tausend und einer Nacht“ in der Luft. In Burkheim schließt sich unser Rundweg noch nicht ganz. Vor uns liegen noch etwa 800 Meter bis zum Bahnhof Burkheim/ Bischoffingen. Dort steigen wir wieder in die Kaiserstuhlbahn und lassen uns nach einem erlebnisreichen Wandertag völlig autofrei nach Hause befördern. Eine strenge Zeitangabe ist für diese Wanderung nicht möglich, denn zu oft werden wir unterwegs individuell verweilen.

Emil Gött, der Dichter und Denker aus Jechtingen
Emil Gött wurde am 13. Mai 1846 in Jechtingen geboren. Er war das älteste Kind einer kleinbürgerlichen Familie. Die Vorfahren der Mutter waren Rebbauern, ja sogar Bürgermeister weist der Stammbaum nach. Schon als Kind zog er mit seinen Eltern nach Freiburg, wo er die Schule besuchte. Auch in Lahr drückte er für kurze Zeit die Schulbank. Als Student der Philosophie, der Literatur und der Kunst schrieb er sich in Berlin und Freiburg an der Universität ein. Sicher wurde in dieser Zeit der Grundstein für sein weiteres Leben als Schöpfer von Aphorismen gelegt. Die von ihm verfassten knappen und gehaltvollen Sinnsprüche sollten seine Mitmenschen zum Mitdenken und zum Weiterdenken anregen. Sein bäuerliches Blut kam zum Vorschein, als er sich nach einigen Aufenthalten im Ausland als Landwirt in Breisach nieder ließ. Bald nahm er die Gelegenheit wahr und baute sich als selbständiger Bauer in Freiburg Zähringen an der Leinhalde eine eigene Existenz auf. Obwohl er für viele Menschen ein fürsorglicher Helfer und Ratgeber war, konnte er aus seinen technischen Fähigkeiten und vor allen Dingen aus seiner Schreibkunst kein Kapital schlagen. Schwer krank und sehr arm starb er am 13. April 1908 im Alter von knapp 40 Jahren. Seit 1954 befasst sich die damals gegründete „Emil Gött Gesellschaft“ mit der Aufarbeitung seines Lebenswerkes. In Freiburg taufte man ihm zu Ehren die Schule in Zähringen „Emil Gött Schule“. Auch eine Straße in Freiburg trägt seinen Namen. Die Gemeinde Jechtingen errichtete im Jahre 1956 an der Hauptstraße einen

stilvollen Emil Gött Brunnen und hält so den Namen ihres berühmtes Bürgers in Ehren. Zum Mitdenken nachfolgend einige seiner Aphorismen:

Zur rechten Zeit, am rechten Ort, spare die Rede,
halte dein Wort!

Sanftmut entwaffnet – Trotz rüstet den Gegner auf.

Wer sich selbst leimt, soll sich auch selber lösen.

Wenn das Bett warm wird, werden auch die Wanzen munter.

Man merkt leider immer zu spät, dass die Menschen nicht belehrt, sondern unterhalten sein wollen.

Der Bub ist recht gescheit, es sagens alle Leut.
So wär es schade drum, tut ihn aufs Studium.

In der Welt ist kein unten und oben,
was heißt da im Leben hinauf und hinab?

Vielleicht bist du am höchsten droben,
drunten im tiefsten Grab.

Wer in den Wald lauscht, hört manchen Vogel pfeifen;
Was aber alles darin schweigt, das weiß er nicht.

Hinauf zur St. Katharinenkapelle

Bahnhof Endingen – Marktplatz – Gasthaus Schützen – Augustaweg – Gutelseck – Seilnachtkreuz – Katharinenberg – zurück über Amoltrer Heide

Markierung:	gelber Punkt, roter Punkt und blauer Punkt
Länge:	10 Kilometer; Steigung mäßig, kurz steil
Hinfahrt:	Mit Kaiserstuhlbahn Nr. 101 oder 102, mit Fahrrad oder Pkw

Die Stadt Endingen liegt am Nordrand des Kaiserstuhls. Wer seine Wandertouren mit dem Fahrrad plant, der kommt auf einer der vielen Kaiserstuhlstraßen bequem dort hin. Der Autofahrer fährt über die L 113 von Riegel aus an, und wer es ganz bequem haben will, der reist mit dem Zug an. Am Sonntag gilt die Regio-Karte für die ganze Familie. Ausgangspunkt für die heutige Wanderung, die uns zum zweithöchsten Gipfel des Kaiserstuhls führen soll, ist der Bahnhof der Kaiserstuhlbahn in Endingen. Im weiteren Umfeld findet auch der Autofahrer einen Abstellplatz. Gleich neben dem Bahnhof folgen wir dem Hinweis zur „Historischen Altstadt“. Für den Weg durch die Stadt wird uns zunächst der gelbe Punkt führen. Vorbei am Bürgeramt gelangen wir über einige langgezogene Stufen hinauf zur Hauptstraße. Wir wenden uns für wenige Meter nach links und stehen sogleich vor dem Marktplatz. Dieser historisch so interessante Platz wird durch das Rathaus am höchsten Punkt gekrönt. Das dreistöckige Haus mit dem Staffelgiebel wurde im Jahre 1617 als Kornhaus erbaut. Hinter dem Rathaus steht die St. Martinskirche, in deren Glockenstuhl noch zwei Glocken sind, die im Jahre 1256 gegossen wurden. Vorbei am Lindenplatz und durch die Stollbruckstraße kommen wir am Ende des alten Stadtkerns zum Gasthaus Schützen. Hier stand im Mittelalter eines der vier Stadttore, durch die man die Fremden in die Stadt einließ. Man nannte es das Freiburger Tor, weil es in Richtung Freiburg deutete. Um dieses Tor spinnt sich eine schöne Sage:

Der obere Teil des Wyhlbachtales war im Mittelalter Eigentum der „Edlen von Üsenberg“. Sie verwendeten den dortigen Teich als Fischweiher. Der alte Weg von Endingen nach Bahlingen bildete den Damm. Herr Burkhard von Üsenberg überraschte einst einen Mann, der auf einem mit Fischen voll beladenen Pferd über den Damm ritt. Der Ritter bescholt den Mann die Fische aus dem Teich gestohlen zu haben. Doch dieser leugnete und schwor, dass er unschuldig sei. Sollte er wirklich schuldig sein, dann mögen alle Frösche aus dem Teich hüpfen und ihm den Weg versperren. Kaum hatte er gesprochen, da kamen alle Frösche aus dem Teich gesprungen. Im Angesicht dieses eindeutigen Gottesgerichtes gestand der Fischdieb seine Tat und starb auf der Stelle. Da man zur selben Zeit das Freiburger Tor baute, ließ man an dem der Stadt zugekehrten Bogen ein Männlein einhauen mit einem Frosch im Sprung darunter. Dieses Bild nannte man „*Frosch hopp mi an*“, und es sollte vor Lug und Trug warnen.

Gleich oberhalb vom Gasthaus Schützen teilt sich die Straße. Dort steht ein großes Wegkreuz mit Corpus. Wir wandern rechts davon in den schmalen und leicht ansteigenden Augustaweg hinein. Ihm folgen wir jedoch nur wenige Meter weit. Dann biegt nach links, jetzt vom roten Punkt markiert, eine schmale Hohlgasse ab, die uns hinauf zum Gutelseck bringt. So wird das Gewann genannt, das sich als Höhenrücken zwischen dem Augustaweg und dem Erletal bergwärts zieht. Der Name erinnert allerdings nicht an den guten Wein, der dort wächst. Dieses Gewann heißt schon seit dem Jahr 1344 so. Damals soll ein gewisser „Gutolf“ da seine Besitzungen gehabt haben. Sein Ruf überdauerte im Volksmund bis zum heutigen Tag. Der schöne Weg über das Gutelseck ist die direkte Verbindung zum Katharinenberg. Nachdem wir etwa 2,5 Kilometer aufwärts gewandert sind, erreichen wir die Waldgrenze. An dieser Stelle treffen wir wieder auf den Augustaweg, den wir unten hinter dem Schützen verlassen hatten. Unter einer mächtigen Rotbuche hat man einen Rastplatz mit einer Feuerstelle eingerichtet. Wir wandern auf dem

Nr. 27
Am Bahnhof Endingen
Zur St. Katharinenkapelle
Gelber, roter und blauer Punkt
10 Kilometer, Steigung mäßig, kurz steil

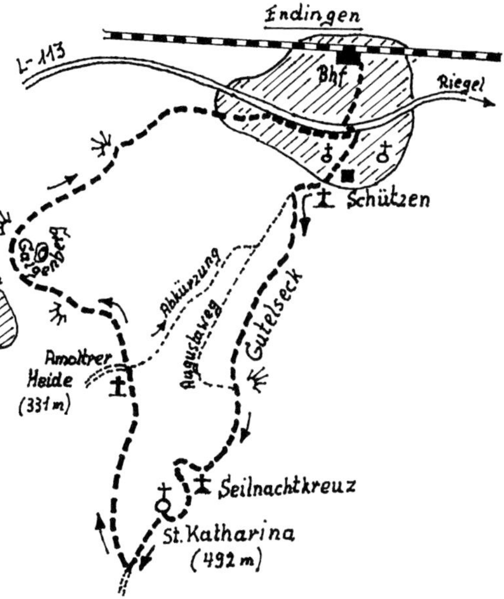

breiten Weg weiter bergauf in Richtung Katharinenberg. An einem ehemaligen Holzlagerplatz am Wegrand stehen einige Tulpenbäume. Sie fallen uns durch die besondere Form ihrer Blätter auf. Der Tulpenbaum gehört zur Familie der Magnolien. Im Winter trägt er einen zapfenförmigen Fruchtstand, der im zeitigen Frühjahr völlig in seine Einzelteile zerfällt. In der blattlosen Zeit erkennen wir ihn an seinen Knospen, die in ihrer Form einem Entenschnabel gleichen. Die Blüten im Monat Mai sehen aus wie eine Gartentulpe.

In einer spitzen Linkskurve steht am Wegrand das Seilnachtkreuz Es erinnert an Franz Xaver Seilnacht aus dem Fronhof in Endingen, der im Alter von 15 Jahren mit einem gewöhnlichen Handbeil und einem zugeschliffenen Brotmesser in mühevoller nächtlicher Arbeit einen Corpus Christi geschnitzt hat. Das war, so der Chronist, im Jahre 1862. Ab jetzt beginnt das letzte Stück zum Gipfel, und der Weg wird etwas steiler. Auf dem letzten Wegstück schimmert über uns die Kapelle bereits durch das Laubdach der Bäume. Dann haben wir den Gipfel mit einer Höhe von 494 Metern erreicht. Tische und Bänke laden im Freien zu einer Rast ein. Leider ist die einst schöne Aussicht auf den Kaiserstuhl und seine Umgebung weitgehend zugewachsen. Natürlich sind wir neugierig darauf, was uns die Geschichte über diesen Berg zu erzählen weiß:

Der Augustaweg und die Katharinenkapelle

Am 30. September 1860 besuchte der Großherzog Friedrich von Baden mit seiner Gemahlin Luise das Städtchen Endingen am Kaiserstuhl. In ihrer Begleitung befanden sich der damalige König von Preußen, Wilhelm I, der 1871 deutscher Kaiser wurde, und die Königin Augusta, die an diesem Tag ihren Geburtstag feierte. In Begleitung vieler Karossen ließen sie sich zunächst durch Endingen fahren. Anschließend äußerten sie den Wunsch, auch der Kapelle auf dem Katharinenberg ihre Aufwartung zu machen. Die Auffahrt war zwar holprig, doch man kam schließlich dank vieler Pferdekräfte oben an. Seither heißt der Weg von Endingen aus hinauf zur Katharinenkapelle „Augustaweg“. Das erzählt uns eine Tafel im Innern des Gotteshauses neben dem Altar. Auf einer zweiten Tafel wird versucht die Gründung der Kapelle zu deuten. Da lesen wir: “*Auf einem Besuch bei Bertold II von Ysenberg auf der Kohlenburg, ließ Frau Schnewlin von Wißwiehl in Erfüllung eines Gelübdes zur Verehrung der heiligen Jungfrau und Märtyrerin Katharina im Jahre 1388 eine Kapelle erbauen!*“ Neueste geschichtliche Forschungen kamen allerdings zu einem anderen Ergebnis. Als Stifterin der Kapelle nennt man Katharina, die Gattin des Johann von Endingen, der im Kaiserstühler Krieg (*) im Jahre 1321 auf der Kohlenburg hinterlistig erschlagen worden war. Ganz oben im Giebel der Kapelle ist ein zerbrochenes Rad eingelegt. Es erinnert an die heilige Katharina von Alexandrien. Diese hatte sich beim Kaiser Maxentius unbeliebt gemacht, weil sie dem christlichen Glauben nicht abschwören wollte. Er befahl daraufhin man solle Katharina auf ein Rad mit spitzen Nägeln und Messern binden, um sie zu martern. Da zerschlug ein Blitz das Rad mitsamt den Henkern. Um seine Wut zu stillen, ließ der Kaiser die Katharina nun köpfen. Ihr Namenstag ist der 25. November. Als eine der vierzehn Nothelferinnen wird sie von den Universitäten, den Wagnern, den Müllern und den Bäckern als Patronin in Anspruch genommen.

Eine hervorragende Beschreibung des Katharinenberges gibt es als Büchlein von „Karl Kurrus“. Es trägt den Titel „Die Katharinenkapelle auf dem Kaiserstuhl“ und ist bei Vollherbst-Druck in Endingen erschienen. Jeder Heimatfreund sollte es zu seinen

---

(*) Zum Kaiserstühler Krieg sei noch angemerkt: In den Jahren 1320 bis 1322 bekämpften sich die beiden Geschlechter der Üsenberger und der Falkensteiner. In diese Fehde wurden auch die Schultheißen von Endingen und der Graf Konrad von Freiburg verwickelt. Die Herren von Üsenberg mit ihrer Stadt Endingen mussten schließlich nachgeben, und man einigte sich mit einem Kompromiss. Die Üsenberger mussten drei Messpfründe stiften, verbunden mit ewigen Lichtern für die Seelen der Erschlagenen. Eine dieser Messpfründe kam in das „Endinger Chörle“ im Freiburger Münster. Wir finden es im nördlichen Querhausflügel, wo man in die Mauerstärke der romanischen Querhausfront das gotische Endinger Chörle hinein gebaut hat. In der Fensterverglasung erscheinen die Gestalten der heiligen Thomas und Matthias. Darunter sitzt das Wappen der Stifterfamilie aus Endingen, das u.a. einen wachsenden Löwen zeigt.

kleinen literarischen Kostbarkeiten zählen. In seinem Gedicht „Du mein Kirchlein“ schreibt Kurrus:

„Stolze Krönung unsrer Heimat,
edle Zierde dieser Flur,
die den Kaiserstuhl geweiht hat
in gesegneter Natur.“

In seinem Gedicht „S'Kathrinekirchli“ bedient sich Kurrus seiner heimatlichen Mundart:

Siter bal sechshundert Johre	*Seit bald sechshundert Jahren*
trei durch Krieg und Wetterstirm,	*getragen durch Krieg und Wetterstürme,*
stoht's Kathrinekirchli obe,	*steht das Katharinenkirchlein oben,*
griaßt bis zua drei Minstertirm	*grüßt bis zu den drei Münstertürmen*

Mit den drei Münstertürmen sind Straßburg, Freiburg und Basel gemeint.

Nach einem ausgiebigen Aufenthalt auf dem zweithöchsten Gipfel des Kaiserstuhls richten wir uns für den Rückweg. Da wird uns der blaue Punkt führen. Wir steigen von der Vorderseite der Kapelle aus 300 Meter weit etwas steiler bergab bis an den Fuß des Bergkegels. Dort wenden wir uns scharf nach rechts in Richtung „Amoltrer Heide“. Vor uns liegt ein schöner Waldweg, der uns gemächlich abwärts zu der schon erwähnten Amoltrer Heide in 331 Meter Höhe bringt. Von hier aus haben wir zwei Möglichkeiten, um nach Endingen zu gelangen. Nach rechts führt uns der gelbe Punkt durch die Hohlgassen des Nächstentales in einer halben Stunde zum Gasthaus Schützen in Endingen zurück. Nach links schwenkend, also weiter dem blauen Punkt folgend, sind es noch 50 Minuten bis zum Ausgangspunkt. Der längere Weg hat jedoch den Vorteil, dass er uns herrliche Ausblicke in den nördlichen Breisgau bietet. Ganz egal, für welchen Weg wir uns auch entscheiden, wir werden am Ende der Wanderung feststellen, dass wir ein herrliches Stück Heimat näher kennen gelernt haben.

Durch Lößhohlwege über die Amoltrer Heide

Bahnhof Endingen – Marktplatz – Gasthaus Schützen – Augustaweg – Nächstental – Amoltrer Heide – Galgenberg – Endingen

Markierung: Gelber Punkt, blauer Punkt
Länge: Ab Bahnhof 6 Kilometer; Steigung mäßig
Hinfahrt: Mit Kaiserstuhlbahn Nr. 101 oder 102, mit Fahrrad oder Pkw

Wer auf der Rheintalautobahn von Karlsruhe nach Basel fährt, den begleitet im Westen zwischen dem Rhein und den Bergen des Hochschwarzwaldes auf etwa 30 Kilometer Länge der Kaiserstuhl. Der Abstand zu den schmucken Dörfern, die sich an diesem vom Klima verwöhnten Gebirgszug befinden ist zu groß, als dass wir auch nur Bruchteile davon erkennen könnten. Wer mehr sehen will, der verlässt die schnelle Straße bei der Ausfahrt „Riegel", am nördlichsten Ende dieses Vulkangebirges. Schon wenige Minuten später tauchen dann vor uns die ersten Gebäude der so geschichtsträchtigen Stadt Endingen auf. Von da aus wollen wir heute eine wunderschöne Rundwanderung durch die tief in den Löß eingegrabenen Hohlwege hinauf zur „Amoltrer Heide" unternehmen. Egal, ob wir mit dem Zug oder mit dem Pkw anreisen, Ausgangspunkt soll der Bahnhof Endingen der Kaiserstuhlbahn sein. Im Umfeld dieser Station finden wir bestimmt einen Parkplatz. Den Weg zeigen uns die vom Schwarzwaldverein übersichtlich angebrachten Markierungen.

Vom Bahnhof aus folgen wir dem Hinweis zur „Historischen Altstadt". An einem Mast entdecken wir auch den gelben Punkt, der für die Hälfte unserer Wanderung zunächst unser Wegweiser sein wird. Vorbei am Bürgeramt im St. Jakobsgässli gelangen wir geradeaus über ein paar Stufen hinauf zur Hauptstraße. Dort biegen wir zwanzig Meter weit nach links ab, und schon stehen wir auf dem historischen Marktplatz. Manche Stadt würde sich „von" schreiben, so ein Schmuckstück ihr Eigen nennen zu können. An der Nordseite der Hauptstraße, mit dem Gesicht zum Marktplatz hin, steht das im Jahre 1755 erbaute dreistöckige Bürgerhaus, genannt „Haus Krebs". Einst beherbergte es eine Apotheke, für einige Jahre sogar eine An-

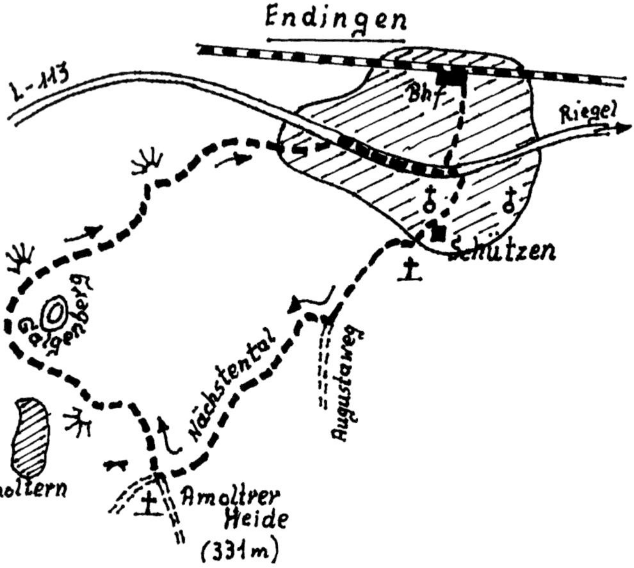

Nr. 28
Am Bahnhof Endingen
Über die Amoltrer Heide
Gelber und blauer Punkt
6 Kilometer, Steigung mäßig

waltskanzlei und eine Lederfabrik. Heute ist es Teil des Rathauses und dient dem Stadtkämmerer als Amtssitz. An der Nordostecke schauen wir zum „Alten Rathaus“, in dessen Räumen man das Kaiserstühler Heimatmuseum eingerichtet hat. Am höchsten Punkt des Marktplatzes steht das Rathaus, das im Jahre 1617, also ein Jahr vor Ausbruch des Dreißigjährigen Krieges, als Kornhaus erbaut wurde. Vielleicht sollten wir uns eine genauere Stadterkundung für das Ende der Wanderung aufsparen. Der gelbe Punkt zeigt uns an, dass wir vorbei an der St. Martinskirche über den Lindenplatz zum Ende des Stadtkerns beim Gasthaus zum Schützen gelangen. Hier informiert uns eine große Wandertafel über die vielen Wege, die in Endingen ihren Ausgang nehmen. Unser heutiger Wanderweg ist nur zum Teil eingezeichnet. Doch das ist nicht schlimm, denn die Beschreibung in diesem Büchle wird uns sicher führen.

Gegenüber vom Gasthaus Schützen steht ein großes Wegkreuz. Rechts davon beginnt der Augustaweg, in den wir einbiegen. Die Tafel mit dem gelben Punkt sagt uns, dass es bis zur Amoltrer Heide noch zwei Kilometer sind. Schluchtartig steigt der befestigte Weg an. Rechterhand stehen noch einige Häuser, dann sind wir mit den Äckern, den Feldern und den Bäumen alleine. Nach knapp 700 Metern, eingerahmt von einer Gruppe knorriger Nussbäume, weist uns der gelbe Punkt scharf nach rechts ab. Zunächst wachsen noch Reben, doch bald erreichen wir den Waldsaum. Hier beginnen auch die Hohlwege, die etwas steiler ansteigen.

Jetzt bekommen wir einen guten Eindruck davon, wie es in früheren Jahren – also noch vor der Rebflurbereinigung – in weiten Teilen des Kaiserstuhles ausgesehen hat. Bis zu zehn Meter hoch erheben sich die steilen Lößwände. Am oberen Rand wachsen Büsche und niedrige Bäume, deren Wurzeln wie Schlangen durch die Luft hängen. Ab und zu brechen ockerbraune Platten aus der Steilwand heraus und rutschen nach unten. Es ist düster, und schon deshalb hat sich eine ganz eigene Vegetation angesiedelt. Mehr als drei Viertel des Kaiserstuhls ist von Löß bedeckt. Da die Anwehungen im Quartär hauptsächlich von südwestlichen Winden getragen wurden, konnte sich auf der Leeseite des Gebirges, auf der wir uns hier befinden, besonders viel von diesem fruchtbaren Staub ablagern. Durch Wassererosion, aber auch durch ständiges Befahren mit Fuhrwerken gruben sich die Wege immer tiefer in den weichen Löß ein. Leider wurden bei der schon erwähnten Flurbereinigung in den Jahren um 1970 viele dieser Hohlwege zugeschüttet, um wirtschaftlichere Rebflächen zu schaffen.

Nachdem wir etwa zwanzig Minuten lang durch die Hohlwege aufwärts gewandert sind, erreichen wir in 331 Meter Höhe die „Amoltrer Heide“. Das ist der höchste Punkt unserer Wanderung, und hier werden wir auch den gelben Punkt verlassen. Ab jetzt wird unser Wegzeichen der blaue Punkt sein. Diese Ortsbezeichnung hat ihren Namen nach der Gemeinde Amoltern, die heute ein Stadtteil von Endingen ist. Nur zwanzig Meter oberhalb der Wegkreuzung steht eine Bank. Dort können wir die Ruhe dieser Landschaft genießen. Sind wir zufällig zur vollen Stunde da, dann hören wir den Schlag des Glöckchens von der Katharinenkapelle, die hoch über uns auf dem zweithöchsten Berg des Kaiserstuhles steht. Dorthin könnte uns an einem anderen Tag auch eine schöne Wanderung führen. Neben den Rebflächen erstrecken sich weite Wiesen. Das ganze Areal ist ein Naturschutzgebiet. Hier fliegt an ganz besonders heißen Sommertagen die gelbe „Schmetterlingshaft“, ein Netzflügler von besonderer Schönheit. Sie wird nur drei Zentimeter lang und ernährt sich von kleinen Insekten, die sie im Fluge fängt. Die Larven leben am Boden und ihr Futter besteht aus Ameisen, die sie aussaugen. Als besonderes Ereignis darf es der Wanderer werten, wenn er der „Gottesanbeterin“ (Mantis religiosa) begegnet. Diese bis zu sieben Zentimeter lange leuchtend grüne Fangheuschrecke sitzt im Spätsommer an den von der Sonne aufgewärmten Halden. Und natürlich gibt es in diesem Naturschutzgebiet auch einige Orchideenarten. Nichts darf hier abgepflückt oder gefangen werden.

Unser weiterer Weg zieht sich zunächst fast eben auf der Kammfläche der Amoltrer Heide hin. Links unten im Tal tauchen die Häuser von Amoltern auf. Am Ende des Kammweges biegen wir nach links ab. Oberhalb von Amoltern, dessen weiße Kirche am bergseitigen Ortsende markant heraus ragt, umrunden wir den Galgenberg. Das ist der reinste Panoramaweg. Weit schauen wir hinaus in die meist von einer dünnen Dunstschicht überzogenen Rheinebene. Das langgezogene Dorf links draußen, das sich von der Ebene aus in den Kaiserstuhl hinein zieht, ist Königschaffhausen. Jetzt sind wir wieder in der Rebzone, in der es wieder Hohlwege gibt. Die haben allerdings einen völlig anderen Charakter als jene, die wir beim Aufstieg erlebt haben. Dort herrschte der Wald vor und die Gassen waren düster. Hier wachsen an den hellen und steilen Lößwänden Kräuter, Gräser und Blumen. Schon im Februar blühen die ersten Veilchen, ihnen folgt das gelbe Scharbockskraut und der blaue Ehrenpreis, auch Männertreu genannt. *Spötter behaupten, der Name Männertreu käme daher, weil die Blüte nur einen Tag hält.* Im April blüht das Schöllkraut. Später beherrscht an vielen Stellen die meterhohe Goldrute und die sich am Boden dahin windende Clematis (Waldrebe) das Revier. Alle Pflanzen haben eine gemeinsame Aufgabe: Sie befestigen die steilen Hänge und schützen sie vor dem Zusammenbruch. Recht zügig, an einer Stelle sogar fast steil, geht es bergab. Wenn der Boden nass ist, heißt es höllisch aufpassen. Bald erreichen wir wieder die ersten Häuser von Endingen. Jetzt wird aus der Wanderung ein beschaulicher Spaziergang entlang der gepflegten Vorgärten der Vorstadtsiedlung. Schließlich münden wir in die Königschaffhauser Straße ein, der wir nach rechts folgen. Auf der anderen Straßenseite steht das Weingut Bastian, aus dem im Winzerjahr 1994/95 die deutsche Weinkönigin kam. Schon 300 Meter weiter sind wir am historischen Stadttor. Es ist eines von ehemals vier Toren, die in die Stadtmauer integriert waren. Man nennt es das Königschaffhauser Tor, und es wird erstmals im Jahre 1319 erwähnt. Die Narrenzunft hat sich heute im Turm eingemietet. Da war früher das Stadtgefängnis. Beim Marktplatz schließt sich der Kreis unserer Rundwanderung, die vor etwa zwei Stunden begonnen hatte. Eine kleine Stadterkundung könnte den erlebnisreichen Wandertag beschließen, an dem wir unter anderem die verschiedensten Lößhohlwege kennen gelernt haben.

Die Stadt Endingen am Kaiserstuhl

Es muss im 5. oder 6. Jahrhundert gewesen sein, als eine Alemannensippe unter ihrem Führer „**Endilo**“ auf der alten Römerstraße von Riegel kam und sich in einer fruchtbaren Nische am Nordrand des Kaiserstuhls nieder ließ. Sie bauten Blockhäuser aus Holz und nannten die Siedlung „bei den Endlingern“ was zu bedeuten hatte, dass hier die Endilos wohnten. Schon die

Wortendung –ingen weist auf eine Alemannengründung hin. Im Jahre 862 spricht man dann erstmals in einer Urkunde von „Endingen“. Vom Klima begünstigt, zudem in der Nähe eines Handelsweges gelegen, wuchs der Ort ständig. Das Geschlecht der Üsenberger verlieh dem Weiler schließlich um das Jahr 1290 das Stadtrecht. Schon vorher hatte man das Marktrecht, was dadurch bewiesen ist, dass es ein eigenes „Endinger Maß“ gab.

Das Fruchtmaß teilte sich in 1 Malter = 2 Mutt = 8 Sester = 32 Vierling = 128 Meßle oder 148,3 Liter

Das Weinmaß bestand aus 1 Fuder = 8 Saum = 160 Viertel = 640 Maß = 2560 Schoppen = 1021,5 Liter.

Um die Stadt herum baute man eine Stadtmauer mit einem tiefen Aussengraben. Diese Mauer unterbrach man an vier Stellen mit je einem Stadttor, von denen aus der wasserlose Graben mit einer Fallbrücke überwunden wurde. Heute steht nur noch ein einziges Tor am Stadtausgang in Richtung Königschaffhausen. Ein sehenswerter Höhepunkt des heutigen Endingen ist die Altstadt mit dem einmalig schön gestalteten Marktplatz. Ihn rahmen auf engem Raum drei Rathäuser ein. Einmal ist es das „Alte Rathaus“ an der nordöstlichen Ecke bei der Hauptstraße aus dem Jahre 1527. In ihm befindet sich seit 1973 das Kaiserstühler Heimatmuseum. Dann steht mit dem Gesicht zum Marktplatz hin an der Hauptstraße das sogenannte „Neue Rathaus“ das „Haus Krebs“, ein 1775 erbautes dreistöckiges Wohnhaus, in dem sich heute der Stadtkämmerer mit seinem Amt nieder gelassen hat. Am höchsten Punkt des Marktplatzes erhebt sich das jetzige Rathaus, ein spätgotischer Staffelgiebelbau, den man 1617 ursprünglich als Kornhaus erbaut hatte. Doch lohnend ist auch ein Rundgang durch die eigentliche Altstadt, in der wir zahlreiche Fachwerkhäuser aus dem 16. Jahrhundert mit barocken oder klassizistischen Verzierungen entdecken werden. In der barocken Pfarrkirche St. Peter sind Deckenmalereien von Johann Pfunner und eine Orgel von Stieffel zu bewundern. Dagegen hängt in der Wallfahrtskirche St. Martin am oberen Ende des Marktplatzes die älteste Glocke aus dem Jahre 1256. Wollen wir mehr über

Endingen erfahren, dann sollten wir dem Hinweis mit dem „**I**“ folgen. Dieser Buchstabe führt uns zum Verkehrsbüro im Adelshof 20. In diesem zweistöckigen mittelalterlichen Fachwerkhaus, in welchem noch spätgotische Fresken aus dem Jahr 1495 erhalten sind, hat man ein Museum zum Thema „Vorderösterreich“ eingerichtet. Das hat seinen Grund, denn Endingen gehörte von 1379 bis 1806 zur Habsburger Monarchie. Danach kam Endingen zum Großherzogtum Baden. In den siebziger Jahren des 20.Jahrhunderts schlossen sich im Rahmen einer Gemeindereform die Gemeinden Amoltern, Kiechlinsbergen und Königschaffhausen als Stadtteile der Stadt Endingen an. Dass Endingen mit seinen Eingemeindungen auch eine Stadt ist, in der man gut essen und trinken kann wird man spätestens dann erfahren, wenn man sich nach dem Rundgang in einem der vielen Lokale niederlassen wird.

Wo die Landschaft noch Natur ist

Wyhl – St. Blasius Apotheke – Rheinstraße – Rheinauewald – Naturlehrpfad

Markierung: Pfeilförmige Tafeln mit der Aufschrift „Naturlehrpfad“
Länge: 4 Kilometer; sehr bequem
Hinfahrt: Mit Fahrrad oder Pkw

Wir erreichen den Naturlehrpfad „Rheinauewald Wyhl“, indem wir über Endingen nach Wyhl fahren. Bei der St. Blasius Apotheke in der Hauptstraße in Wyhl biegen wir ab in die Rheinstraße. Von dieser Kreuzung aus sind es noch genau 1100 Meter bis zum Parkplatz am Mühlenbach, wo unser Rundweg beginnt. Es sei vorweg eine Empfehlung ausgesprochen. Wenn wir aus Richtung Endingen kommen, dann ist gleich am Ortseingang von Wyhl die Tankstelle und das Autohaus König. Dort sollten wir anhalten und uns für wenig Geld den fast unentbehrlichen Führer „Naturlehrpfad Rheinauewald“ kaufen. Er wird uns ganz wichtige Dienste leisten, denn die Informationen sind hervorragend. Nur so können wir die vor uns liegende hochinteressante Landschaft erfahren und kennen lernen.

Oft vergehen Generationen, bis die Menschen die Früchte ernten können, welche ihre Vorfahren gesät haben. Das trifft besonders dann zu, wenn es sich um Eingriffe in die Landschaft von großem Ausmaß handelt. Der Rhein und seine Stromlandschaft waren schon viele Male die Spielwiese von Baumeistern und Politikern. Schon die Römer verlegten Hauptarme und kanalisierten Seitenarme, um sich die einst wilde Wasserstraße gefügiger zu machen. Zwei Eingriffe aber waren es bestimmt, welche das Gesicht dieses europäischen Stromes in der „Oberrheinischen Ebene“ grundlegend veränderten: Das war die Rheinkorrektion in der Mitte des 19. Jahrhunderts nach den Plänen des Karlsruher Ingenieurs „Johann Gottfried Tulla“, sowie der Bau des Rheinseitenkanals nach dem „Zweiten Weltkrieg“. Besonders der Rheinseitenkanal am französischen Ufer, der in einer 8.5 Meter

Nr. 29
Rheinstraße in Wyhl
Durch den Rheinauewald
Tafeln Naturlehrpfad
4 Kilometer, bequem

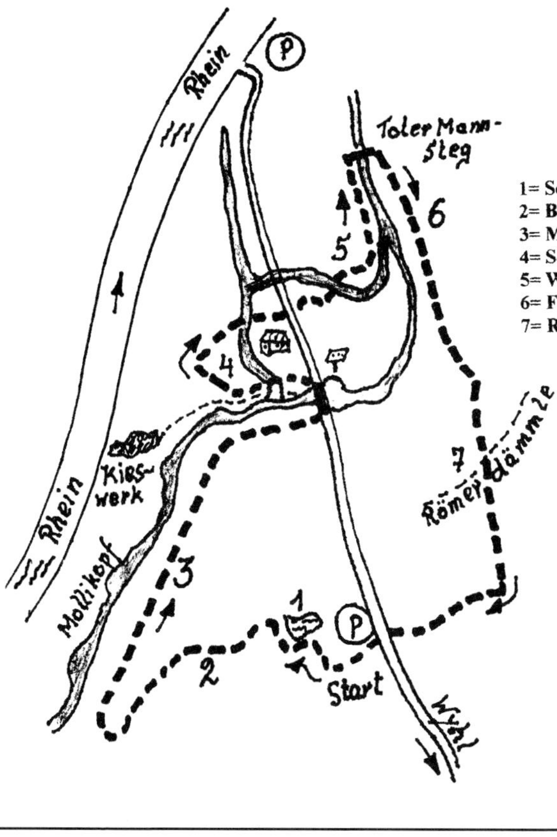

1= Seerosenloch
2= Bläsiliskõpfle
3= Mollikopfpfad
4= Schwarzpappeln
5= Waldsegge
6= Feuchtgebiet
7= Römerdämmle

tiefen und 130 Meter breiten Betonrinne verläuft, veränderte die Ökologie der Landschaft schlagartig. Durch die Tulla'sche Rheinbegradigung verschwanden viele Seitenarme. Das Wasser wurde in ein Hauptbett gedrängt, was seinen Lauf beschleunigte. Das führte dazu, dass sich das Wasser bis zu acht Meter tief in die Erde fraß. Die Überschwemmungen, die jedes Jahr zur Schneeschmelze in den Alpen stattfanden, hörten zwar auf, aber der Grundwasserspiegel sank ebenfalls. Das führte zu einer Veränderung der Vegetation. An die Stelle hochstämmiger Laubbäume traten Hecken und niedrige Gehölze, welche die Wärme und die Trockenheit bevorzugten. So gibt es heute Sanddorn, Schneeball, Hartriegel und Schlehe, Weißdorn, Feldahorn und Korkulme. Zudem wanderten Pflanzen aus den Trockengebieten in Südosteuropa als sogenannte „Neophyten" bei uns ein.

Das Gebiet um den Naturlehrpfad Wyhl zeigt noch viele Merkmale der früheren Stromlandschaft. Das kommt daher, dass es hier keinen Seitenkanal gibt, denn der Rhein wurde als Schlinge in seinem alten Bett belassen. Man hat zwar seinen Damm erhöht, aber viele klare und kalte Altrheinarme beleben noch das Bild des Auwaldes. Durch diesen Auwald führt uns der Lehrpfad in knapp zwei Stunden. Die Beschilderung ist hervorragend mit einfachen Pfeiltafeln. Viele Bäume und Sträucher sind mit informativen Hinweisen versehen. Nur stellenweise verläuft der Pfad auf alten Waldwegen, weite Strecken wurden ausgehauen und begehbar gemacht. Am Parkplatz, dem Ausgangspunkt der Wanderung, und an der Schutzhütte sind Tafeln mit der Wegführung aufgestellt.

Die Wanderung beginnt am Fuße des Hochwasserdammes direkt bei der Wandertafel. Dem breiten Weg folgen wir aber nur hundert Meter weit, dann biegen wir nach rechts ab. Kaum sind wir abgebogen, wird unser Weg zum Pfad. Folgt man den Tafeln, dann kann man nicht fehl gehen. Kein Meter dieser Wanderung wird langweilig sein. Mal befassen wir uns mit der Bodenvegetation, dann sind es die mächtigen Bäume, die unsere Aufmerksamkeit beanspruchen. Stets begleitet uns das Jubilieren der Vögel, und oft verleiten uns kleine

Nebenpfade, die uns einen Blick in das klare Wasser der Altrheinarme erschließen. Auf halbem Weg können wir bei einer schönen Hütte eine Vesperpause einlegen. Alleine vier Mal turnen wir über schmale Knüppeldämme. Aber keine Angst, sie tragen uns sicher ans andere Ufer. Dass der Rhein nicht weit entfernt ist, hören wir am Tuckern der Motoren von den schwer beladenen Lastkähnen. Der Lehrpfad ist das ganze Jahr über zu begehen, wobei allerdings eine kleine Einschränkung gemacht werden muss. An gewittrigen Tagen in den Monaten Juli bis August gehört diese Landschaft den Schnaken. Menschen mit süßem Blut sollten jetzt wegbleiben, sonst geht es ihnen wie dem Autor dieser Zeilen. Ich flüchtete panikartig, trotzdem haben mich die Biester fast gefressen. Doch sehen wir diese Plage mit Nachsicht: Ohne Schnaken gäbe es auch keine Singvögel.

Sieben Schwerpunkte sollen am Lehrpfad besonders genannt werden. Sie sind auf der Wanderskizze bezeichnet, und in der Broschüre sind sie etwa wie folgt beschrieben:

Nr. 1 Am Seerosenloch wartet im Sommer ein besonderes pflanzliches Erlebnis auf den Besucher. Zwischen zehn und sechzehn Uhr öffnen diese einmalig schönen Blumen ihre Blüten. Weit entfernt vom Ufer haben sich die Schwäne ein Nest gebaut, das wie eine Burg aus dem Wasser ragt.

Nr. 2 Am Bläsilisköpfle werden im Winter die Singvögel gefüttert. Sie sind deshalb in dieser Jahreszeit besonders zutraulich. In der hier üblichen Mundart ist ein „Köpfle" eine von seichtem Wasser umgebene Insel. Dem Botaniker fallen die bultartigen Horste der „Steifen Segge" (Carex elata) auf. Das ist ein Riedgras, dem es am Rande der Verlandungszonen gut gefällt. Der scharfe Blattrand hält Tiere davon ab, sich daran zu vergreifen.

Nr. 3 Dieser Pfad, der entlang eines Altrheinarmes verläuft, heißt „Mollikopf". Eigentlich ist ein Mollikopf im Dialekt ein Dickkopf. Es ist also anzunehmen, dass dieser Altrheinarm schon immer etwas breiter oder dicker als die anderen war. Da treffen wir auch auf die Fahrstraße, die zum Edelsplittwerk führt. Der Naturlehrpfad erreicht beim ersten Muhr die Landstraße. Dort wechseln wir lediglich die Seite des Wasserlaufes. Wir überqueren die Brücke, um gleich wieder nach links abzubiegen. Doch halt! Vorher schauen wir uns auf der anderen Straßenseite den vielsagenden Gedenkstein an. Wir lesen auf spanisch und deutsch:

„An dieser Stelle wurde am 18. Dezember 1842 die Gruppe der badischen Auswanderer eingeschifft, welche 112 Tage später in den Bergen des tropischen Regenwaldes von Venezuela das schöne Dorf, heutzutage bekannt unter dem Namen „Colonia Tovar“, gründeten.

Die Gemeinde von Tovar, ihr Bürgermeister sowie die kulturellen Einrichtungen würdigen diese ersten Auswanderer und ihre ursprünglichen Dörfer vom Kaiserstuhl mit dieser Gedenktafel. Unter den Auswanderern waren 42 Personen, darunter 24 Kinder, aus der Gemeinde Wyhl.

Wyhl im April 1993

150 Jahre Colonia Tovar, 1843 – 1993

Diese Tafel gibt uns aber auch Auskunft darüber, dass damals der schiffbare Hauptstrom des Rheins an dieser Stelle verlaufen ist. Über der Brücke drüben wandern wir wenige Meter strömungsaufwärts entlang des Mollikopfs in Richtung Kieswerk. Doch gleich weisen uns die Tafeln nach rechts, und wir verlassen das Wasser.

Nr. 4 Vor uns stehen einige hoch gewachsene Schwarzpappeln (Populus nigra), die man hier auch Maserpappeln nennt. Sie zieren übrigens das Titelblatt des Naturführers. Wir erkennen diesen Baum sehr leicht, denn er hat am Stamm in gewissen Abständen dicke Korkwülste, die wie Bauchbinden aussehen. In diesem Gewann stand einst die mächtigste Schwarzpappel unserer Heimat, die man die „Dicke Belde“ nannte. Doch selbst ihr Stammumfang von fast sechs Metern konnte sie nicht vor dem Sturm „Lothar“ schützen, der an Weihnachten 1999 unsere Wälder heimsuchte. Die Schwarzpappel ist ein typischer Bewohner der Auwälder. Sie liebt Altwässer, deren tiefgründige Böden periodisch überschwemmt werden. Weiter rechts schwenkend kommen wir wieder vor an die Straße. Dort steht, umgeben von einem sehr gepflegten Spiel- und Rastplatz, eine Lehr-

und Schutzhütte. Sie wurde 1970 aus Spenden von Wyhler Geschäftsleuten erbaut. Bei dieser Hütte überqueren wir die Straße.

Nr. 5 Auf diesem Wegstück fallen uns weitere Schwarzpappeln auf. Wir sind jetzt am „Unteren Altrhein“. War es vorhin die „Steife Segge“, die das Bild beherrschte, so finden wir jetzt die dunkelgrünen Horste der „Waldsegge“ (Carex sylvatica). Sie ist eine unserer häufigsten Waldpflanzen, und sie gehört besonders an Waldwegen zu den schönen Begleitern des Wanderers.

Nr. 6 Nach zwei scharfen Rechtswendungen beim „Toten Mann-Steg“ beginnt der Rückweg. An dieser Stelle kann es vorkommen, dass der Lehrpfad im Frühjahr unter Wasser steht. Dementsprechend verhält sich die Vegetation, denn da stehen Sumpf- und Trockenpflanzen dicht beieinander.

Nr. 7 Der letzte Abschnitt wird von Eschen, Feldulmen und Bergahorn besiedelt. Sie wurden von Menschenhand angepflanzt. Im Sommer erkennen wir diese Bäume an den Blättern. Im Winter sind es die Rinde und die Knospen, welche zur Bestimmung beitragen. Ein Stück Damm im Wald stammt noch aus der Zeit vor der Rheinkorrektion durch Tulla. Weil dieser Damm schon so alt ist, heißt er im Volksmund „Römerdämmle“. Schließlich mündet unser Weg am Fuße des Hochwasserdammes, hinter dem der Mühlebach fließt. Wir steigen auf die Dammkrone hinauf und wandern nach rechts zum Ausgangspunkt zurück. Hinter uns liegt ein Weg durch eine wunderschöne Naturlandschaft.

Zum Kirchlein im Blauen auf dem Nimberg

Rathaus Nimburg – Langgasse – Kriegerdenkmal – Hungerberg – Bergkirche – Kinderbrünneli – Nimburg

Markierung:	Siehe beigefügte Zeichnung
Länge:	5 Kilometer
Hinfahrt:	Mit Fahrrad oder Pkw durch die March bis Nimburg

Schaut man von der Freiburger Bucht gen Nordwesten, dann fallen uns die rebenbedeckten Hänge des Kaiserstuhls auf, die in den Gipfellagen ein Waldgürtel überzieht. Dass sich in der dazwischen liegenden Ebene einige niedrige Buckel erheben, bemerkt man besonders dann, wenn man mit dem Fahrrad diese Gegend besucht. Gemeint sind die Marchhügel zwischen Hochdorf und Nimburg. Es lohnt sich sehr, dieses Gebiet auf zwei Rädern zu erobern. Schon bei Holzhausen ist die Landschaft hügelig, und zwischen Bottingen und Nimburg liegt ein regelrechter kleiner Berg. Das ist der Nimberg, dem heute unsere Aufmerksamkeit gelten soll. Er erhebt sich 253 Meter hoch über dem Meeresspiegel, und die reine Höhe, mit der er die Ebene überragt, beträgt nur 65 Meter. Und trotzdem gehört dieses relativ wenig besuchte Bergle zu einem der schönsten Aussichtspunkte in der Freiburger Bucht. Zudem stellt es ein sehenswertes Kleinod in unserer Heimat dar. Selbst wenn wir mit dem Fahrrad kommen, sollten wir dieses in Nimburg beim Rathaus abstellen und die vorgeschlagene Route zu Fuß zurücklegen. Nur dann werden wir in den Genuss der ganzen Schönheit dieser Landschaft gelangen.

Rathaus und Pfarrhaus liegen am Nordende der Gemeinde. Dort ist der Ausgangspunkt unserer Wanderung. Unser erstes Ziel erkennen wir sofort, wenn wir den Blick leicht erheben. Es ist das Denkmal auf dem Nordsporn des Nimbergs. Der Weg hinauf ist gut zu finden. Wir folgen einfach der Langstraße. Das ist zunächst ein schöner Spaziergang durch Alt-Nimburg. Bald steigt die Straße leicht an, und beim Haus Langstraße Nr. 33 biegen wir nach links ab. Dieser Weg führt uns in einem großen Bogen hinauf zum Kriegerdenkmal. Man hat es den Gefallenen der beiden großen Weltkriege des 20. Jahrhunderts gewidmet. Von hier aus haben wir einen totalen

Nr. 30
Rathaus in Nimburg
Zum Kirchlein im Blauen
Siehe Zeichnung
5 Kilometer, Steigung leicht

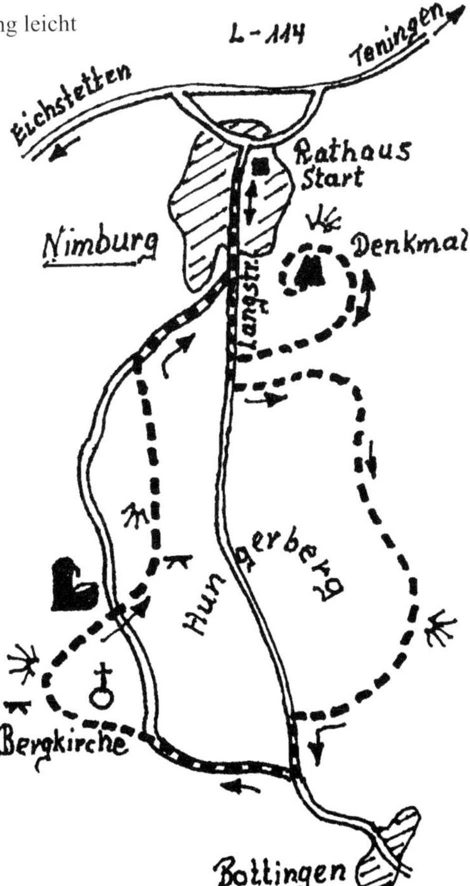

Rundblick. Im Osten steht die blaue Kette der Schwarzwaldberge mit ihren tiefen Taleinschnitten. Drehen wir uns um 180 Grad, dann schauen wir hinüber zum Kaiserstuhl, an dessen nördlichem Ende sich das etwas hervorspringende Michaelsbergle bei Riegel zeigt. Drunten in der Ebene erkennen wir an den vielen Neubauten, wie stark sich die Gemeinde Nimburg in den Jahren nach 1970 ausgedehnt hat. Den schönsten Blick haben wir nach Südwesten. Dort steht die Bergkirche, das Gotteshaus der Gemeinde Nimburg. Im Jahre 1954 nannte es Pfarrer Lauth ehrfürchtig „Das Kirchlein im Blauen“. Wir merken uns die Richtung gut, denn diese Kirche wird unser nächstes Ziel sein. Zunächst müssen wir denselben Weg, den wir aufgestiegen sind, wieder hinunter bis zur Langstraße. Dort wenden wir uns für wenige Meter nach links. Unmittelbar an der Mauer des Hauses Nr. 35 biegen wir wieder nach links ab. Anfänglich ist es ein Hohlweg, doch nach einer langgezogenen Rechtsschleife kommen wir auf einen Bergrücken. Wir sind jetzt auf dem Hungerberg. Ab und zu sehen wir die Bergkirche weit vor uns, leicht verdeckt von Bäumen oder Reben. Schön lässt es sich hier gehen, und wir wundern uns, dass wir niemandem begegnen. Zu wenig bekannt ist dieser Weg. Zu beiden Seiten liegen Reben und kleinere Gärten. Nach 15 Minuten treffen wir auf eine Fahrstraße. Ihr folgen wir etwa hundert Meter nach links bis zu der Straßenkreuzung, an der eine Bank steht. Hier biegt nach rechts das Sträßchen zu „unserer“ Kirche ab. Gleich hinter der Hohlgasse taucht sie auf. Das ist erstaunlich, eine Dorfkirche ohne Häuser. Wo gibt es das sonst noch? Zum nächsten Haus in Nimburg sind es 15 Minuten. Neugierig geworden, befassen wir uns mit der Geschichte von Kirche und Dorf.

Schon im Jahre 977 nach Christus wird Nimburg urkundlich erwähnt. Der Name selbst geht jedoch zurück in die alemannische Zeit. Dort sprach man – je nach Schreibweise – von „Nuemburc“ oder auch von „Niwnburch“, was beides auf Nimburg hinweist. In kirchlichen Urkunden wird das belegt durch die lateinische Schreibweise „Novum Castrum“. Noch älter als Nimburg ist Bottingen. Nach Urkunden des Stifts in St. Gallen wird im Jahre

751 auf „Bodinchova“ hingewiesen. Das ist jedoch noch alles nichts gegen die Funde, die bei Grabungen östlich und nördlich der Kirche gemacht wurden. Dabei fand man bearbeitete Feuersteine , wie man sie vor vier und fünf Jahrtausenden, also in der Steinzeit verwendet hat. Selbstverständlich stießen Forscher auch auf römische Spuren. Es kamen Gefäßscherben zum Vorschein, zum Beispiel römische Leistenziegel und Stücke von Heizkacheln. Auf diesem schon so früh besiedelten Boden ließen sich im 11. Jahrhundert die Grafen von Nimburg nieder. Sie erwarben große Besitzungen, und ihr Name war bis weit in den Schwarzwald hinein bekannt. Sie waren es, die im Jahre 1160 die Gründung des Klosters Tennenbach unterstützten. Als im Jahre 1189 Kaiser Rotbart, genannt „Barbarossa“, auf seinem Kreuzzug durch unsere Heimat kam, schloss ihm sich Berthold III von Nimburg an. Er bestritt zwei Kreuzzüge, doch im Jahre 1203 verliert sich seine Spur in Palästina. Dort wird er eine einsame Ruhestätte gefunden haben.
Eine Kirche bestand in Nimburg schon vor dem Jahre 980. Sie befand sich an der Stelle, an der sich das heutige „Kirchlein im Blauen“ erhebt. Rings herum standen die Häuser von „Ober-Nimburg“. Die sind heute alle vom Erdboden verschwunden. Im Jahre 1456 übergab Markgraf Karl I von Durlach den Antonitern die Pfarrei Nimburg. Er verknüpfte die Schenkung mit der Auflage, dort ein Kloster einzurichten. Es ist noch heute bekannt, dass es der Antoniterorden war, der die Pestkranken pflegte. Diese schlimme Krankheit wütete damals in der Gegend stark. Schuld daran waren die versumpften Wiesen zwischen dem Nimberg und dem Kaiserstuhl. Ältere Einwohner nennen die Ebene noch immer „der See“. In regenreichen Jahren fuhren die Mönche mit dem Boot hinaus und fischten. Das Wasser kam aus der Dreisam, die noch nicht mit einem Damm versehen war. Also konnte sie, wenn im Schwarzwald der Schnee schmolz, ungehindert das Land überschwemmen. Schon 80 Jahre nach seiner Erbauung hob man das Kloster wieder auf. Als dann die Reformation unser Land erreichte, führte man lediglich das Spital

weiter. Bis zum heutigen Tag blieb uns das Hauptmerkmal des Klosters, die Kloster- oder Bergkirche erhalten. Als man 1952 bis 1954 die Kirche renovierte, stieß man auf Fresken von hohem künstlerischem Wert. Eine Besichtigung lohnt sich. Den Schlüssel kann man im Pfarrhaus in Nimburg bekommen. Eine Sache sei noch erwähnt: Seit 1979 veranstaltet ein Freundeskreis von musikbegeisterten Menschen in der Bergkirche Kirchenkonzerte. Auf die Besucher wartet immer ein großes Erlebnis.

Noch bevor wir das Gelände rund um die Bergkirche wieder verlassen, sollten wir verweilen und die herrliche Aussicht genießen. Unser Rückweg führt uns um die Kirche herum ins Tal. An der Straßenkreuzung, etwa hundert Meter unterhalb der Kirche, sprudelt das „Kinderbrünneli" direkt aus der Erde. Selbst in sehr trockenen Jahren versiegt diese Quelle nicht. Das Wasser spielt schon seit vielen Jahrhunderten eine Rolle, und es spinnen sich viele Sagen darum. Für unsere Vorfahren war das wie ein Heiligtum. Hier holte man das Taufwasser für ein Neugeborenes. Gleich unterhalb dieses Brunnens biegt nach halbrechts ein nahezu ebener Weg von der asphaltierten Straße ab, an dem in regelmäßigen Abständen Bänkchen stehen. Er bietet herrliche Rückblicke auf die Bergkirche. Nach 25 Minuten sind wir wieder in Nimburg, wo unser Ausgangspunkt war. Eine wunderschöne und sehr bequeme, landschaftlich reizvolle und geschichtlich interessante Wanderung findet ihr Ende.

Michaelskapelle und Mithras-Tempel

Bahnhof Riegel Ort – Kirchstraße – Hauptstraße – Kehnerstraße – Wolfsgrube – Michaelsberg – Mithras-Tempel

Markierung: Rotes Dreieck
Länge: 3 Kilometer; Steigung mäßig am Michaelsberg
Hinfahrt: Mit Breisgau S-Bahn, mit Fahrrad oder Pkw

Die Pforte des Breisgaus
Kommt man von Norden, dann sind es zwei Berge, die den Eingang zur Freiburger Bucht auf einen Durchlass von nur zwei Kilometern Breite einengen. Vom Schwarzwald her schiebt sich weit hervorspringend der Hecklinger Berg mit der markanten Burg Lichteneck in die Ebene, auf der sich im Jahre 1316 die Grafen von Freiburg einmieteten. Bei Riegel ist es der Michaelsberg, ein dem Kaiserstuhl vorgelagerter Hügel. Die Römer erkannten schon vor 2000 Jahren diese strategisch günstige Lage. Sie siedelten sich deshalb hier an, um den gesamten Landverkehr von Süd nach Nord und umgekehrt kontrollieren zu können. Auf dem „Bergle" bei Riegel opferten sie ihren Göttern. Den Römern folgten die Alemannen. Auch sie hatten dort eine Opferstätte für ihren obersten Gott Ziu. Als die Christen die Alemannen für ihren Glauben gewinnen wollten, gefiel denen besonders der Erzengel Michael. Ihm sagte man nach, dass er den Satan in die Hölle gestürzt habe. Zu seiner Verehrung bauten sie auf dem Bergle eine Kapelle und weihten sie dem Michael. So kam das Bergle zu seinem Namen. Eine Michaelskapelle steht noch heute hoch über Riegel. Eine Burg, die ebenfalls dort oben gestanden haben soll, ist so zerfallen, dass wir keine Spuren mehr von ihr finden. Zu Füßen des Michaelsberges zwängen sich drei Schwarzwaldflüsse durch das Nadelöhr und vereinigen sich zum Leopoldskanal. Gemeint sind die Dreisam, die Elz und die Glotter. Alle drei kommen aus bekannten Schwarzwaldtälern. Am Fuße des Michaelsberges hat sich die „Riegeler Brauerei" angesiedelt.

Nr. 31
Bahnhof Riegel Ort
Michaelskapelle und Mithras-Tempel
Rotes Dreieck
3 Kilometer, Steigung mäßig

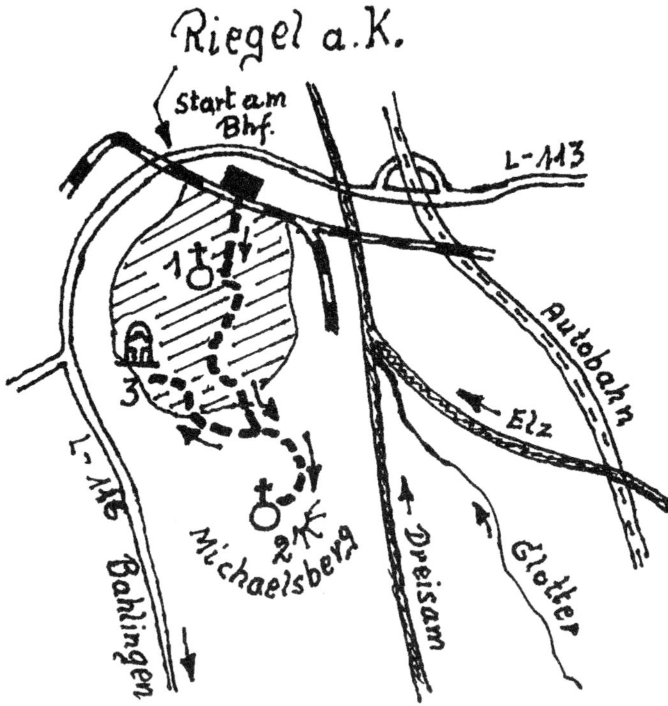

1= St. Martinskirche
2= Michaelskapelle
3= Mithrastempel

Unsere Wanderung, die eigentlich mehr ein kultureller Stadtrundgang ist, beginnt am Bahnhof Riegel-Ort. Er wird in kurzen Zeittakten von der Bahn angefahren. Auch Parkplätze für den Pkw gibt es dort. Bei gutem Wetter ist die Anfahrt mit dem Fahrrad zu empfehlen, denn am ganzen Kaiserstuhl hat man parallel zur Straße Radwege oder autofreie Landwirtschaftsstraßen eingerichtet. Unter einer Rosskastanie auf dem Bahnhofsvorplatz orientieren wir uns auf dem Wegweiser. Das rote Dreieck wird uns zunächst zum Michaelsberg führen. Als zweiten Höhepunkt wollen wir dann den „Mithras-Tempel" besuchen. Beim Gasthaus Arche beginnt die Kirchstraße. Gleich werden wir viel zu schauen haben, denn die Häuser haben alle einen eigenen Stil. So hat man die Fensterstürze am Haus Nr.32 mit allerlei Sprüchen verziert. Am Ende dieser Straße erreichen wir die St. Martinskirche. Der heutige Bau wurde 1743 von Franz Ruedhart unter Graf Ch. A. von Schauenburg und Abt Augustin von Ettenheimmünster im barocken Stil erbaut. Diese Kirche ist die Nachfolgerin der schon 959 urkundlich erwähnten romanischen Martinskirche, die ursprünglich auf dem Gelände eines fränkischen Königshofes gestanden hat. Die heutige Kirche brannte 1936 völlig aus und wurde 1944 noch einmal durch Bomben beschädigt. Es ist dem kunstfreudigen Pfarrer und dem ehrenamtlichen Zutun der Bevölkerung zu verdanken, dass wir diese Kirche heute wieder in ihrer ganzen Pracht bewundern können. Beachten sollten wir auf alle Fälle über der hölzernen Eingangstüre die „Madonna im Strahlenkranz" die der Bildhauer Josef Hörr geschaffen hat. Zu ihren Füßen lesen wir die Worte „AVE MARIA". Gleich nach der Kirche biegen wir nach links in die Hauptstraße ab. Es geht das Gerücht um, dass in Riegel jedes zweite Haus eine Wirtschaft sei. Und fast überall gibt es das berühmte „Riegeler Bier". Schauen wir uns in der Hauptstraße um, dann scheint sich das zu bestätigen. Sollten wir auf dem Rückweg von unserem Kunstspaziergang noch etwas Zeit haben, dann lohnt sich ein Rundgang durch die Altstadt. Giebelständige Fachwerkhäuser und aufwendig gebaute Traufhäuser aus dem 17. und 18. Jahrhundert setzen die Akzente im Ortsbild. Bevor wir beim sehenswerten Rathaus nach rechts in die „Kehnerstraße" abbiegen, sollten wir noch einmal zurückschauen. Hoch über der Bäckerei Liegibel erhebt sich der Turm der Martinskirche in den oft stahlblauen Kaiserstuhlhimmel. In der Kehnerstraße wird das Haus Nr. 16 als das schönste Fachwerkhaus von Riegel bezeichnet. Ganz am Ende der Kehnerstraße treffen wir wieder auf die Hauptstraße. Bei dem Kruzifix aus dem Jahre 1872 biegen wir nach links ab in die Wolfsgrube. Eine große Tafel weist uns darauf hin, dass dies der Weg zur Kapelle ist. Im unteren Abschnitt sind neue Häuser entstanden, und bei der Kreuzung an der Gartenstraße wird das Sträßle zu einem typischen Lößhohlweg. Es wird auch etwas steiler, beschwerlich ist dieser Anstieg aber nicht. Schnell erreichen wir die Rebterrassen, von wo aus sich ein wunderschöner Blick ins Land bietet. Linkerhand hat man die Michaelschule an den Berghang hingebaut. Daran schließen sich die Gebäude der Riegeler Brauerei an, deren Wahlspruch es immer war, dass ihr Bier im Felsen reift. Das letzte Stück zum höchsten Punkt ist ein grasbewachsener Weg. Dann sind wir oben auf dem Michaelsberg, dem wohl schönsten Aussichtspunkt des Breisgaus.

Das Wahrzeichen dieses Berges ist die Michaelskapelle. Das von einer Mauer umgebene Gotteshaus steckt tief im Boden. Der heutige Bau stammt aus dem 18. Jahrhundert, besitzt aber als Chor den Rest einer gotischen Kapelle. Auf einer Tafel, deren Text Pfarrer Dr. Futterer verfasst hat, können wir lesen: „*Die ursprüngliche Michaelskapelle geht zurück in die Christianisierung dieser Gegend. Sie wurde im Jahre 971 erstmals genannt. Als Herzog Berthold IV von Zähringen um die Mitte des 12. Jahrhunderts eine Burg errichtete, wurde sie Burgkapelle, von welcher das schöne gotische Chörlein noch Zeugnis ablegt. Die Burg, später Wohnsitz der Herren von Üsenberg, zerfiel gegen Ende des 14. Jahrhunderts. Auf ihren Trümmern entstand die Wallfahrtskapelle, welche von einem Waldbruder betreut, Jahrhunderte hindurch von Nah und Fern besucht wurde. Von den Verwüstungen des 30-Jährigen Krieges wieder hergestellt, erhielt sie die gegenwärtige Gestalt*“.

Oberhalb des Kirchleins betreten wir eine Aussichtsterrasse. In den Robinien und in den üppigen Fliederhecken jubilieren im Mai und Juni die Nachtigallen. Leider ist der Baumbewuchs im Moment etwas zu hoch, sodass die einstmals fantastische Rundumsicht leicht eingeschränkt wird. Einmalig ist der Ausblick nach Osten zum Schwarzwald. Da präsentiert sich die gesamte Kette des Südschwarzwaldes, wo wir oft bis in den Juni hinein auf den höchsten Gipfeln noch Schneereste ausmachen können. Links unten in der Ebene vereinigen sich die drei Flüsse Elz, Dreisam und Glotter zum Leopoldskanal. Dieser Kanal wurde in den Jahren von 1837 bis 1842 erbaut. Er sollte die in regelmäßigen Abständen auftretenden Hochwässer ableiten, die für die Landwirtschaft verheerende Folgen hatten. An der nördlichen Einfahrtsstraße nach Riegel steht bei der Elzschleuse unter sechs mächtigen Linden ein Obelisk. Aus der Inschrift erfahren wir, dass es Großherzog Leopold von Baden war, der diesen Kanal erbauen ließ. Auf der anderen Seite der Ebene sitzt auf dem Vorsprung des Hecklinger Berges die Ruine der Burg Lichteneck. Übrigens auch ein lohnender Ausflug. Wenden wir uns um 180 Grad, dann schauen wir in den Kaiserstuhl hinein. Dorthin wird uns die nächste in diesem Büchlein beschriebene Wanderung führen. Für den Abstieg benützen wir den gleichen Weg, auf dem wir aufgestiegen sind. So kommen wir bei dem Kruzifix wieder an die Hauptstraße. Dort biegen wir für 50 Meter nach rechts ab und erreichen die Üsenbergstraße. Dort zeigt uns eine große Hinweistafel den Weg zum nahe gelegenen „Mithras-Tempel“.

Dieses einmalige römische Kulturdenkmal sollten wir unbedingt besichtigen. Mithras war der Gott der Perser und des Lichtes. Ihm zu Ehren baute man ein Mithräum. Das war ein Gebäude aus Stein und Holz an einem geweihten Ort in der Ebene. Besonders die Soldaten verehrten diesen Gott, denn er galt als unbesiegbar. Auch den Händlern war Mithras heilig, setzte er sich doch für Wahrheit und Recht ein. Am 25. September war der Geburtstag von Mithras. Dieser Tag galt als Feiertag, an dem niemand einer Tätigkeit nachgehen durfte. Zum ersten Mal entdeckten Wissenschaftler bei Erdarbeiten im Jahre 1932 Teile des Heiligtums. Doch erst 1974 grub man die Tempelanlage vollständig aus. Was wir heute sehen, das sind die restaurierten Teile der rund 2000 Jahre alten frei gelegten Fragmente. Der Bau war so ausgerichtet, dass er nach Osten schaute, also dorthin, wo die Sonne aufgeht. Den dreigeteilten Kultraum durften nur die Männer betreten. Der Altar stand an der Stirnseite. In diesem Tempel trafen sich die Legionäre und die Bewohner aus den umliegenden Lagern, so zum Beispiel aus dem römischen Kastell bei der Burg Sponeck und aus dem römischen Gutshof bei Wyhl. Das Kultbild der Mithrasverehrer war der Stier. Im religiösen Ritual wurde bei seiner Tötung aus dem Fleisch Brot und aus dem Blut Wein. Als man in Rückingen im Kreis Hanau auch eine Mithrasanlage ausgrub, fand man dort auf einem drehbaren Altarstein als Hauptbild die Darstellung einer Stiertötung. Davon schuf man eine Nachbildung und stellte sie in Riegel auf.

Nach diesem kulturellen Spaziergang, der uns auf den Michaelsberg und zum Mithräum führte, kehren wir wieder zum Ausgangspunkt am Bahnhof zurück. Doch unterwegs lohnt sich ein Spaziergang durch die Altstadt mit ihren schönen Häusern und den zahlreichen Wirtschaften.

Auf dem Winzerweg von Riegel nach Eichstetten

Bahnhof Riegel-Ort – Kehnerstraße – Hotel Riegeler Hof – Winzerweg – Silberbrunnen – Eichstetten

Markierung:	Rote Raute im gelben Feld mit Weintraube, roter Punkt, rote Raute
Länge:	11 Kilometer, Steigung mäßig
Hinfahrt:	Mit Breisgau S-Bahn bis Riegel-Ort
Rückfahrt:	Mit Breisgau S-Bahn ab Eichstetten

Für die hetige Wanderung lassen wir unseren Pkw, ja sogar das Fahrrad einmal zu Hause stehen. Zur Anreise benützen wir einfach die Bahn. Die Ortschaften rund um den Kaiserstuhl sind ja recht gut mit dem Bus oder mit dem Zug zu erreichen. Planen wir das Vorhaben gar noch an einem Sonntag, dann gilt die REGIO-Umweltkarte für die ganze Familie. Unser Ausgangspunkt wird am Bahnhof in Riegel-Ort sein. Schon die Fahrt dorthin ist romantisch und urgemütlich. Allerdings sollten wir einen frühen Zug auswählen, denn je weiter der Tag sich in Richtung Mittag bewegt, um so mehr Menschen sind unterwegs. Riegel liegt am nördlichen Ende des Kaiserstuhls, das heißt, wir wandern den ganzen Tag in Richtung Süden. Wir schauen also der Sonne ins Gesicht, sofern sie scheint.

Direkt vor dem Bahnhof Riegel-Ort orientieren wir uns. Am Stamm einer Rosskastanie zeigt uns der Wegweiser an, dass der vorgesehene „Winzerweg" mit einer blauen Weintraube in einer roten Raute, die auf einem gelben Feld sitzt, markiert ist. Das wird für den ersten Teil der Wanderung unser Zeichen sein. Beim Gasthaus „Arche" folgen wir der Kirchstraße bis zur St. Martinskirche. Wenn kein Gottesdienst stattfindet, dann sollten wir hinein schauen. Es lohnt sich. Gleich danach biegen wir nach links in die Hauptstraße ab. Wunderbare Häuserfronten mit schön gestalteten Wirtshausschildern erwecken unsere Aufmerksamkeit. Beim Rathaus geht es nach rechts weiter in die Kehnerstraße. Da herrscht kaum Straßenverkehr. In einem großen Bogen kommen wir schließlich fast am Ende des Ortes wieder zur Hauptstraße. Bei dem hohen Wegkreuz aus dem Jahre 1872, das an der Ecke der Wolfsgrube steht, weist eine Tafel dar-

Nr. 32
Bahnhof Riegel Ort
Der Winzerweg nach Eichstetten
Weintraube, roter Punkt, rote Raute
11 Kilometer, Steigung mäßig

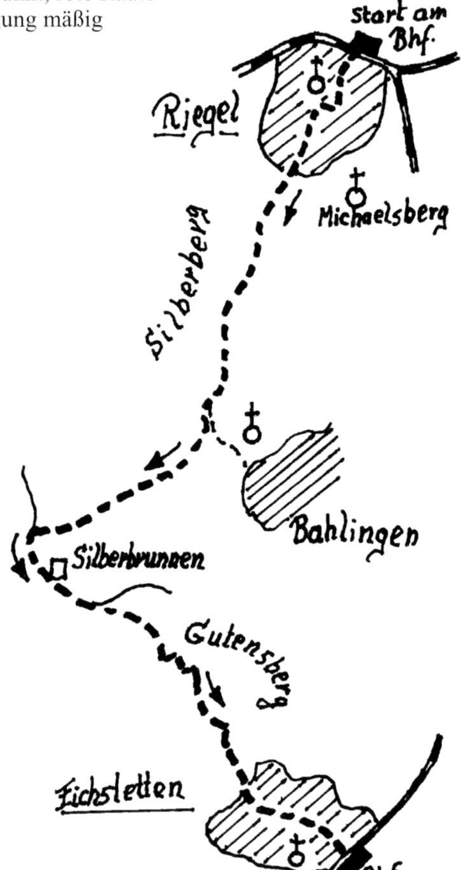

auf hin, dass es links ab hinauf geht zum Michaelsberg, dem Wahrzeichen von Riegel. Haben wir den ganzen Tag für die heutige Wanderung vorgesehen, dann sollten wir den kleinen Umweg mitnehmen. Schon der Aufstieg ist sehr aussichtsreich. Vom höchsten Punkt aus, auf dem die von dichten Fliederbüschen umrahmte historische Michaelskapelle steht, haben wir einen traumhaften Rundblick vom Schwarzwald bis in die Rheinebene. Eine genauere Beschreibung findet man bei der Wanderung Nr. 6. Da es von dort oben viel zu schauen gibt, und da wir ja nichts zu versäumen haben, wird der Abstecher fast eine Stunde in Anspruch nehmen. Schließlich kehren wir wieder zurück an den Punkt der Hauptstraße, wo das schon besagte Wegkreuz steht. Vorbei am Hotel „Riegeler Hof" folgen wir der Hauptstraße nach links bis zur großen Straßenkreuzung. Genau auf der gegenüberliegenden Straßenseite, direkt am Fuße des Kaiserstuhls, beginnt der eigentliche Wanderweg. Die rote Raute mit der blauen Weintraube führt uns in einen leicht ansteigenden Hohlweg. Drunten verläuft parallel die Straße. Links von uns herrschen Robinien und Holundergebüsch vor. Rechts begleiten uns Reben. In dem dichten Niederwald singen in den frühen Vormittagsstunden zahlreiche Vögel. Wenn wir genau hinhören, dann erkennen wir in den Monaten Mai und Juni mit etwas Glück das laute Schlagen der Nachtigall. An der Böschung zu den Reben hin blüht ein bunter Blumenteppich. Das beginnt im Frühjahr mit dem gelben Scharbockskraut und mit den Veilchen, wird dann abgelöst vom Löwenzahn und dem Schöllkraut, und macht schließlich im Sommer Platz für die Schafgarbe, die Margerite und die Glockenblume. So mit den Schönheiten der Natur beschäftigt, merken wir nicht, dass das Geräusch von der Straße links drunten völlig verstummt ist. Oft öffnen sich Ausblicke nach Osten zum Schwarzwald hin, sehr schön ist auch die Sicht nach vorne auf die Höhen des bewaldeten Kaiserstuhls. Die paar einsamen Häuser rechts unter uns in dem grünen Wannental, das sind die Riedhöfe. An einer Wegkreuzung, bei der vier Hohlwege aufeinander treffen, biegt nach links ein Sträßle zum hoch über dem Dorf gelegenen Friedhof von Bahlingen ab. Wir können auf dem Bänkle etwas verweilen, bevor wir immer weiter südwärts leicht bergauf wandern. Zunächst ist es noch eine Hohlgasse, doch die wird dann zu einer schmalen Rebstraße. So kommen wir den etwas steileren und bewaldeten Hängen des inneren Kaiserstuhles immer näher. Dann stoßen wir auf eine breitere Fahrstraße. Hier verlassen wir den Winzerweg und wenden uns nach links. Das ist der entfernteste Punkt unserer heutigen Wanderung. Schon dreihundert Meter weiter sind wir bei den Gebäuden des Silberbrunnens, die an der Verbindungsstraße von Bahlingen nach Oberrotweil liegen. In dieser Mulde hat man einmal eine Thermalquelle angebohrt. Jetzt wird uns für ein kurzes Stück weit der rote Punkt den Weg zeigen. Nur 200 Meter unterhalb vom Silberbrunnen verlassen wir in einer scharfen Linkskurve die Straße wieder nach rechts. An dieser Stelle wandern wir geradeaus auf dem leicht ansteigenden Weg weiter. Er führt uns über einen kleinen Buckel hinweg hinüber ins breite Tal von Eichstetten, wo wir auf die Markierung mit der roten Raute auf gelbem Feld treffen. Sie kennzeichnet den Querweg „Schwarzwald-Kaiserstuhl-Rhein". Dieses Rebgebiet hat man in einem groß angelegten Flurbereinigungsverfahren komplett umgelegt. Wo früher kleine Rebparzellen waren, da erstrecken sich heute riesige Terrassen. Für uns geht es nur noch abwärts, dem Winzerdorf Eichstetten entgegen. In einem Neubaugebiet, das man im Jahre 2001 erschlossen hat, erreichen wir die ersten Häuser am oberen Ortsrand. Auf der Hauptstraße wandern wir nun durch das Dorf talwärts und kommen wenige Meter unterhalb der Kirche zum Bahnhof, wo unser Wanderweg sein Ende findet. Sollte der Zug noch auf sich warten lassen, dann schauen wir uns nur hundert Meter unterhalb des Bahnhofs die alte Steinbrücke an, die den Mühlebach auf drei Pfeilern mit vier Bogen überspannt. Seit 450 Jahren ist sie die einzige Verbindung von der Ebene zum Dorf. Um den Fußgängern mehr Sicherheit zu bieten, hat man bei der Renovation im Jahre 1991 einen Steg daneben angebaut.

Die alte Steinbrücke bei Eichstetten
Es war im Jahre 1556, da hat man an die Stelle eines baufällig gewordenen Holzsteges diese steinerne Brücke erbaut. Drei wuchtige Pfeiler musste man in den Mühlebach einrammen, den

die Menschen auch alte Dreisam nannten. Darüber wurde kunstvoll das Gewölbe mit vier Steinbogen gespannt. Dieser Neubau war notwendig geworden, denn Eichstetten war ein wichtiger Marktort am östlichen Kaiserstuhl. Den Landwirten war das recht, denn jetzt konnten sie mit hoch beladenen Wagen ihr Heu aus der Ebene heimfahren. Stumm ertrug die Brücke jede Last, so auch die marschierenden Soldaten im „Dreißigjährigen Krieg“. Sie verschanzten im Schutze der Brücke am Damm sogar ihre Kanonen. Knapp hundert Jahre später, man schrieb das Jahr 1713, marschierten die französischen Truppen mit ihrem General „Villars“ in Richtung Freiburg. Für sie war die Brücke ein wichtiger Übergang zur befestigten Breisgaustadt, die Ludwig XV unbedingt einnehmen wollte. Wieder hundert Jahre später waren es die Truppen von Napoleon, die auf dem Rückzug von der Völkerschlacht bei Leipzig über diese Brücke und über den Kaiserstuhl nach Frankreich heimzogen. War gerade kein Krieg, dann diente die Brücke den Händlern als Zufahrt für die Waren auf dem Jahrmarkt, der auf einem Platz unterhalb der Kirche stattfand und ein wichtiges Ereignis darstellte. Dann kam die „Neue Zeit“, wie man den Beginn des Maschinenzeitalters im Volksmund nannte. Ganze Scharen von Männern schütteten aus Schottersteinen einen langen Damm auf und legten Eisenbahnschienen darauf. Von jetzt an fuhr mehrmals täglich „s'Kaiserstuhlbähnle“ schwer schnaufend am Mühlbach entlang. Unter der Woche brachte das schwarze Dampfross die Eichstetter zu ihren Arbeitsplätzen in die Stadt, am Wochenende nahmen die Städter die Gelegenheit wahr, die blühenden Obstbäume oder die voll tragenden Reben anzuschauen. An der Brücke brachte man Schranken an, denn der Zug hatte Vorfahrt. Und dann kam wieder was Neues. Autos und Motorräder, zunächst noch laut knatternd, stellten die Brücke auf die Probe. Doch auch diese Prüfung bestand sie. Heute baut man Brücken aus Stahl und aus Beton. Wer weiß, ob diese neuen Bauwerke so lange halten wie die alte Steinbrücke bei Eichstetten, nämlich jetzt schon fast 450 Jahre.

Nachtigallen auf der Terrasse des Breisgaus

Munzingen – Tunibergdenkmal – Ministerweg – Minister Leibfried Bank – Erentrudiskapelle

Markierung:	Höhenweg und Ministerweg
Länge:	4,5 Kilometer; bequem
Hinfahrt:	Mit VAG-Bus, mit Pkw oder mit Fahrrad

Munzingen liegt am südlichen Zipfel des Tuniberges. Dort ist auch die Endhaltestelle einer Buslinie der „Freiburger Verkehrs AG“ (VAG). Wir können also ganz bequem mit dem Linienbus aus dem Großraum Freiburg hinfahren. Gleichzeitig hat man bei dieser Endstation einen P+R-Platz angelegt, auf dem viele Pkw's Platz finden. Wer es vorzieht mit dem Fahrrad anzureisen, der hat keine Mühe sein Zweirad dort sicher abzustellen. Ausgangspunkt für diese Wanderung ist unmittelbar bei der Endhaltestelle an der Windhäuslegasse. Da nur eine relativ kurze Strecke vor uns liegt, eignet sich dieser Vorschlag auch wunderbar für einen Abendspaziergang. Wir wandern auf dem Gehweg entlang der im Jahre 2000 entstandenen Siedlung in einem großen Bogen bergauf. Links unter uns liegt das Tuniberg-Stadion. Nach knapp zehn Minuten erreichen wir die Passhöhe. Links geht ein Stichweg ab zur Erentrudiskapelle, doch den Besuch dort wollen wir uns für den Rückweg aufheben. Also biegen wir nach rechts auf den Tuniberg-Höhenweg ein. Wir haben die Auswahl zwischen der autofreien Straße oder einem Wiesenweg unweit rechts davon durch die Reben. Wenn das Gras feucht ist, dann ist es besser auf der Straße zu gehen. Wo der Weg etwas stärker ansteigt, kommen wir zum Tuniberg-Denkmal, das an die gewaltige Flurbereinigung in diesem Gebiet erinnert, die im Jahre 1969 ihr Ende fand. Dieser 5,6 Meter hohe Bildstock aus Jura-Kalkstein soll einen knorrigen Rebstock darstellen. Auf dem Sockel erkennen wir die Wappen der Gemeinden, die am Tuniberg Weinbau betreiben. Wenn wir das Denkmal umrunden, dann finden wir Szenen und einen Satz aus der Bibel. Die genaue Erklärung vermittelt uns der Text auf der zehn Meter unterhalb angebrachten Tafel. Von da aus wandern wir noch 300 Meter weiter bergauf. Dort biegt scharf

Nr. 33
Munzingen Windhäuslegasse
Nachtigallen bei St. Erentrudis
Höhenweg und Ministerweg
4,5 Kilometer, bequem

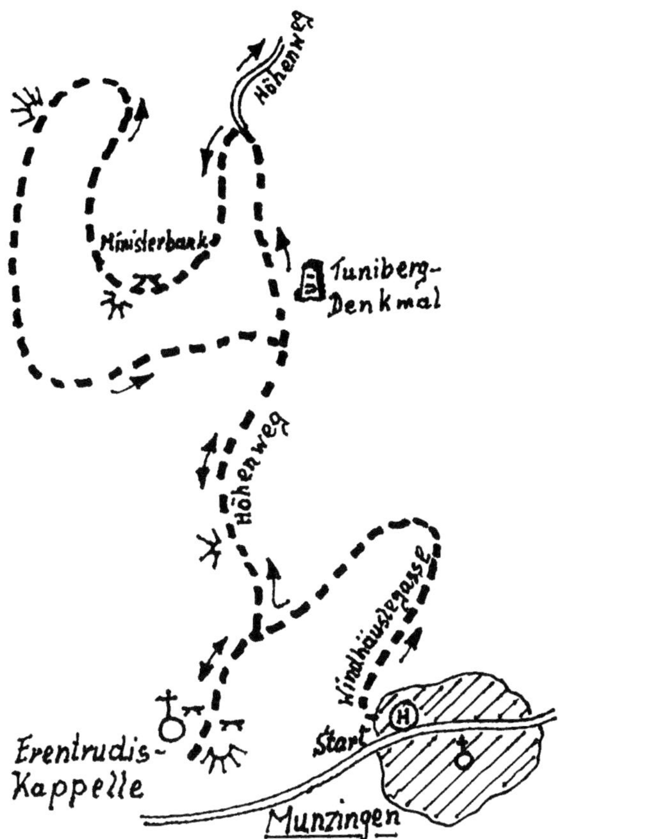

nach links ein breiter Weg ab. Ihm folgen wir nur für zwanzig Meter, dann biegen wir erneut nach links auf den Ministerweg ab. Er führt uns auf dem Kamm eines Höhenzuges vor bis zu einem Sporn, wo wir auf einer Tafel lesen können: „Minister-Weg, Eugen Leibfried. Landwirtschaftsminister 1952 bis 1968“. Er hat sich als Mitglied der damaligen Landesregierung von Baden-Württemberg stark für die Winzer eingesetzt und erreicht, dass man den Weinbau auf den neuesten Stand der Technik bringen konnte. Das führte allerdings dazu, dass der Tuniberg mit seiner gewachsenen Naturlandschaft in eine reine Kulturlandschaft umgewandelt wurde. Von diesem Bergsporn aus haben wir einen wunderschönen Rundblick. Besonders an klaren Frühlingstagen können wir im Südwesten deutlich das Tor zur „Burgunder Pforte“ erkennen. Das ist dort, wo zwischen den Ausläufern des Schwarzwaldes und der Vogesen sehr oft unser Wetter her kommt. Direkt vor uns liegt die Erentrudiskapelle, unser nächstes Ziel.

Wir haben jetzt den entferntesten Punkt unserer Rundwanderung erreicht. Nach rechts führt uns die breite Rebstraße leicht bergab. In der scharfen Linkskurve schauen wir hinab in die Ebene. Unter uns liegt Nieder- und Oberrimsingen. Bis zum Horizont flechten sich viele kleinere Ortschaften in den schmucken Teppich dieser farbenfrohen Landschaft ein. Unser Weg endet wieder beim Tuniberg-Denkmal. Den Rückweg kennen wir schon. Doch bevor wir ganz nach Munzingen zurück kehren, müssen wir unbedingt der Erentrudiskapelle noch unsere Aufwartung machen. Bei der Rebumlegung richtete man vor der Kapelle eine Aussichtsterrasse ein. Von dort aus schauen wir hinüber zum Schwarzwald. Während auf den höchsten Erhebungen oft bis in den Juni hinein noch Schneereste glänzen, ergehen wir uns in luftiger Kleidung in der milden Wärme des Breisgaus. Vom Kandel linkerhand bis zum Hochblauen rechts draußen liegt die gesamte Kette des Südschwarzwaldes vor uns. Es gibt keinen Ort in unserer Heimat, der so eine Aussicht bieten kann. Der Kenner macht über 40 markante Erhebungen aus. Erst an diesem Standort wird uns klar, wie tief sich die großen Täler in das mächtige Gebirge eingeschnitten haben. Wie eine riesige Wanne schiebt sich im Osten das Dreisamtal – von Freiburg ausgehend – in das immer enger werdende Höllental hinein. Hinter dem kegelförmigen Schlossberg drüben am Schwarzwaldrand, zu dessen Füßen das Fauststädtchen Staufen liegt, beginnt das Münstertal. Dazwischen liegen in den flachen Mulden am Fuße des Schönbergs die Gemeinden Leutersberg und Ebringen. Alles übertreffend, beherrscht die Großstadt Freiburg mit ihren zwischenzeitlich über 200 000 Einwohnern die Ebene. Imposant wirkt das dann, wenn wir an einem lauen Sommerabend da oben stehen, und mit zunehmender Dunkelheit sich das schier endlos scheinende Lichtermeer entfaltet. Das ist wie ein Kessel voller Helligkeit.

Die Erentrudiskapelle

Die Erentrudiskapelle in ihrer heutigen Form stammt aus dem Jahre 1716. Damals wurde sie auf den Grundmauern einer früheren Kirche, die seit 1666 hier stand, errichtet. Beschützend breitet eine mächtige Linde ihre Äste und Zweige über der Kapelle aus. Sie spendet gleichzeitig einem von Fliederhecken eingerahmten Innenhof wohltuenden Schatten. In diesen Zweigen und Büschen schlagen im Mai und Juni besonders in den Abendstunden oder bei gewittriger Schwüle die Nachtigallen. Alleine schon dieser Gesang ist ein Besuch wert. Die Kapelle ist vom Frühjahr bis zum Spätherbst jeden Sonntag geöffnet.

Geweiht ist die Kapelle der heiligen Erentrudis. Sie war die erste Äbtissin auf dem Nonnenberg zu Salzburg. Dort stand sie dem von ihrem Oheim gegründeten Benediktinerinnenkloster vor. Ihrer Verehrung durch die Benediktinerabtei in St. Trudpert im nahegelegenen Münstertal ist es zu verdanken, dass wir heute an diesem Ort die weit ins Land hinaus grüßende Kapelle haben. Wechselvoll ist ihre geschichtliche Vergangenheit. Im 17. Jahrhundert herrschte reger Wallfahrtsbetrieb. Der wurde jäh unterbrochen, als im spanischen Erbfolgekrieg (1701 bis 1713) die Freiburger die Erentrudiskapelle zu einem vorgeschobenen Infanterieposten umbauten. Dazu zogen sie um die ganze Anlage einen hohen Schutzwall aus groben Steinen. Als 1713 die Franzosen zum Angriff übergingen, sprengten die Österreicher die Redoute und beschädigten das Kirchlein erheblich. Schon ein Jahr später begann man mit dem Wiederaufbau. Heute wäre unsere Heimat um ein kostbares Kleinod ärmer, gäbe es diese Erentrudiskapelle nicht mehr. Solche Gedanken beschäftigen uns, wenn wir nach dem Ausblick und nach dem Rundgang um die Kapelle nach Munzingen zurück wandern. Noch bevor wir ganz unten ankommen, schauen wir ein letztes Mal hinauf zum Kirchlein auf der Terrasse des Breisgaus.

Wenn wir wieder drunten an der Bushaltestelle Windhäuslegasse sind, dort wo wir vor einer guten Stunde die Wanderung begonnen haben, dann sollten wir unbedingt noch einen Spaziergang durch Munzingen machen. Erst das wird dem Tag den Punkt auf das „i" setzen. Dieses aus dem 9. Jahrhundert stammende Winzerdorf, liegt fast am südlichsten Zipfel des Tuniberges. Es hat eine geschichtsträchtige Vergangenheit aufzuweisen.

In Munzingen

Bei Ausgrabungen fand man altsteinzeitliche Werkzeuge von den Rentierjägern, die vor über 10 000 Jahren meist in Höhlen am Abhang des Tunibergs gelebt haben. Aus der weitaus neueren Zeit erinnern auf dem alten Friedhof drei Grabsteine an die einstigen Besitzer eines Wasserschlosses. Das wurde im Jahre 1525 im Bauernkrieg verwüstet. Man baute es zwar wieder auf, doch als die Schweden 1632 im Dreißigjährigen Krieg unser Land überfluteten, wurde es endgültig nieder gebrannt. Von dieser ehemaligen Anlage sieht man noch heute den alten Turm, der zum Wahrzeichen von Munzingen geworden ist. Ein zweites Erinnerungsstück ist der Torbogen beim Gasthaus Krone. Im Jahre 1672 erbaute die Familie Kageneck das neue Schloss in Munzingen. Als Kaiser Leopold I seinen Gefolgsmann Johann Friedrich von Kageneck zum Reichsstatthalter der vorderösterreichischen Lande erhob, da wurde dieses Schloss zu einem großartigen Kulturzentrum des Ortes. Im Jahre 1744 belagerte König Ludwig XV mit seiner Armee die Festung Freiburg. Zu seinem vorübergehenden Wohnsitz wählte er das Schloss der Kagenecks. Eigens für ihn schuf man aus Versailles seine Schlafzimmereinrichtung heran. Als er wieder abzog, ließ er das gesamte Mobiliar zurück. Die gräfliche Familie hütete dieses Erinnerungsstück sorgfältig. Doch als am Ende des „Zweiten Weltkriegs" – im Jahre 1945 – die Franzosen als Sieger bei uns einzogen, zerstörten sie die ganze Herrlichkeit. Sie ahnten nicht, dass sie damit ihrer eigenen Geschichte einen schlechten Dienst erwiesen haben. Erwähnenswert ist auch, dass einst der berühmte Klaviervirtuose Franz Liszt in diesem Schloss für kurze Zeit gewohnt hatte. Heute stehen wir bewundernd vor dem größten ländlichen Herrenhaus des Breisgaus. Am Rande des Ortszentrums liegt das Schloss Reinach, der ehemalige Gutshof der Kagenecks. Nach der Renovation hat sich da ein Restaurant und ein Tagungszentrum etabliert. Nur wenige Meter entfernt steht die Kirche des Heiligen Stephanus. Sie gilt als eine der ältesten Pfarrkirchen des Breisgaus. Der Chor der Saalkirche stammt aus dem Jahre 1590. Das Langhaus ist im barocken Stil gehalten. An den Kunstwerken im Kircheninnern schufen namhafte Künstler wie zum Beispiel der Bildhauer „Joseph Hörr" und der Maler „Simon Göser". Etwas außerhalb der Gemeinde, dort wo einst die sumpfigen Wiesen des Rheinvorlandes lagen, hat man neuerdings einen Golfplatz eingerichtet. Sollte der Spaziergang allzu trocken gewesen sein, dann ist es keine Kunst, in Munzingen bei einem köstlichen Viertele und einem feinen Vesper den Tag abzurunden.

Nach Merdingen, zur Perle des Barock

Munzingen – Erentrudiskapelle – Tunibergdenkmal – Attilafelsen – St. Morand – Merdingen, evtl. zu Fuß wieder zurück

Markierung:	Tafel Höhenweg; gelber Punkt oder blauer Punkt
Länge:	Einfacher Weg 7,5 Kilometer; bequem
Hinfahrt:	Mit Linienbus bis Munzingen Windhäuslegasse
Rückfahrt:	Mit Linienbus ab Merdingen

Der heutige Wandervorschlag bietet zwei Möglichkeiten: Einmal kann man sich vornehmen mit dem Linienbus nach Munzingen zu fahren und von dort aus nach Merdingen zu wandern. In Merdingen schauen wir die Barockkirche und das Dorf an und fahren danach wieder mit dem Bus ab Merdingen zurück. Die zweite Variante wäre eine Rundwanderung von Munzingen nach Merdingen und wieder zurück zum Ausgangspunkt in Munzingen. Wählen wir die zweite Möglichkeit, dann können wir auch mit dem Auto oder dem Fahrrad nach Munzingen anreisen. Dort gibt es einen geräumigen P+R-Platz, auf dem wir unser Fahrzeug bequem abstellen können. Die Rundwanderung hat den Vorteil, dass man die Landschaft von zwei Seiten kennen lernt.

Wir beginnen die Wanderung an der Haltestelle Windhäuslegasse am südlichen Ortsausgang von Munzingen. In einer langen Schleife wandern wir leicht bergauf. Wo früher Spargel- und Gemüsefelder waren, da ist im Jahre 2000 links von der Straße ein neues Wohngebiet entstanden. Schnell gewinnen wir an Höhe, und schon nach knapp zwanzig Minuten sind wir oben an der Erentrudiskapelle. Das ist eine Wallfahrtskapelle, in welcher die im Jahre 718 in Salzburg verstorbene Äbtissin und Heilige, die Erentrudis, verehrt wird. Die Kapelle steht auf dem südlichsten Sporn des Tunibergs wie die Verkünderin einer Botschaft. Man darf ruhig sagen, dass wir hier am schönsten Aussichtspunkt des gesamten Breisgaus stehen. Von einer Terrasse aus haben wir einen herrlichen Blick ins Land. Leise vernehmen wir das Geräusch von der Autobahn. Hinter der Ebene bauen sich die Berge des südlichen Schwarzwaldes auf. Rechts draußen ist die Burgunder Pforte, die oft für unser Wettergeschehen zu-

Nr. 34
Munzingen Windhäuslegasse
Merdingen, Zur Perle des Barock
Tafel Höhenweg
Einfacher Weg = 7,5 Kilometer

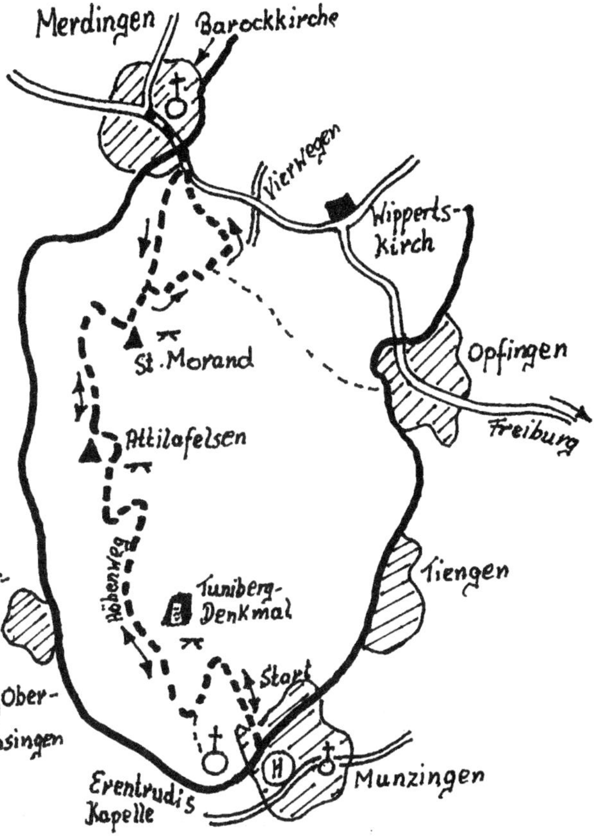

ständig ist. Einen geschichtlichen Hinweis auf die Kapelle bekommen wir in diesem Büchle bei der Wanderung Nr.33. Von der Kapelle steigen wir wieder 200 Meter weit ab bis zu der Wegkreuzung, bei der wir vorhin herauf gekommen sind. Hier beginnt für uns der Tuniberg Höhenweg.

Der Tuniberg Höhenweg besteht aus einer asphaltierten Rebstraße. Der feste Belag gewährt den Winzern ein problemloses Erreichen ihrer Reben, was mit den schweren Fahrzeugen auch notwendig ist. Wir sollten uns jedoch nicht davor scheuen, diesen Weg als Wanderweg zu benutzen. Er ist abwechslungsreich und deshalb recht kurzweilig. Es gibt fast parallel dazu noch einen Westweg, der mit einem blauen Punkt markiert ist, sowie einen Ostweg, der durch einen gelben Punkt gekennzeichnet ist. Beide verlaufen oft auf Wiesenwegen mitten durch die Reben. Bei nassem Wetter sind sie nicht gerade zu empfehlen. Auf jeden Fall sollten wir immer darauf achten, dass wir nicht zu weit von der Kammlinie des Tunibergs abkommen. Der gelbe Ostweg führt übrigens nicht am Attilafelsen vorbei, jedoch bringen uns beide Varianten auch zu unserem Ziel in Merdingen. Gehen wir also unterhalb der Kapelle auf dem Tuniberg Höhenweg weiter. Schon nach zehn Minuten sind wir am Tuniberg-Denkmal, das an die Rebumlegung in den Jahren um 1960 erinnern soll. Auf jedem der vier übereinander gestellten Kalksteinblöcke ist etwas anderes symbolisiert.

Der unterste Block weist auf die mühsame Arbeit im Weinberg hin

Im zweiten Block betreiben Mönche den Weinbau, daneben belehrt Erentrudis Frauen und Kinder

Der dritte Block beinhaltet auf der einen Seite das Abendmahl, auf der anderen Seite bringen die römischen Legionäre den Alemannen den Weinstock ins Land

Der oberste Block zeigt das Wunder von Kanaan

Die fünf in den Stein eingemeißelten Jahreszahlen weisen auf besonders gute Weinjahrgänge hin.

Als Inschrift lesen wir: „**Dank sei Gott – Ich bin der Weinstock**“

Wie schon eingangs erwähnt, ist der Höhenweg recht kurzweilig. Manchmal geht es leicht bergauf, dann bieten sich von der Hochfläche aus herrliche Ausblicke nach Osten und nach Westen. Beim Attilafelsen (siehe Wanderung Nr. 35) legen wir eine Vesperpause ein, denn jetzt haben wir schon die Hälfte des Weges nach Merdingen hinter uns gebracht. Bald nach dem Attilafelsen kommen wir wieder zu einem Denkmal. Die Merdinger haben es zu Ehren des oberrheinischen Weinpatrons St. Morandus aufstellen lassen. Der ehemalige Meister der Münsterbauhütte in Freiburg hat es im Jahre 1965 geschaffen. Bald zeigen uns die Wegzeichen an, dass es da nach Merdingen geht. Wir benützen aber nicht schon die erste Abkürzung, sondern wir bleiben bis kurz vor dem Straßenpass „Vierwegen" auf dem Tuniberg-Höhenweg. Erst dort, wo wir einen herrlichen Tiefblick auf die Barockkirche von Merdingen haben, biegen wir nach links ab. Durch Reben und buschiges Gehölz bringt uns ein schmaler Weg hinab nach Merdingen. Was uns erwartet ist einmalig. Wir haben die Perle des Barock erreicht.

Merdingen und die St. Remigius Kirche

Zunächst schenken wir der St. Remigius Kirche und dann dem ganzen Dorf unsere Aufmerksamkeit. Der Heilige Remigius wurde um 440 geboren. Schon im jugendlichen Alter von nur 22 Jahren war er Bischof von Reims. Er widmete sich besonders der Christianisierung der Franken. Aus den Legenden erfahren wir von seiner Sanftmut, seiner Hilfsbereitschaft aber auch von seiner straffen Entschiedenheit. Da tagsüber meistens nur die linke Seitentüre der Kirche für Besucher geöffnet ist, sollten wir zuerst vor das Hauptportal stehen und die Eingangsfassade anschauen. Das ehemalige Beinhäusle im Rücken, blicken wir ehrfürchtig steil nach oben, wo in einer Nische eine Immaculata-Statue thront. Es war der berühmte Freiburger Bildhauer „Johann Christian Wentzinger", der im Jahre 1741 dieses Kunstwerk schuf. Um beim Betreten des Gotteshauses die richtige Einstimmung zu bekommen, sei der Merdinger Professor „Hermann Brommer" zitiert: „Für die während des 18. Jahrhunderts in einfachen Verhältnissen lebenden Bewohner der Gemeinde Merdingen muss ihre Pfarrkirche ein Stück Himmelreich gewesen sein. Mit tatkräftiger Hilfe des „Deutschen Ordens“, unter großen Opfern des Pfarrers und der Bevölkerung errichtet, ging die St. Remigius Kirche 1738/41 in dieser Form aus der echten Religiosität jener Zeit hervor, die auch sonst fruchtbarste Quelle für die Kunstschöpfung des Barock gewesen ist“. Am Bücherstand in der Kirche erwerben wir den Kunstführer für die Pfarrkirche St. Remigius. Er wurde von Professor Brommer geschrieben und ist im „Verlag Schnell & Steiner“ unter der Nummer 1003 erschienen. Dann setzen wir uns in eine Bank und lassen den Raum auf uns einwirken. Alles ist christliche Symbolik. Der ovale Grundriss des Chores soll auf den Himmel hinweisen, der kein Anfang und kein Ende hat. Die Welt hingegen wird von dem rechteckigen Saalbau verkörpert der auf den vier Grundpfeilern steht. Die schräg gestellten Seitenaltäre leiten vom Bereich des Weltlichen in den Schoß des Sakralen, den Chor über. Dass diese Kirche zu einem solchen Kunstwerk werden konnte, verdanken wir natürlich den in der damaligen Zeit lebenden berühmtesten Barockkünstlern. Als Architekt wählte man Kaspar Bagnato, zu dessen Meisterleistungen das Schloss auf der Insel Mainau gehört. Der Bildhauer Joseph Anton Feuchtmayer, der u.a. in St. Peter tätig war, schuf die Altäre und die Kanzel aus Stuckmarmor. Die Deckenbilder und die Altarblätter malte „Franz Josef Spiegler“. Er stellte auf dem Gemälde des Hochaltars die Taufe des Frankenkönigs Chlodwig durch den Heiligen Remigius dar. Chlodwig hatte während der Schlacht gegen die Alemannen den Schwur getan, er wolle Christ werden, wenn er die Alemannen besiegen würde. Die vierzehn Stationsbilder des Kreuzweges malte „Simon Göser“ aus Freiburg. So verinnerlichen wir uns in aller Ruhe die Schönheiten dieser Kirche. Dafür benötigen wir viel Zeit.

Jetzt ganz auf Kunst eingestellt, ist es direkt eine Verpflichtung, einen Rundgang durch die Gemeinde anzuschließen. Beginnen sollten wir beim Stockbrunnen in der Ortsmitte. Er wird umgeben von den altehrwürdigen Gebäuden des Rathauses, den beiden Gasthäusern „Zur Sonne“ und „Zum Pfauen“ und dem Schulhaus. Auf dem Stockbrunnen steht der Heilige Wendelin, der Beschützer der Tiere. An diesem Brunnen wurde früher das Vieh getränkt, hier holte man das Frischwasser für den Haushalt und für die Feuerwehr war er das Reservoir, wenn es im Dorf brannte. Bei unserem Rundgang kommen wir durch die Kirchgasse, die Schlossgasse und die Langgasse. Da wird uns in der Langgasse Nr. 21 besonders das Haus „Saladin“ auffallen, das 1666 von dem Vorarlberger Baumeister Michael Kohler im Fachwerkstil aus Eichenholz erbaut wurde. Ausgezeichnet gestaltete Tafeln erklären uns alle Sehenswürdigkeiten ausführlich. Sehr hilfreich ist die Festschrift, die anlässlich der 850-Jahrfeier von Merdingen im Jahre 1989 von Professor Brommer geschrieben wurde. Sie ist das beste Geschichtsbuch, das je über Merdingen geschrieben wurde. Großer Kunstführer, Band 162, Verlag Schnell & Steiner.

Beglückt durch so viel Kunstgenuss an einem Wandertag müssen wir uns für die Wahl des Rückweges entscheiden. Entweder wandern wir zurück nach Munzingen, wobei wir den Tuniberg aus einer völlig neuen Sicht kennen lernen, oder wir steigen in Merdingen in den Bus und lassen uns nach Hause fahren. Ganz egal wie wir uns entscheiden, eines wird mit großer Sicherheit feststehen: Diese Wanderung mit dem Besuch in Merdingen hat uns einen erfüllten Tag geboten.

Der Tuniberg Höhenweg – zu Fuß oder mit dem Fahrrad

Munzingen – Erentrudiskapelle – Tunibergdenkmal – Attilafelsen – St. Morand – Vierwegen - Gottenheim

Markierung:	Tafel Höhenweg; Gelber Punkt, blauer Punkt
Länge:	13 Kilometer; bequem
Hinfahrt:	Mit Linienbus der VAG bis Munzingen Windhäuslegasse
Rückfahrt:	Mit Linienbus oder Zug ab Gottenheim

Der Tuniberg – eine Sonneninsel
Schaut man von den Höhen des südlichen Schwarzwaldes nach Westen, dann liegt dort drüben in der „Oberrheinischen Ebene" der Kaiserstuhl wie eine kleine grüne Insel. Nichts lässt darauf schließen, dass sich am südlichen Ende dieses Vulkangebirges eine langgestreckte Erhebung befindet, nämlich der Tuniberg. Dieser fast völlig von Löß bedeckte 314 Meter hohe Bergzug ist in seiner längsten Ausdehnung von Gottenheim bis zur Erentrudiskapelle bei Munzingen zehn Kilometer lang. An seiner breitesten Stelle misst er nur 3,5 Kilometer. Stellenweise erreicht die Lößauflage eine Mächtigkeit bis zu fünfzehn Meter, daher ist die geologische Struktur fast überall verdeckt. Dieser Löß ist ein lehmiges Erdsediment, das seit Jahrtausenden durch die Burgunder Pforte vom Wind in unsere Heimat hereingetragen wird. Hauptsächlich am Kaiserstuhl und am Tuniberg setzt sich der Löß ab und backt sich in Verbindung mit Wasser zu einer festen Erdschicht zusammen. Im Jahre 1824 gab der Heidelberger Gelehrte „Karl von Leonhard" diesem Lockergestein zum ersten Mal den Namen „Löß". Er leitete die Bezeichnung von dem alemannischen Wort „Lösch" ab, was soviel wie „locker" heißt. Dieser Tuniberg, der nur wenige Autominuten vor den Toren der Großstadt Freiburg liegt, den man sogar mit dem städtischen Linienbus erreichen kann, ist unbedingt eine Wanderung wert. Das alleine schon deshalb, weil es in der gesamten Breisgau-

Nr. 35
Munzingen Windhäuslegasse
Der Tuniberg-Höhenweg
Tafel Höhenweg
13 Kilometer, bequem

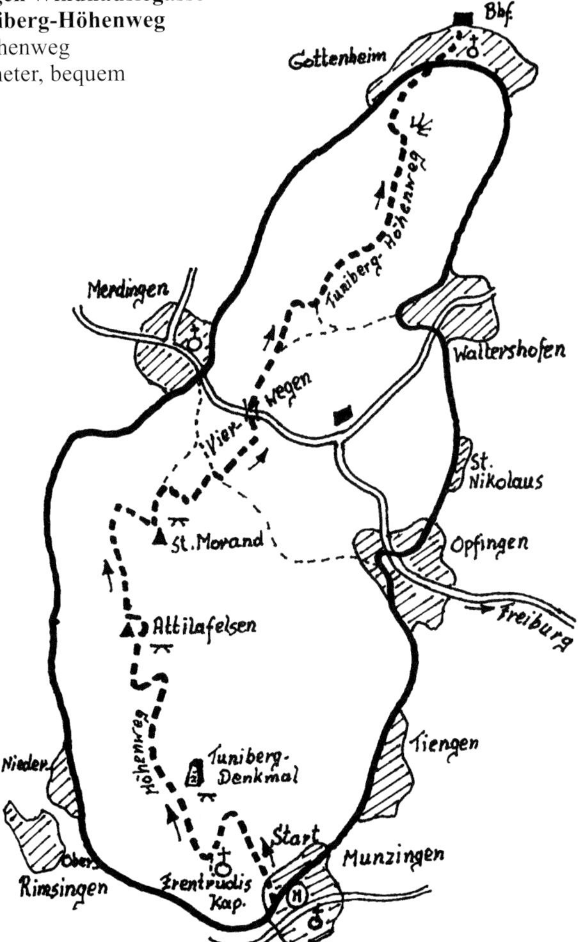

bucht keinen schöneren Aussichtsberg gibt. Der alemannische Heimatdichter „Johann Peter Hebel“, der in den Jahren um 1700 sehr oft mit der Pferdekutsche zwischen Karlsruhe und dem Markgräflerland verkehrte, verliebte sich in diesen Landstrich und nannte den Tuniberg ein „Mustergärtlein“, ja sogar ein „Paradiesgärtlein“. Wenn Goethe zu Besuch bei seiner geliebten Schwester „Cornelia Schlosser“ in Emmendingen weilte, nutzte er jede freie Minute, um dem Kaiserstuhl und dem Tuniberg seine Aufwartung zu machen. In einem Tagebucheintrag schwärmte er: *„Es ist ein glückliches Land, wo der Wein vor der Kulisse des Schwarzwaldes reift“.*
Nach 1953 haben gewaltige Flurbereinigungen das Aussehen des Tuniberges völlig verändert. Aus einer weitgehenden *Naturlandschaft* wurde eine fast reine *Kulturlandschaft.* Die wichtigsten Wege wurden asphaltiert, was den Winzern ein problemloseres Befahren der Rebgelände ermöglichte. Jetzt können die Edelsorten wie Ruländer und Spätburgunder, um nur zwei zu nennen, in bester Qualität sicher und schnell zur Verarbeitung transportiert werden. Und wer kennt nicht den Tuniberg, wenn im Frühjahr die Spargelzeit anbricht. Dann zieht es den Genießer in die Lokale der schmucken Randgemeinden, wo er mit gesundem Appetit eine Portion weiße Spargeln mit „Kratzede“*, gekochtem Schinken und heißer zerlassener Butter verspeist. Versteht es der Wirt auch noch eine original „Sauce Hollandaise“ zu servieren, dann wird ein gewöhnlicher Werktag zum Festtag. Als Höhepunkt der neugestalteten Reblandschaft entstand ein ganzes Netz von Wanderwegen. Der wohl attraktivste davon ist der 13 Kilometer lange „Tuniberg Höhenweg“ von Munzingen nach Gottenheim. Viele Wege lassen sich miteinander verbinden, so dass man bei genauerem Betrachten etwa 14 lohnenswerte Wanderungen ausmachen kann. Zugänge zu den Wanderwegen sind von allen acht Gemeinden möglich, die den Berg berühren. Eigentlich sind es neun Ortschaften, denn auch Mengen, das etwa einen Kilometer vom Berg entfernt liegt, zählt zu den Tunibergemeinden. Mengen, auf einer hügeligen Löß-

schwelle liegend, die sich zwischen Tuniberg und Batzenberg erstreckt und „Mengener Brücke“ heißt, besitzt am Tuniberg viele Rebgrundstücke. Natürlich ist es eine besondere Art von Wandern, die uns am Tuniberg erwartet, denn die wichtigsten Wege sind alle asphaltiert. Doch neben den Hauptrouten verlaufen stets Wiesenwege entlang der Rebstücke. Sollte es allerdings nasses Wetter sein, dann sind diese Nebenwege nicht so zu empfehlen. Der Tuniberg ist sehr bequem mit dem Pkw zu erreichen. Noch idealer ist es allerdings die öffentlichen Verkehrsmittel zu benutzen. Dafür steht uns seit 1991 die „Regio-Umweltkarte“ zur Verfügung, mit der an Sonn- und Feiertagen die ganze Familie fahren kann. Ein heißer Tipp sei gerne gegeben: Der Tuniberg-Höhenweg, ja der gesamte Tuniberg, eignet sich hervorragend für eine Radtour. Lediglich an ganz wenigen Steigungen muss man sein Fahrrad schieben.

*Kratzede = Pfannkuchen aus schaumig gerührtem Teig gebakken, der in der Pfanne in Stücke zerkratzt wird. Hmmm, fein!

Und nun zur Wanderung

Die Wanderung über den Tuniberg-Höhenweg beginnt bei der Endhaltestelle des Linienbusses an der Windhäuslegasse in Munzingen. Eine Anreise mit dem Pkw ist nicht möglich, denn wir enden ja 13 Kilometer weiter nördlich in Gottenheim. Gleich geht es in einer großen Schleife bergauf. Links an der Straße sind im Jahr 2000 schmucke Häuser entstanden. Schon nach knapp 20 Minuten sind wir bei der Erentrudiskapelle. Eine genaue Beschreibung dieses Ortes findet man bei der Wanderung Nr. 33. Um auf den eigentlichen Tuniberg-Höhenweg zu kommen, müssen wir von der Kapelle wieder 200 Meter absteigen. Mit einigen unbedeutenden Abweichungen verlaufen parallel zum Höhenweg die beiden Wanderrouten des Westweges mit dem blauen Punkt und der Ostweg mit dem gelben Punkt. Doch diese beiden Varianten, die ab und zu auch auf eine asphaltierte Rebstraße ausweichen, leiden an manchen Stellen unter mangelnder Markierung. Auf jeden Fall sollten wir darauf achten, dass wir nie zu weit von der Kammlinie abkommen. Zu schnell führt uns sonst einer der vielen Nebenwege in eine der Ortschaften am Rande des Tunibergs. Und dort wollen wir ja nicht so schnell hin. Etwa zehn Minuten nachdem wir die Kapelle verlassen haben erreichen wir das Tunibergdenkmal, das an die Rebumlegung in den Jahren um 1960 erinnert. Oft haben wir wunderschöne Ausblicke. Draußen im Westen bauen sich hinter der Rheinebene wie ein blauer Wall die Vogesen auf. In der Ebene leuchten besonders im Frühjahr die gelben Rapsfelder zwischen den saftig grünen Wiesen, den Feldern und den Auwaldzonen heraus. Richtung Norden schauen wir direkt in den Kaiserstuhl hinein, an dessen unteren und mittleren Lagen der Weinbau überwiegt. Erst in den höheren Lagen breitet sich Laubwald aus. Auch am Tuniberg gibt es noch einige kleine Relikte mit Wald. Hier sind es hauptsächlich die Robinien, die man im Volksmund auch Akazien nennt. Wenn sie in den letzten Maitagen ihre honigreichen und wohlriechenden Schmetterlingsblüten entfalten, dann erfüllen sie die Luft mit einem herrlichen Duft. Alles zusammen gibt der Landschaft Ruhe und Schönheit. Einen ganz idealen Rastplatz – selbst für Gruppen – finden wir beim Attilafelsen.

Die Geschichte um den Attilafelsen

Dieser Ort wurde im Jahre 1970 zur Erinnerung an das Tunibergrichtfest geschaffen. Auf einem Stein sind alle neun Tuniberggemeinden mit Wappen verewigt. Hoch über einer Rebböschung steht in großen Buchstaben der Name „ATTILA“. Der Name Attila steht auch auf dem Etikett einer der besten Weine aus dieser Lage. Kaum jemand weiß noch, dass die Wiederbelebung des Namens Attila auf einen Aprilscherz des früheren Obmannes der Winzergenossenschaft Niederrimsingen zurück geht. Doch ein Stück Volkskunde steckt auch darin verborgen. Als Professor Eugen Fischer 1903 in Ihringen mit Ausgrabungen begann, erzählte man sich im Volk, er suche nach einem Goldschatz des Hunnenkönigs. Dieser solle, so der Volksmund, nach einer Schlacht in unserer Heimat entscheidend geschlagen worden sein. Tatsächlich fand man dreißig Jahre später bei erneuten Grabungen goldene Grabbeigaben aus der La Tène-Zeit. Diese Epoche lag aber rund tausend Jahre vor den Hunnen, denn Attila kam erst 453 nach Christus auf einem Zug nach Italien ums Leben. Doch was einmal im Volksglauben fest sitzt, das vermögen auch tausend Jahre nicht mehr zu verwischen.

Nach dieser geschichtlichen Vesperpause lässt es sich wieder leichtfüßig wandern. Bevor wir zum Denkmal für den oberrheinischen Weinpatron St. Morandus kommen, müssen wir scharf rechts abbiegen. Die Statue des Heiligen wurde vom ehemaligen Meister der Münsterbauhütte in Freiburg „Sepp Jakob" geschaffen. Sie steht als Ersatz für ein bei der Flurbereinigung zu Bruch gegangenes Wegkreuz. Am 31. Juli 1965 war die feierliche Einweihung. Der über vier Meter hohe Bildstock erinnert an die erfolgreiche Neugestaltung der Merdinger Rebberge. Gleich darauf beschreibt der Höhenweg zwei eckige Kurven, dann führt er eben bis leicht abfallend zur Straßenkreuzung „Vierwegen". Bevor wir dort ankommen, haben wir noch einen herrlichen Blick hinab auf die Barockkirche von Merdingen. Diese Kirche und die Ortschaft Merdingen werden bei der Wanderung Nr. 34 beschrieben.

Die Kreuzung Vierwegen ist der älteste Übergang über den Tuniberg von West nach Ost. Hatte man früher mit dem Ochsenkarren diese kleine Passhöhe erreicht, dann waren Mensch und Tier froh. Wir überqueren die Straße, denn drüben geht unser Wanderweg weiter. Auf der Wandertafel am Wegrand orientieren wir uns und schauen wo wir sind. Vor uns liegen noch etwas mehr als fünf Kilometer bis nach Gottenheim. Immer offener wird der Blick hinüber zum Kaiserstuhl. Zu seinen Füßen liegen die Winzerdörfer Wasenweiler und Ihringen wie hingestreute Perlen. Je mehr wir uns Gottenheim nähern, desto mehr wandern wir durch gepflegte Obstanlagen. Was ist daran wohl schöner? Das herrliche Blütenmeer im Frühling oder der volle Behang mit rotbackigen Äpfeln im Herbst. Ganz zu schweigen davon, wenn das bunte Laub der Reben im Herbst die prallen Träubel umrahmt. Schon ein freundlich gemeintes „Grüß

Gott" zu den Menschen, die im Rebberg arbeiten genügt, um ein köstliches Versucherle zu bekommen. Selbst ein kleines Schwätzle ist bei aller Arbeit immer möglich.

In Gottenheim streben wir dem Bahnhof zu, von wo aus uns der Zug oder der Bus wieder nach Hause bringen soll. Auf dem Weg zum Bahnhof schauen wir uns aufmerksam im Dorf um. Vielleicht haben wir noch etwas Zeit, dann sollten wir einen Abstecher zur hoch gelegenen Kirche einplanen. Von dort aus haben wir einen schönen Blick auf das Dorf und über die Landschaft an der Nordostecke des Tunibergs. Gottenheim war über viele Jahrhunderte hinweg ein rein bäuerlich bestimmtes Dorf. Als man im Jahre 1871 die Bahnlinie nach Breisach und 1894 die Kaiserstuhlbahn eröffnete, wurde das Dorf im Einzugsbereich von Freiburg immer mehr zu einem Wohnort für Fabrikarbeiter, die ihr Geld in der Stadt verdienten. Interessant ist auch, dass man um 1900 herum eine Tunibergbahn plante. Sie sollte die neun Tuniberggemeinden miteinander verbinden. Zur Ausführung kam dieser Plan nie. Wir stellen in Gottenheim fest, das wir an diesem Tag mit der Wanderung über den Tuniberg Höhenweg eine geschlossene Landschaft intensiv kennen gelernt haben. Wenn auch der Wanderweg manchmal recht hart unter den Schuhen drückte, so war er doch vielseitig und abwechslungsreich. Da es noch einige andere Routen gibt, werden wir sicher wieder an den Tuniberg kommen, zumal es sich hier an schneefreien Tagen auch im Winter wunderbar wandern lässt.

Was blüht denn da?	Kosmos Naturführer
Unsere Gräser	Kosmos Naturführer
Was grünt und blüht in der Natur	Kosmos Naturführer
Heilpflanzenführer	Kosmos Naturführer
Vogelführer	Kosmos Naturführer
Bodenpflanzen des Waldes	Verlag Neumann
Bäume und Sträucher des Waldes	Verlag Neumann
Der große BLV-Pflanzenführer	BLV-Verlag
Flora von Deutschland, Schmeil-Fitschen	Verlag Quelle & Meyer
Botanisches Exkursionstaschenbuch	Verlag Quelle & Meyer
Exkursionsflora Rothmaler	Verlag Volk und Wissen
Der Kaiserstuhl	Landesstelle für Naturschutz
Limberg am Kaiserstuhl	Landesstelle für Naturschutz
Der Kaiserstuhl	Buchverlag G. Braun
Endingen	Verlag Stadtverwaltung
St. Katharinenkapelle, Kurrus	Verlag Vollherbst
Im Talgang des Kaiserstuhls	Verlag Rombach
Der Tuniberg, Kunstführer	Verlag Schnell
Merdingen Festschrift, Brommer	Verlag Schnell
Versuchsgelände Lilienthal	Forstliche Versuchsanstalt BW
Naturlehepfad Rheinauewald	Gemeinde Wyhl
Die Stadt auf dem Berg (Breisach)	Kath. Pfarramt Breisach

Kaiserstuhl	Seeger-Karte	1:25 000
Naturpark Schwarzwald	Geo Map	1:75 000
Freizeitkarte 50 S, Kaiserstuhl	Landes-Verm.Amt u.	1:50 000
(Offizielle Karte des Naturparks)	Schwarzwaldverein	
Kaiserstuhl	Atlasco Nr. 240	1:30 000
Kaiserstuhl mit Kompass Lexikon	Kompass Nr. 883	1:30 000